श्रीकृष्ण चरित्र

श्रीकृष्ण चरित्र

लाला लाजपतराय

GYAN

Published by

GYAN

Gyan Publishing House
5, Ansari Road
Daryaganj, New Delhi-110002
Phone: 011-47034999, 9811692060
E-mail: books@gyanbooks.com

Distribution Network
gyanbooks.com
India, USA, Canada, UK, Australia

ISBN: 978-93-7225-129-6 (PB)

First Published, 1900

2nd Impression 2025

Printed at: Gyan Press, Delhi.

श्रीकृष्ण चरित्र

Arthur: लाला लाजपतराय

त्रिवेणी ग्रन्थमाला का १३वाँ पुष्प

श्रीकृष्ण चरित्र

लेखक—

लाला लाजपतराय।

श्रीकृष्ण-चरित्र

मूल लेखक—

देशभक्त लाला लाजपतराय।

अनुवादक-पण्डित जे० पी० चौधरी,

(काव्यतीर्थ)

प्रकाशक—

चौधरी एन्ड सन्स

पुस्तक विक्रेता तथा प्रकाशक

बनारस सिटी

तृतीय बार १६३२ मूल्य १।)

विषय प्रवेश

हीरो वर्शिप ! (वीर पूजा)

संसार में कौनसी जाति है जिसने विशेष ईश्वरभक्तों पर स्वयं ईश्वरत्व की मुहर न लगाई और किनको ईश्वरत्व की श्रेणी में नहीं रखा ?

मनुष्य में यह बात स्वाभाविक है कि वह अपने से अधिकतर शक्तिमान् या अपने से श्रेष्ठ, या वैभवशाली नेक, योग्य मनुष्य की ओर झुकता है और जब वह किसी पुरुष को अपने से योग्य देखता है और उनकी कुशलता व योग्यता के यथोचित विवेचन करने में अपने को असमर्थ पाता है तथा अपने अन्तःकरण को उसकी महान् शक्ति से आकर्षित पाता है, तो वह स्वतः उस पुरुष विशेष को उस परमात्मा की श्रेणी में रखने लगता है जो अपने व्यक्तित्व और गुणों में मनुष्य की समझ के बाहर है। बुद्धिमान और धर्मज्ञ जातियाँ, यद्यपि वे इनकी प्रतिष्ठा वैसी करती हैं जो पूजा की श्रेणी से कम नहीं होती—इन पुरुषों में और उनके उत्पन्न करने वाले जगदीश्वर में भेद के विवेक को मिटने नहीं देतीं। अलबत्ता जो जातियाँ मूर्खता या अन्य कमजोरियों के कारण अन्धविश्वा-

सी और बुद्धि हीन होती हैं उनके लिये इस विवेक का स्थिर रखना प्रायः असंभव हो जाता है। ऐसे तो मुख से जो चाहें कहें और उच्च स्वर से मानव पूजा की निन्दा करें परन्तु वास्तव में कोई भी इस दोष से मुक्त नहीं हो सकता। उचित सीमा में मनुष्यपूजा मनुष्य का स्वभाव है। और संसार में कोई शिक्षा इसको मनुष्य के स्वभाव से नहीं निकाल सकती। इसकी पुष्टि करने के लिये उन जातियों के सन्मुख बहुत से दृष्टान्त उपस्थित किये जा सकते हैं, जिन्हें इस बात का अभिमान है कि हम केवल एक ईश्वर के उपासक हैं। आंग्लभाषा का सुविख्यात गद्य लेखक मि० कारलाइल जिसने कि भाषा ज्ञान का अद्भुत हार पिरोकर उनमें अपने पवित्र विचारों के सूक्ष्म अमूल्य नग जड़े हैं, जिसने शब्द के मोतियों को इस प्रकार सुन्दर वर्णनशैली के दृढ़ सूत्र में संगठित किया है कि वह पृथ्वी की तह में से खोदे हुए हीरे व लालों से अधिक मूल्यवान् और प्रकाशमान् दृष्टिगोचर होते हैं। अपने प्रसिद्ध ग्रन्थ "हीरो वर्शिप" में लिखता है कि "संसार के महापुरुष वास्तव में उस महान् अग्नि की एक चिनगारी के सदृश हैं जिसके प्रकाश से यह संसार प्रकाशमान है, और जिसके ताप से खनिज उद्भिज मनुष्य, तथा पशु आदि सम्पूर्ण संसार स्थित है। जिसकी ज्वाला मानों दया की वर्षा है और जिसकी ठण्डक मानों हृदय में उमंग उत्तेजन और आकर्षण उत्पन्न करने वाली है।

वैदिक महापुरुष।

उन्नीसवीं शताब्दि के इस अंग्रेजी विद्वान् ने जो विचार इस पुस्तक में प्रकट किये हैं, उन्हें यों के यों, इसी रूप में, और इससे भी अधिक प्रकाशमान और सुन्दर रीति से, हज़ारहों, वलिक लाखों और करोड़ों वर्ष पहले, इस आर्य्यावर्त में, आर्य ऋषियों और मुनियों ने अपने ग्रन्थों में प्रकाशित किया था। संस्कृतभाषा के प्राचीन आर्य ग्रन्थों में "अग्नि" शब्द जिसका प्रयोग वैदिक साहित्य में जगह जगह पर अद्वैत परमात्मा के लिये हुआ है, विद्वान् ऋषियों, मुनियों आप्त पुरुषों और महात्माओं के लिये भी प्रयुक्त हुआ है। यह विचार ऐसा प्रचलित है कि मानो प्रत्येक भाषा और प्रत्येक देशवासी इसी रंग में रंगा है। संस्कृत भाषा में देव और देवता ईश्वर बोधक हैं। परन्तु महान् पुरुषों के लिये भी ये शब्द प्रयोग में लाये जाते हैं। आँग्ल भाषा में गॉड का अर्थ परमेश्वर है। परन्तु उसी गॉड का बहुवचन 'गॉड्स' देवताओं के लिये आता है। मुसलमान मतावलम्बी हज़रत मुहम्मद को नूरे इलाही कहते हैं। उधर ईसाई हज़रत ईसा को 'खुदा का बेटा' मानते हैं। बौद्धमतावलम्बी महात्मा बुद्ध को 'लार्ड' कहकर पुकारते हैं। इसी प्रकार आर्य लोग श्रीराम तथा श्रीकृष्ण को अवतार कहते हैं। आर्यों में आप्त पुरुषों ऋषियों मुनियों, और विद्वानों के आदर और पूजन का व्यव-

हार वैदिक काल से चला आता है। वेद मन्त्रों में स्थान स्थान पर धर्मात्मा और आप्त पुरुषों का सत्कार तथा उनकी पूजा को एक प्रधान कर्त्तव्य कहा गया है और प्रत्येक यज्ञ और उत्सवों पर इसका करना आवश्यक समझा गया है। ब्राह्मण ग्रंथ, उपनिषद तथा अन्य आर्ष ग्रन्थों में इस विषय की पूरी पूरी विवेचना की गई है। पर किसी वैदिक ग्रन्थ में किसी महात्मा व आप्त पुरुष को परमात्मा का पद नहीं दिया गया है।

अवतारों की यथार्थता।

आर्यावर्त में सब से पहले बौद्धधर्म की शिक्षा से लोगों को परमात्मा के होने न होने में महान् शंका उत्पन्न हुई। और इस पवित्र भूमि के रहने वाले परमात्मा की उपासना से गिर कर मानव पूजन के अंधकारमय जाल में फँस गये। उपासना की यह विधि जनसाधारण में ऐसी प्रचलित हुई कि वैदिकधर्म के उपदेश देने वालों ने भी बौद्धधर्म की पद्धति पर चलना अपने लिये लाभदायक समझा। ब्राह्मणों ने महात्मा बुद्ध के स्थान में श्रीरामचन्द्र तथा श्रीकृष्ण को खड़ा बनाकर और उनको अवतारों की पदवी देकर लोगों के सामने पेश किया। धीरे-धीरे इस भाव ने इतना प्रबल रूप धारण कर लिया कि कुछ समय के पश्चात् पौराणिक भाषा के सम्पूर्ण ग्रन्थों में इसी की चर्चा देख पड़ने लगी

और चारों ओर से अवतार ही अवतार प्रगट होने लगे। कवियों ने महापुरुषों के चरित्र वर्णन करने में जो अतिशयोक्ति की थी और विचारों के अत्यन्त उच्चतम कोटि में पहुँच कर प्रकृति के सम्पूर्ण बड़े बड़े दृश्यों पर जो आलंकारिक कवितायें निर्माण की थीं, उन कवियों की उन अतिशयोक्ति और अलंकारों को पौराणिक समय के धार्मिक कवियों ने असली घटना का जामा पहना दिया।

बस फिर क्या था ज्ञान राज्य के शासकों, धार्मिक नियमों के निर्माताओं और जन साधारण के नेताओं ने इस क्रम को ऐसा रूप दे दिया कि लोक परलोक के प्रायःसम्पूर्ण सिद्धान्त प्रत्येक कार्य, चाहे वे अच्छे हों या बुरे, आध्यात्मिक रहस्य की श्रेणी में दाखिल हो गये और जन साधारण को लौकिक और पारलौकिक रहस्य के विवेचन की योग्यता ही न रही। महापुरुषों के चरित्र इस साँचे में ढाले गये, कि दूसरी दूसरी जाति वाले उनको मिथ्या, बनावटी और अपवित्र समझने लगे।

श्रीकृष्ण।

कवियों के अति प्रेम के उमंग, मानसिक विचारों की चंचलता और विश्वास की निर्बलता ने जो अपमान और अन्याय श्रीकृष्ण महाराज के साथ किया है उसका उदाहरण किसी दूसरी भाषा में दृष्टि गोचर नहीं होता। यद्यपि गोस्वामी तुलसीदास ने भक्ति की पराकाष्ठा और प्रेम के

तरंग में श्री रामचन्द्र महाराज पर भी वार किये हैं परन्तु तो भी भक्ति का सारा जोर और उनकी विलक्षण कविता का अद्भुत भाव श्री रामचन्द्र को उस श्रेणी तक नहीं पहुंचा सका जहाँ तक पौराणिक साहित्य ने श्रीकृष्ण जी को पहुँचाया है। इसका कारण यही मालूम पड़ता है कि रामचन्द्र जी को श्रीकृष्ण के तुल्य उपदेशक की उपाधि नहीं दी गई। श्रीरामचन्द्र को उनकी विमाता कैकेयी ने अपनी ईर्ष्या और द्वेष से वनवास दिया। इस लिये कवियों ने भी पितृभक्ति और भ्रातृस्नेह का मुकुट उनके सिर पर रख दिया। परन्तु यह मुकुट भी उस आदमी को अधिक शोभायमान होता जो हर एक प्रकार से धार्मिक जीवन का आदर्श होता अर्थात् जिसके शरीर पर शेष वस्त्र भी ऐसा उपयुक्त हो जिससे मुकुट का सौन्दर्य अच्छी प्रकार से प्रकाशित हो। श्रीराम का धार्मिक जीवन यद्यपि एक आदर्श स्वरूप है परन्तु इनके और श्रीकृष्ण के धार्मिक जीवन में बहुत अन्तर है। जिस प्रकार श्रीकृष्ण सच्चे प्रेम, स्नेह और वीरत्व में आदर्श माने जाते हैं उसी प्रकार सच्चे धर्मोपदेशक भी थे। उनका जन्म ऐसे काल में हुआ था जब कि एक ओर वैदिक धर्म का बेड़ा मिथ्या वैराग्य और दूसरी ओर वेदांत के भ्रमर में चक्कर खाता हुआ एक ओर बहा जाता था, धर्म का यथोचित स्थान से अधःपतन हो चुका था कभी मिथ्या वैराग्य और कभी शुष्क नास्तिकवाद की फिलासफी का

पलड़ा भारी हो जाता था। इन दोनों का एक स्थान पर न्याय की दशामें रहना असंभव था। चूंकि इनको ऐसे समय में धर्मोपदेश करना पड़ा था, इसलिये इनका जीवन धर्मोपदेशक का एक उच्चतम आदर्श है और इसलिये हम देखते हैं कि हिंदुओं के साम्प्रदायों में शायद एक भी पुरुष ऐसा न होगा जिस पर श्रीकृष्ण के उपदेश का कुछ न कुछ प्रभाव न पड़ा हो। सब ही श्रीकृष्ण का नाम एक स्वर से उच्चारण करते हैं और उनके उपदेशों को प्रमाण में मानते हैं! हमारा यह कथन अत्युक्ति पूर्ण न होगा कि भारत का धार्मिक मेघमण्डल इस समय भी श्रीकृष्ण के धर्मोपदेशों से प्रकाशमय दृष्टिगोचर हो रहा है।

बीस वर्ष पूर्व श्रीकृष्ण के विषय में लोग क्या विचारते थे।

अभी बीस वर्ष भी नहीं व्यतीत हुए जब हम सरकारी पाठशालाओं में शिक्षा पाते थे और उस समय श्रीकृष्ण उन सम्पूर्ण अपवित्र कार्यों के कर्त्ता माने जाते थे जो श्रीलीला या रासलीला के नाम से स्थान स्थान पर तमाशे के रूप में हुआ करते थे और अब भी होते हैं। उस समय श्रीकृष्ण हमारी दृष्टि में तमाशबीन, विषयी और धूर्त दीख पड़ते थे और हम सोचते थे, कि हिंदू मात्र की सम्पूर्ण सामाजिक निर्बलता इन्हीं की अश्लील शिक्षा का फल है। हिन्दू धर्म के

विपक्षियों ने श्रीकृष्ण विषयक ऐसी २ गप्पें उड़ा रखी थीं कि हमारे हृदय में उनके प्रति सम्मान के भाव उत्पन्न होना तो दूर रहा हमारा मन ऐसे सांचे में ढल गया था कि हम दूसरों के सामने कृष्ण के नाम से ही लज्जित होते थे। और भीतर ही भीतर उस पवित्रात्मा के नाम से घृणा करने लग गये थे। परन्तु जब पाठशाला से छुट्टी मिली और मुल्लाओं के पंजे से जान बची और संकीर्ण अंधकारमय कोठरी से निकल कर प्रकाशमय क्षेत्र में आये तो वहाँ ज्ञान रूपी वायु के झकोरों से मस्तिष्क में एक प्रकार का विलक्षण परिवर्तन सा होने लगा।

कृष्ण के विषय में मानसिक भावों में परिवर्तन

इस संकीर्णता से निकलकर बाह्य क्षेत्र में पदार्पण करते ही मानसिक शक्तियाँ कुछ ऐसी विस्तृत हुईं कि वे गूढ़ विषयों की ओर प्रवृत्त होने लगीं और शीघ्रही मेरे कान में भनक पड़ी कि, हैं ! एक ओर तो श्रीकृष्ण के नाम के साथ ऐसी अश्लील बातें सम्बद्ध की जाती हैं, दूसरी ओर उन्हीं को उस विश्वविख्यात ग्रंथ 'गीता' का रचयिता कहा जाता है। जो अपने विषय की गूढ़ता, सच्चे उपदेश, भाषा की सरलता, भक्ति और प्रेम में संसार के मनुष्यकृत ग्रन्थों में अद्वितीय है और जिसकी अलौकिक लेख प्रणाली अपना आदर्श स्वतः कही जा सकती है। ज्योंही यह आवाज़ कान

में पड़ी तुरंत ही यह विचार पैदा हुआ कि जो नीति और आध्यात्मिक विद्या का ऐसा उपदेशक हो वह ऐसा तमाशबीन विषयी और धूर्त नहीं हो सकता जैसा कि कृष्णलीला में दिखलाया जाता है। हमारे हृदय में अभी इस भाव का अंकुरमात्र ही उत्पन्न हुआ था और अच्छे प्रकार जड़ नहीं पकड़ सका था कि एक दूसरी भनक सुनाई दी और वह यह कि, श्रीकृष्णचन्द्र पर विषयी होने का जो लाञ्छन आरोपित किया जाता है वह केवल कवियों के ख्यालीपोलाव के अतिरिक्त और कुछ नहीं जिनको किसी प्रकार वास्तविक घटना नहीं कहा जा सकता। फिर इनके अंतर्गत ऐसे प्रमाण मिलते हैं जिससे सिद्ध होता है कि इन लोगों (कवियों) ने अपनी अन्ध श्रद्धा का उन्हें अपना लक्ष्य बना लिया है। निदान ये भाव दृढ़ होते गये कि धीरे धीरे लोगों के हृदय पर श्रीकृष्ण की महत्ता बुद्धिमत्ता और प्रतिभा ने अपना पूर्ण अधिकार जमा लिया।

अब वह समय आ गया है कि कोई भी शिक्षित मण्डली इस बात पर विश्वास नहीं करती कि श्रीकृष्ण के आचरण वास्तव में वैसे ही थे जैसा कृष्ण लीला में दिखलाया जाता है। धार्मिक विषयों में चाहे कितना ही आपस में विरोध हो, पर शिक्षित मण्डली में अब एक भी ऐसा व्यक्ति नहीं रहा जो उनके नाम के साथ उन निर्लज्ज घटनाओं को सम्बद्ध करता हो, जिसे अशिक्षित मण्डली अब तक उनके माथे

मढ़ती है। प्राचीन फैशन के पौराणिक धर्मावलम्बी भी इस प्रयत्न में हैं कि श्रीमद्भागवत की कविता को अलंकार रूप देकर उनसे प्रेम, भक्ति और आत्मिक ज्ञान का रहस्य निकालें और यह दिखला दें कि उन स्थूल रसपूर्ण विचार की जड़ में पवित्र प्रेम और अमृत रूपी भक्ति और अध्यात्म ज्ञान के अमूल्य मोती दबे हुये हैं। इस विचार से प्रत्येक मनुष्य भावालंकार के गंभीर समुद्र में घुस कर उसकी तह में से अपने विवेचन द्वारा अमूल्य रत्न निकालने में संलग्न है ताकि उस महात्मा के जीवन घटनाओं को इधर उधर से एकत्रित करके जीवन चरित्र के रूप में प्रकाशित करे। यह बात सिद्ध है कि पूर्व समय में जीवन चरित्र लिखने की शैली न थी इसलिये श्रीकृष्ण का कोई क्रमबद्ध जीवन वृतान्त हमारे साहित्य में नहीं पाया जाता। इसलिये उनके जीवन की कथाओं को क्रमबद्ध लिखना मानो कवियों के आलंकारिक सूक्ष्म विचारों, और अंधविश्वासियों के किस्से कहानियों के संग्रह से उन वास्तविक घटनाओं का निचोड़ उद्धृत कर पृथक करना है जिनको हम युक्तिसंगत कह सकें और जिनके क्रमानुसार संग्रह को हम जीवन चरित्र का स्थान दे सकें।

पुराणों की प्राचीनता।

श्रीकृष्ण के नाम से जन साधारण में जितनी आख्यायिकायें प्रचलित हैं उन सब के मूल स्रोत पुराण हैं और हिन्दू

धर्म ने इन्हें उनके प्रमाण पर सच्चा मान लिया है अतएव प्रथम यह अनुसन्धान करना उचित होगा कि इन पुराणों को ऐतिहासिक गौरव कहां तक प्राप्त हो सकता है या उनके लेख कहाँ तक विश्वसनीय और माननीय हैं।

(अ) प्राचीन आर्यजाति ऐतिहासिक विद्या से अनभिज्ञ न थी।

परन्तु वर्तमान पुराणों की कथाओं की सत्यता के विषय में अपनी सम्मति स्पष्ट रूप से प्रकट करने के पूर्व हम यह कह देना आवश्यक समझते हैं कि हमें वह सार्वजनीन विचार मान्य नहीं हैं जिसके अनुसार यह कह दिया जाता है कि प्राचीन आर्य लोग—जिनके नाम के साथ वर्तमान सभ्यता और दर्शन शास्त्र सम्बद्ध हैं, जिनकी विद्या और कला के प्रकाश से अब भी संस्कृत साहित्य के पन्ने पन्ने रंगे हैं—जिनकी प्रतिमा उनके बनाये हुये ग्रन्थों से आदर्श के समान संसार आलोकित कर रही है—ऐतिहासिक ज्ञान से नितान्त अनभिज्ञ थे। और उनमें न इतिहास पढ़ने की रुचि थी और न लिखने की परिपाटी थी।

वास्तव में वर्तमान संस्कृत साहित्य को देख कर हम यह तो कह सकते हैं कि प्राचीन आर्यगण अमुक २ विद्या और शास्त्र में निपुण थे पर निर्णय के साथ यह नहीं कह सकते कि वे उनके अतिरिक्त अमुक विद्या से सर्वथा अनभिज्ञ थे। प्राचीन आर्यसभ्यता को इतना समय व्यतीत हो

गया कि उसका यथार्थ अनुमान करना असम्भव नहीं तो अत्यन्त कठिन तो अवश्य है।

इसके सिवाय इस बीच में यहाँ बहुत से परिवर्तन हुए हैं अतएव किसी विद्या विशेष के ग्रन्थों के अप्राप्य होने से यह परिणाम निकाल लेना कि प्राचीन समय के आर्यलोग उक्त विद्या से अनभिज्ञ थे, युक्ति संगत नहीं। परमेश्वर जाने कितने अमूल्य रत्न प्राचीन भवनों के भग्नावशेष में दबे पड़े हैं और कितने अमूल्य लाल तो पृथ्वी में ऐसे लीन हो गये हैं कि अब उनका टूटी फूटी हालत में दर्शन होना दुर्लभ सा हो गया है और शायद अभी अधिकतर ऐसे हैं जो ब्राह्मणों के वेष्टनों में पड़े सड़ रहे हैं। उन बेचारों को यह भी पता नहीं कि इन फटे पुराने जीर्ण ग्रन्थों में कैसे उच्चतम भाव लिखे पड़े हैं जिनके जानने के लिये आधुनिक शिक्षित समुदाय लाखों रुपया व्यय करने के लिये उद्यत है। प्राचीन आर्यसभ्यता के विषय में अनुसन्धान आरम्भ हो गया है और लोग इन सारे रत्नों को खोदकर निकाल रहे हैं। इस लिये हम फिर यही कहते हैं कि वर्तमान साहित्य को देख कर यह निर्णय नहीं किया जा सकता कि प्राचीन आर्य इतिहास विद्या से अनभिज्ञ थे। हमारे साहित्य में अभी ऐसे प्रमाण हैं जिससे यह परिणाम निकाल सकते हैं कि प्राचीन काल में इतिहास का पढ़ना व लिखना विशेष गौरव की दृष्टि से देखा जाता था और विद्या प्रेमियों की एक

विशेष मण्डली का यही कार्य था कि वह राजाओं और महाराजाओं के दरबार में प्राचीन कथाओं को सुनाया करे।

ब्राह्मण रामायण उपनिषद् महाभारत और पौराणिककाल के साहित्य जैसे प्राचीन ग्रन्थों में इस विषय के अनेकानेक प्रमाण उपस्थित हैं। वैदिक साहित्य में जहाँ जहाँ भिन्न २ विद्याओं और शास्त्रों का वर्णन किया गया है वहाँ २ पुराण तथा इतिहास के शब्द मिलते हैं। इससे यह सिद्ध है कि उस समय में पुराण और इतिहास एक पृथक २ साहित्य के नाम थे जिसे आज कल ऐतिहासिक साहित्य कहते हैं। प्रमाणार्थ यहाँ हम कुछ उद्धृत करते हैं।

छान्दोग्य उपनिषद में, जो दश उपनिषदों के अन्तर्गत है और जिसको श्री स्वामी शंकराचार्य व श्री स्वामी दयानन्द सरस्वती तथा अन्य विद्वानों ने अत्यन्त प्राचीन माना है, एक स्थान पर भिन्न २ विद्याओं का वर्णन करते हुए इस प्रकार लिखा है।

सहोवाच। ऋग्वेदं ! भगवोऽध्येमि यजुर्वेदं सामवेदमाथर्वणंश्चतुर्थ मितिहासं पुराणं च पञ्चमम्।

(१) अर्थात् भगवन् ! ऋग् यजुःसाम और अथर्व को जानता हूँ और इसके अतिरिक्त इतिहास और पुराण से भी अभिज्ञ हूँ।

(२) एक स्थान पर शतपथ ब्राह्मण में (१४-६-१०-६) कहा गया है—

ऋग्वेदो यजुर्वेदो सामवेदोऽथर्वाङ्गिरस इतिहासः पुराणं विद्या उपनिषदः श्लोकाः सूत्राण्यनुव्याख्यानानि व्याख्यानानि ॥

अर्थ—ऋग्, यजु, साम अथर्व वेद इतिहास पुराण विद्या उपनिषद् सूत्र, श्लोक और उनके व्याख्यानादि।

(३) तैत्तिरीय आरण्यक के दूसरे आरण्यक के नवें श्लोक में लिखा है—

ब्राह्मणानीतिहासान् पुराणानि कल्पान् गाथानाराशंसी

अर्थात्—ब्राह्मण इतिहास पुराण कल्प गाथादि।

(४) इसी प्रकार मनुस्मृति के तीसरे अध्याय के २३२ वें श्लोक में भी आख्यान इतिहास और पुराण शब्द मिलते हैं। रामायण, महाभारत और पुराणों के पठनपाठन से यह मालूम होता है कि प्राचीन समय में इतिहास वेत्ताओं और इतिहास लेखकों के अतिरिक्त एक ऐसी मण्डली होती थी जिसका कर्तव्य यही होता था कि वे राज दरबार में प्राचीन घटनाओं, राजाओं महाराजाओं तथा वीर योद्धाओं के चरित्र सुनाया करें। महाभारत में जगह जगह पर यह लिखा पाया जाता है कि सूत महाराज ने अमुक २ वृत्तान्त का वर्णन किया।

(५) संस्कृत कोष का प्रसिद्ध प्रणेता अमरसिंह पुराण शब्द की व्याख्या करता हुआ लिखता है कि पुराण के पांच

लक्षण हैं, या यों कहिये कि पुराण में पाँच प्रकार के विषय होते हैं।

सर्गश्चप्रतिसर्गश्च वंशो मन्वन्तराणि च।
वंशानुचरितञ्चैव पुराणं पंचलक्षणम् ॥

अर्थात् सृष्टि के उत्पत्तिका वर्णन ! सृष्टि विशेष का वृत्तांत प्रसिद्ध वंशजों का इतिहास भिन्न भिन्न समय का वर्णन और महापुरुषों के जीवत चरित्र।

(६) विष्णुपुराण के तीसरे खण्ड के छठे अध्याय के सोलहवें श्लोक में इतिहास को चार भागों में विभक्त किया है।

आख्यानैश्चाप्युपाख्यानैर्गाथाभिः कल्पसिद्धिभिः। पुराणं संहिताश्चक्रे पुराणार्थविशारदः।

वक्ता व्यास ने एक पुराण संहिता लिखी है, जिसमें चार प्रकार के विषय हैं अर्थात् आख्यान २ उपाख्यान ३ गाथा ४ कल्पसिद्धि।

(१) अपनी आँखों से देखी हुई घटना के वर्णन करने को आख्यान कहते हैं।

(२) किसी घटना को अन्य पुरुष से सुनकर पुस्तक रूप में लिखने को उपाख्यान कहते हैं।

(३) प्राचीन महात्मा पुरुषों के विषय में जो गान गाये जाते हों उनके संग्रह को गाथा कहते हैं।

(ब) पुराणों का ऐतिहासिक गौरव ।

हम विना संकोच के यह कहने को उद्यत हैं कि वर्तमान पुराणों को ऐतिहासिक गौरव प्राप्त नहीं है। स्वयं उन्हीं पुराणों में इस बात का प्रमाण मिलता है कि वे प्राचीन साहित्य के पुराण और इतिहास नहीं हैं परन्तु वे आर्य जाति के अंधकारपूर्ण समय में लिखे गये हैं और उनमें से कुछ तो उस समय के लिखे हुये हैं जब आर्य जाति अपनी राजनैतिक स्वतन्त्रता को खो कर अपने धर्म कर्म को नष्ट कर चुकी थी, जब कि उनको अपने धर्म अपनी मान मर्यादा तथा अपनी स्त्रियों के सतीत्व की रक्षा के हेतु अपने प्राचीन आचार व्यवहारों को कायम रखने के लिये इस प्रकार की नयी बातें बनानी पड़ीं जिससे उनका प्राचीन धर्म कर्म ऐसा दब गया कि उनके चिन्ह भी शेष न रहे। यदि अंग्रेजी राज्य के आगमन के साथ उस पर प्रकाश की आभा न पड़ती तो उनके ऊपर से कूड़ा करकट उठा देने का उन्हें (आर्य जाति को) अवसर ही न मिलता।

प्रत्येक सुशिक्षित आर्य जानता है कि पुराण १८ हैं परन्तु इनके अतिरिक्त बहुत सी ऐसी पुस्तकें है जो उपपुराणों के नाम से प्रसिद्ध हैं, जो ऐसे किस्से कहानियों से भरे हैं कि कोई मनुष्य भी उन्हें पढ़कर वास्तविक सत्य नहीं निकाल सकता। उनका अधिकांश भाग तो ऐसी बातों से

(ब) पुराणों का ऐतिहासिक गौरव।

हम विना संकोच के यह कहने को उद्यत हैं कि वर्तमान पुराणों को ऐतिहासिक गौरव प्राप्त नहीं है। स्वयं उन्हीं पुराणों में इस बात का प्रमाण मिलता है कि वे प्राचीन साहित्य के पुराण और इतिहास नहीं हैं परन्तु वे आर्य जाति के अंधकारपूर्ण समय में लिखे गये हैं और उनमें से कुछ तो उस समय के लिखे हुये हैं जब आर्य जाति अपनी राजनैतिक स्वतन्त्रता को खो कर अपने धर्म कर्म को नष्ट कर चुकी थी, जब कि उनको अपने धर्म अपनी मान मर्यादा तथा अपनी स्त्रियों के सतीत्व की रक्षा के हेतु अपने प्राचीन आचार व्यवहारों को कायम रखने के लिये इस प्रकार की नयी बातें बनानी पड़ीं जिससे उनका प्राचीन धर्म कर्म ऐसा दब गया कि उनके चिन्ह भी शेष न रहे। यदि अंग्रेजी राज्य के आगमन के साथ उस पर प्रकाश की आभा न पड़ती तो उनके ऊपर से कूड़ा करकट उठा देने का उन्हें (आर्य जाति को) अवसर ही न मिलता।

प्रत्येक सुशिक्षित आर्य जानता है कि पुराण १८ हैं परन्तु इनके अतिरिक्त बहुत सी ऐसी पुस्तकें है जो उपपुराणों के नाम से प्रसिद्ध हैं, जो ऐसे किस्से कहानियों से भरे हैं कि कोई मनुष्य भी उन्हें पढ़कर वास्तविक सत्य नहीं निकाल सकता। उनका अधिकांश भाग तो ऐसी बातों से

भरा है जो बुद्धि और प्रकृति दोनों के विरुद्ध हैं और उनका अनुमान होना भी असम्भव है।

अङ्गरेज तथा आर्य विद्वानों ने सहमत होकर यह व्यवस्था दी है कि वर्तमान पुराण वे पुराण नहीं हैं जिनका वर्णन उपनिषदों व अन्य प्राचीन ग्रंथों में पाया जाता है। उन अङ्गरेजी पुराणतत्ववेत्ताओं ने वर्तमान पुराणों का समय भी निरूपण किया है जिनके दिये हुए प्रमाणों से यह मालूम होता है कि उपस्थित पुराणों में से कोई भी पुराण विक्रमी सम्वत के आरम्भ से पहले का नहीं है किंतु इनमें से बहुत से पुराणों का समय तो १४ वीं या १५ वीं शताब्दि तक निश्चय किया गया है। इसके सिवाय स्वयं पुराणों के निम्न लिखित उदाहरण से पता लगता है कि प्राचीन पुराण गुम हो गये हैं और उपस्थित पुराण वर्तमान समय में बनाये गये हैं।

(१) मत्स्य पुराण में ब्रह्मवैवर्तपुराण का वर्णन करते हुए इस प्रकार लिखा है—

अर्थात्—"यह पुराण जिसको ब्रह्माजी ने नारद के सन्मुख वर्णन किया और जिसमें श्रीकृष्ण का माहात्म्य रथन्तर कल्प के समाचार और ब्रह्म, वराह, चरित्र वर्णित हैं अठारह सहस्र श्लोकों में है और इसका नाम ब्रह्मवैवर्त्त पुराण है।"

अब यदि हम उस पुराण को देखें जो वर्तमान काल में ब्रह्मवैवर्तपुराण के नाम से प्रसिद्ध है तो हमको मालूम हो

जायगा कि इसमें न ब्रह्मवराह का चरित्र है न रथन्तरकल्प के समाचार हैं और न उसमें इस बात का कहीं पता ही लगता है कि इस पुराण को सूत ने नारद के सामने वर्णन किया था।

(२) विष्णुपुराण के तृतीय अंश के छठे अध्याय में १६ से १९ श्लोक तक इस प्रकार लिखा है।

वेदव्यास ने जो पुराणों की विद्या में सिद्धहस्त थे एक संहिता बनाई थी जिसमें आख्यान, उपाख्यान, गाथा और कल्पसिद्धि थी इन्होंने उस पुराण को अपने प्रसिद्ध शिष्य रोमहर्षण को दे दिया। सूत रोमहर्षण के छः शिष्य हुये:—सुमति, अग्निवर्चस्, मित्रायु शांसपायन, अकृतव्रण सावर्णि। उनमें से कश्यप (अकृतव्रण) सावर्णि और शांसपायन ने एक १ पुराण संहिता लिखी परन्तु सबका मूल वही संहिता थी जिसका नाम रोमहर्षणिका था और जिसको व्यास ने रचा था।

(३) अग्नि पुराण में भी यही लिखा है—

रोमहर्षण सूत ने व्यास से पुराण प्राप्त किया और फिर सुमति अग्निवर्चस्, मित्रायु शांसपायन अकृतव्रण और सावर्णि इनके शिष्य हुए और शांसपायन और दूसरे शिष्यों ने पुराणों की संहितायें रचीं।

(४) इसका समर्थन भागवत पुराण के दसवें स्कन्ध के तीसरे अध्याय के श्लोकों से होता है।

अर्थो—त्रय्यारुणि ! कश्यप, सावर्णि, अकृतव्रण, शांसपायन

और हारीत ये छः, पुराण के आचार्य थे। उन्होंने मेरे पिता से पुराण सीखे जो स्वयं व्यास के शिष्य थे। और वास्तविक पुराण संहिता का अध्ययन करके उन्होंने एक २ पुराण रचा।

(५) भागवत के बारहवें स्कन्ध के सातवें अध्याय के पाचवें श्लोक पर टीका करते हुए पं० श्रीधर लिखते हैं—

सूत ने कहा—प्रथम व्यास ने ६ संहितायें लिखीं और मेरे पिता रोमहर्षण को सिखलाया उनसे आरुणि और दूसरों ने एक एक संहिता पढ़ी और उनका शिष्य मैं हूँ।

इन प्रमाणों से यह स्पष्ट सिद्ध होता है कि वर्तमान पुराणों के रचयिताओं के विचार में वेद व्यास की लिखी हुई पुराण संहिता वास्तव में एक ही थी और फिर उससे छः संहितायें हुईं। वे छः संहितायें कौन २ थीं और फिर वे क्या हुईं इसका कुछ भी पता नहीं है। मि० रमेश चन्द्रदत्त, प्रोफेसर मेक्समूलर तथा अन्य योरोपियन पुरातत्ववेत्तागण भी इस विषय में सहमत हैं कि प्राचीन पुराणों का कुछ पता नहीं चलता और वे सब लुप्त हो गये। हमको ऐसा प्रतीत होता है कि व्यास जी रचित पुराण संहिता (यदि वास्तव में व्यास जी ने कोई इस नाम की पुस्तक रची थी) बौद्धों के समय में नष्ट हो गई और पौराणिक काल में दन्त कथाओं अथवा अन्य लेख प्रमाणों के आधार पर सामयिक पुराणों की रचना हुई और उस समय से आज तक इनमें सर्वदा एक न एक काटछाँट होती चली आई है और समय समय

पर बहुत से विद्वान् पण्डित लोग अपने वाक्यचातुर्य्य वा बुद्धि का परिचय देने के हेतु टिप्पणी के तौर पर नवीन श्लोकों का समावेश करते रहे हैं। इन पंडितों के वंशजों ने अपना यह कर्तव्य समझा कि पुराणों पर कुछ न कुछ अपनी बुद्धि लड़ावें इस लिये दासत्व समय के दुर्विचारों को सम्मिलित करके उनकी एक अनोखी खिचड़ी बनायी। यहाँ तक कि वर्तमान पौराणिक साहित्य भिन्न २ प्रसंगों का एक ऐसा संग्रह बन गया है कि जिसमें वास्तविकता को कृत्रिमता से, घटनाओं को अलंकारों से, सत्य को अत्युक्ति से प्रथक् करना कठिन ही नहीं वरन असम्भव है। सम्भव है कि इस संग्रह में सच्ची घटनाएँ और उत्तम विचारों के मोती दबे पड़े हों।

परन्तु इस समय उनकी अवस्था ऐसी शोचनीय हो रही है कि उनमें से क्रमबद्ध किसी घटना को निकालना कठिन मालूम होता है। प्राचीन आर्य सभ्यता का विद्यार्थी जिसने उपनिषदों की अद्वितीय अध्यात्म विद्या तथा दर्शनों की अद्वितीय फिलासफ़ी का अध्ययन करके प्राचीन आर्यों की सभ्यता के उत्कर्ष का विचार बाँधा है जब पौराणिक साहित्य तक पहुँचता है तो अकस्मात् उसके हृदय से ठंढी साँस निकलती है और यदि उसकी नाड़ियों में उन्हीं आर्यों का खून बहता है जिन्होंने रामायण और महाभारत में प्रसिद्धि पायी थी तो स्वतः उसके नेत्रों से अश्रुओं को

धारा बह निकलती है और वह चिल्ला उठता है कि हाय! किस स्थान से कहाँ गिर गये। वैदिक ऋषियों की सन्तान, जिन्होंने अद्वितीय दर्शनों की रचना की थी, फिर पुराणों और तंत्र मन्त्रों की रचयिता बनी।

कदाचित् आपके हृदय में ये विचार उठते हों कि श्रीकृष्ण के जीवन चरित्र को पौराणिक विषय के वादानुवादों से क्या प्रयोजन, तो हम यही कहेंगे कि दुर्भाग्यवश श्रीकृष्ण का जीवन वृत्तान्त जो कुछ लोगों पर विदित है, उन सबका आधार पौराणिक साहित्य ही है। पुराणों ने ज्ञातीयता के जीवन को दुर्बल बनाने और नैतिक तथा आध्यात्मिक भाव से गिराने का जो कार्य किया है वह सब से अधिक उसी महान् पवित्रात्मा से सम्बन्ध रखता है जिनका संक्षिप्त जीवन चरित्र लिखने के लिये हमने आज अपनी लेखनी उठाई है।

श्रीकृष्ण पर पुराणों ने क्या २ दोषारोपण नहीं किये हैं। संसार के बड़े से बड़े पवित्रात्मा को अपने दुर्भावों के बाणों से ऐसा वेध डाला है कि उसकी सूरत ही बदल गई। इन्हीं पुराणों की कृपा से अधिक तर आर्य सन्तानों का मनो-भाव श्रीकृष्ण की ओर से ऐसा फिर गया कि वे उन्हें विषयी और अपवित्र समझने लगे और इसी पौराणिक शिक्षा के कारण अधिकतर आर्य सन्तान पढ़ लिखकर मुसलमानों और ईसाइयों के जाल में फँस गई। अनेकों बार अच्छे २ विद्वानों

से यह सुना गया है कि इस धर्म भूमि को कुल अवनति और आपत्तिओं के मूल श्रीकृष्णजी ही हुए हैं जिन्होंने अपनी अपवित्र शिक्षा से महाभारत का युद्ध आरम्भ करा कर देश को नष्ट भ्रष्ट कर दिया। जब हम किसी आर्यसन्तान के मुँह से महात्मा कृष्ण के विषय में इस प्रकार अपमान जनक शब्द सुनते हैं तो हमारा कलेजा मुँह को आ जाता है। परन्तु इन बेचारे नयी रोशनी वालों का क्या दोष है? पौराणिक गपोड़ों ने उन्हें इस भाँति अज्ञानता के समुद्र में डाल रखा है कि वे अपने जातीय साहित्य से सत्य को असत्य से पृथक करना असम्भव समझते हैं। हमारे इस कहने से यह तात्पर्य नहीं कि पुराणों में सत्यता है ही नहीं। हमारा मन्तव्य है कि हमारा जातीय इतिहास कदाचित् पुराणों से कुछ मिल सके। परन्तु अत्युक्ति अलंकार, और पीढ़ी दर पीढ़ी के पंडितों के मनगढंत प्रक्षेप इस साहित्य में इतने भरे हुये हैं कि उससे सत्य घटनाओं का निकालना यदि संभव नहीं तो कठिन अवश्य है।

ऐसे तो प्रायः प्रत्येक पुराण में श्रीकृष्ण के जीवन सम्बन्ध में कुछ न कुछ मसाले अवश्य मिलते हैं परन्तु जिनमें उनका जीवन क्रमानुसार या विस्तृत रूप से वर्णित है उनके नाम इस प्रकार हैं।

ब्रह्मवैवर्त, भागवत, विष्णुपुराण, ब्रह्मपुराण और इन के सिवाय हरिवंश नामक पुस्तक में भी श्रीकृष्ण सम्बन्धी बहुत

सी बातें मिलती हैं और महाभारत में भी प्रायः श्रीकृष्ण का वर्णन आता है। साधारणतः पुरातत्ववेत्ताओं का यह सिद्धांत है कि इन सब पुराणों में विष्णु पुराण और महाभारत सब से प्राचीन हैं। परन्तु इनके विषय में भी यह निर्णय करना कठिन हैं कि इनका कौना सा भाग प्राचीन और कौन सा नवीन है।

प्रोफेसर विल्सन (विष्णु पुराण का अङ्गरेजी अनुवाद-कर्त्ता) का सिद्धान्त है कि विष्णु पुराण में इस के विषय में बहुत से प्रमाण हैं कि उसमें दसवीं शताब्दि तक के वृतान्त पाये जाते हैं। परन्तु भागवत तथा अन्य पुराणों की अपेक्षा विष्णुपुराण अधिक प्राचीन है। भागवत के विषय में तो यह विवाद चला आता है कि कौन सी भागवत १८ पुराणों में गणना करने योग्य है श्रीमद्भागवत या देवी भागवत? वैष्णव अपने भागवत को असल पुराण बतलाते हैं, और शाक्त अपनी भागवत को। परन्तु योरोपीय विद्वानों का मत है कि श्रीमद्भागवत तेरहवीं शताब्दि में लिखा गया है। जो कुछ भी हो विद्वानों की दृष्टि में भागबत से विष्णु पुराण अधिक प्राचीन है। तथा अलंकार का मिश्रण कम होने से उसकी बातें अधिक विश्वासपात्र मानी जाती हैं।

इसके अतिरिक्त औरों की अपेक्षा विष्णु पुराण इस योग्य है कि घटनाओं की नींव उसी पर रखी जाय। हरिवंश, ब्रह्मवैवर्त और ब्रह्मपुराण भी विष्णु पुराण के पश्चात् के माने जाते हैं। प्रो० विल्सन का मत है कि ब्रह्म वैवर्त गोकुलिये

गोसाइयों का लिखा हुआ है और पन्द्रहवीं शताब्दि के बाद की रचना है। अब रहा महाभारत, उसके विषय में याद रखना चाहिये कि वर्तमान महाभारत असली महाभारत नहीं है। या यों कहिये कि यह कोई नहीं बता सकता कि आधुनिक महाभारत के कितने श्लोक असली हैं और कितने मिश्रित। जैसे पुराणों के विषय में साधारणतः लोग कहते हैं कि वे वेद व्यास द्वारा लिखे गये हैं, वैसे ही महाभारत के विषय में भी कहा जाता है। परन्तु जैसे हम ऊपर वर्णन कर आये हैं कि कम से कम वर्तमान पुराण व्यास रचित नहीं है उसी प्रकार हमारे पास इसके भी प्रमाण बहुत हैं कि आधुनिक महाभारत का सपूर्णांश व्यास जी रचित नहीं है। महाभारत लिख कर वैशम्पायन को सुनाया जिसने लोमहर्षण को उसकी शिक्षा दी और जिससे उनके पुत्र उग्रश्रवा ने सीखी। वर्तमान महाभारत के पूर्व के दो श्लोकों में ग्रंथकर्त्ता ने (जो अपना नाम प्रकट नहीं करता) लिखा है कि वह इस महाभारत को लिखता है जो उग्रश्रवा ने कुलपति शौनक के द्वादश वर्षीय यज्ञ में ऋषियों के सन्मुख सुनाई थी।

आदि पर्व प्रथम अध्याय कें आठवें श्लोक से यह प्रगट होता है कि स्वयं उग्रश्रवा को भी आठ सहस्र श्लोक कंठस्थ थे और उस समय भी यह झगड़ा था कि असल महाभारत किस श्लोक से आरम्भ होता है।

आदि पर्व में निम्नलिखित श्लोक से प्रगट होता है कि

व्यासजी ने वास्तव में केवल चौबीस सहस्र श्लोक रचे थे और तत्पश्चात् डेढ़ सौ श्लोक में उन २४ सहस्र श्लोकों का संक्षिप्त वर्णन कर दिया था।

श्लोकार्थः—व्यास ने वास्तव में २४ सहस्र श्लोको में महाभारत की रचना की। विद्वन्मंडली इसी को असली महाभारत कहती है फिर उसने १५० श्लोकों में खुलासा लिखा। परन्तु आधुनिक महाभारत में तो केवल सूचीपत्र लिखा गया है। इससे यह प्रगट है आधुनिक महाभारत में कितने श्लोक बढ़ाये गये हैं और यही कारण है कि उसकी ऐतिहासिक प्रमाणता इतनी कम हो गई है। बहुत सी हस्त-लिखित प्रतियों में तो आदि के अनेक अध्याय लुप्त हैं जिससे प्रो० मैक्समूलर मि० रमेशचन्द्र दत्त के महाभारत की भूमिका से यह परिणाम निकलते हैं कि ये सम्पूर्ण पीछे से मिश्रित कर दिये गये हैं। सारांश यह है कि वर्तमान महा भारत में बहुत कुछ मिश्रण है। फिर भी श्रीकृष्ण विषय में जो कुछ हम जानना चाहिते हैं वह हमको इन्हीं दोनों ग्रन्थों से विदित हो सकता है (१) विष्णुपुराण (२) महाभारत। अतएव हमारे देशवासियों का कर्तव्य होना चाहिये कि श्रीकृष्ण के चरित्र के जानने के लिये इन दोनों पुस्तकों को ध्यान पूर्वक पढ़ें और पश्चात् निष्पक्ष भाव से अपने विचार स्थित करें कि इनमें कौन सी कवि की अत्युक्ति है और कौन असली है।

असली तथा मिलावट का ज्ञान किस प्रकार हो सकता है।

हम इन सब बातों को तो मानते हैं कि बौद्ध धर्म का अभ्युदय श्रीकृष्ण के पश्चात् हुआ है। हिन्दू श्रीकृष्ण को द्वापर का अवतार मानते हैं और महाभारत युद्ध से कलियुग का आरम्भ बताते हैं। यूरोपीय विद्वान् श्रीकृष्ण का समय निरूपण हज़रत ईसा से हजार वर्ष पूर्व ठहराते हैं। अनुसन्धान द्वारा यह बात सिद्ध है कि महात्मा बुद्ध का जन्म हजरत मसीह से पाँच सौ वर्ष पूर्व हुआ है। अतएव यह सिद्ध है कि विष्णुपुराण और महाभारत में जहां बौद्ध धर्म की शिक्षा के चिन्ह मिलते हैं वहाँ पर यह विश्वास करना बिलकुल उचित होगा कि वे भाग बौद्ध काल पश्चात् के हैं। अतः यह विश्वसनीय नहीं हो सकता। इस प्रकार संस्कृत साहित्य के अध्ययन से हमें पता चलता है कि बौद्ध धर्म के पूर्व इस देश में मूर्तिपूजा प्रचलित न थी और न मूर्तियों के मन्दिर बनाने की चाल थी। देखो मि० रमेश चन्द्रदत्त का प्राचीन इतिहास।

इस लिये यह कहना युक्ति से बाहर नहीं हो सकता कि महाभारत और विष्णु पुराण के जिन भागों में मूर्तिपूजा और मंदिरों का वर्णन है वे पीछे से मिलाये गये हैं। इसी तरह से हम कह सकते हैं कि बौद्धधर्म के पूर्व के साहित्य में ईश्वर के अवतार का कहीं वर्णन नहीं और न उस समय

तक हिन्दुओं की त्रिमूर्ति (ब्रह्मा, विष्णु, महेश) के पूजन की कथा ही थी, वरन उस समय तक जातीयबन्धन ऐसा प्रबल न था जैसा कुछ काल पश्चात् हो गया। इन सब बातों का विचार करके विष्णु पुराण तथा महाभारत से कुछ सत्य निकाल सकते हैं। जाति बन्धन के विषय में इतना कह देना पर्याप्त होगा कि स्वयं व्यासजी महाराज जन्म से शूद्र थे जिससे सिद्ध होता है कि कम से कम उस समय जब व्यास जी ने महाभारत की रचना की जातपांत का अधिक झंझट न था। यदि यह मान लें (और इसके मानने में संकोच भी न होना चाहिये) तो यह बात हल हो जाती है कि श्रीकृष्ण का जन्म उस समय में हुआ था जब कि देश में वैदिक धर्म अपनी असली पवित्रता में प्रचलित था। जाति जन्म से नहीं मानी जाती थी और मनुष्यों को परमात्मा की उपाधि नहीं दी जाती थी। अवतारों के विचार की उत्पत्ति नहीं हुई थी, मूर्तिपूजा का भी नामोनिशान न था और हिन्दुओं की त्रिमूर्ति अभी स्थापित न हुई थी। वैदिक कर्मकाण्ड को प्रथा प्रचलित थी, बौद्धधर्म का जन्म नहीं हुआ था, गोकि फ़िलसफ़ा की अधिकता से लोगों का विश्वास निर्बल होने लग गया था। इन बातों को सामने रख कर और कवि सुलभ अत्युक्ति अलंकारादि का विचार करके यदि हम महाभारत तथा विष्णु पुराण में से कुछ यथार्थ बातें निकलना चाहें तो निष्फलता कदापि संभव

नहीं। परन्तु साथ ही याद रखना चाहिये कि यह बातें बड़ी कठिनाई तथा अनुसन्धान द्वारा मालूम हो सकती हैं क्योंकि असल इतिहास का मिलना असम्भव है। बस इसके सिवाय कुछ चारा नहीं कि इन कठिनाइयों में जो कुछ हम निकाल सकते हैं, निकालें और उससे लाभ उठावें। हमारी जाति का इतिहास तो उन्हीं उपाख्यानों से मिल सकता है।

उपरोक्त बातों के पश्चात् अब हम यह दिखायेंगे कि क्या कृष्ण के जीवन काल का निर्णय करना वास्तव में सम्भव है अथवा नहीं ?

कृष्ण और महाभारत का समय।

महाभारत के समय का निर्णय करना तनिक कठिन है क्योंकि उस समय का कोई यथाक्रम इतिहास मौजूद नहीं परन्तु इस विषय में अनुसन्धान द्वारा जो बातें अब तक जानी गईं हैं और जितनी भिन्न २ सम्मतियाँ इस विषय में स्थिर की गई हैं उनको हम इस स्थान पर पाठकों के सूचनार्थ लिखते हैं।

(अ) यह बात हिन्दुओं में साधारणतः प्रसिद्ध है कि महाभारत की लड़ाई से कलियुग का आरम्भ हुआ है। और कृष्ण का जन्म द्वापर में हुआ है। कलियुग को आरम्भ हुए लगभग ५००० वर्ष माने जाते हैं। गणितशास्त्र जानने वाले भी कलियुग का आरम्भ ४९९६ वर्ष निश्चय करते हैं।

(व) कश्मीरका इतिहास राजतरङ्गिणी का लेखक लिखता है कि कलियुग के ६५३ वें वर्ष में गौड़ नाम का राजा काश्मीर में वर्तमान था और युधिष्ठिर कौरव वन में थे, गौड़ ने लगभग ३५ वर्ष राज्य किया जिससे युधिष्ठिर का समय लगभग २४०० वर्ष मसीह से पूर्व स्थिर होता है अर्थात् आज से ४३०० वर्ष होते हैं।

(ज) विष्णु पुराण से प्रकट होता है कि युधिष्ठिर का पोता परीक्षित राजा नन्द से १०१५ वर्ष पहले हुआ है। पहिला नन्द चन्द्रगुप्त से १०० वर्ष पूर्व हुवा, चन्द्रगुप्त ने मसीह से ३१५ वर्ष पहिले राज्य पाया जिससे परीक्षित का समय १४३० वर्ष मसीह से पूर्व स्थिर होता।

(द) एक दूसरे स्थान पर विष्णुपुराण, परीक्षित का समय १२०० वर्ष कलियुगी ठहराता है जिससे परीक्षित का काल लगभग १९०० वर्ष मसीह से पूर्व सिद्ध होता है।

(स) महाभारत के पढ़ने से विदित होता है कि जिस समय महाभारत की लड़ाई हुई थी उस समय सब से छोटा दिन और सब से बड़ी रात माघ के महीने में हुआ करती थी क्योंकि भीष्म पितामह सूर्य्य के उत्तरायण हो जाने पर मृत्यु को प्राप्त हुए परन्तु अब २१ दिसम्बर को सब से बड़ी रात और सब से छोटा दिन होता है। ज्योतिविद्या के जानने वाले बताते हैं कि इस परिवर्तन को हुए कम से कम ३४२६ वर्ष हुए जिससे यह परिणाम निकलता है कि महा-

भारत को भी हुये ३४२६ वर्ष से कम नहीं हुए अधिक चाहे कुछ हो।

(म) ज्योतिष विद्या की सहायता से जो समय कायम किया जाता है उसके विषय में मि० बालगङ्गाधर तिलक ने "ओरियन" नामक अपने ग्रन्थ में बहुत कुछ तर्क वितर्क के पश्चात् लिखा है कि वह समय जब कि माघ मास में सूर्य्य उत्तरायण में होता था बहुत प्राचीन सिद्ध होता है इसके अतिरिक्त प्राचीन संस्कृत साहित्यों में महाभारत के वीरों का प्रायः वर्णन आता है जिससे युरोपीय पुरातत्व विद्वान यह परिणाम निकालते हैं कि महाभारत की असल लड़ाई इन ग्रन्थों के रचे जाने से बहुत पहिले हो चुकी थी।

प्राचीन संस्कृत साहित्य में कृष्ण तथा आर्य वीरों का वर्णन।

पाणिनि ऋषिकृत अष्टाध्यायी के सूत्रों में युधिष्ठिर और कुन्ती तथा वासुदेव और अर्जुन के नाम आते हैं जैसे आठवें अध्याय के तीसरे पाद के ९५ वें सूत्र में युधिष्ठिर शब्द आया है इसी तरह चौथे अध्याय के पहिले पाद के १७४ वें सूत्र में कुन्ती शब्द का प्रयोग हुआ है फिर इसी अध्याय के तीसरे पाद के ९८ वें सूत्र में वासुदेव तथा अर्जुन का नाम आता है।

प्रोफेसर गोल्ड स्टक्कर की सम्मिति है, कि पाणिनि मुनि

ब्राह्मण ग्रन्थों और उपनिषदों से भी बहुत पहिले हुए हैं। श्री स्वामी दयानन्द की भी यही सम्मति है-ब्राह्मण ग्रन्थों में से ऐतरेय और शतपथ में परीक्षित और जनमेजय का वर्णन आया है। जनमेजय पाण्डवों के प्रपौत्र का नाम था जिसके दरबार में प्रथम महाभारत सुनाई गई, इसके अतिरिक्त तैत्तिरीयआरण्यक में श्रीकृष्ण का नाम आता है। छान्दोग्य उपनिषद् में देवकी के पुत्र कृष्ण का वर्णन है। आश्वलायन गृह-सूत्र में भी महाभारत के युद्ध का वर्णन आया है (देखो प्रा० मेक्समूलर का इन्ट्रोडक्शन महाभारत रमेशचन्द्र दत्त द्वारा अनुवादित) इसी तरह महर्षि पातञ्जलि के भाष्य में कई जगह आया है कि कृष्ण ने अपने मामा कंस को मारा इत्यादि। यह भी याद रखना चाहिये कि व्यास छः दर्शनकारों में सबसे अन्तिम दार्शनिक हुये हैं। व्यास को वेदान्त दर्शन का कर्त्ता मानते हैं। अब इन बातों के रहते यह निर्णय करना बड़ा कठिन है कि महाभारत की लड़ाई कब हुई और महाभारत नामक ग्रन्थ कब रचा गया और कौन से व्यास ने उसको बनाया।

तथापि यह परिणाम निकला, कि महाभारत की लड़ाई के हुए बहुत काल बीत गया और असल महाभारत ग्रंथ लड़ाई से कुछ काल पीछे लिखा गया था परन्तु इसके बाद कालान्तर में उसमें परिवर्तन होते रहे। यहाँ तक कि आज सब कुछ अन्धकारमय हो गया है और हमारे लिए महाभारत

की लड़ाई तथा महाभारत नामक ग्रन्थ के रचे जाने का समय निर्णय करना भी असम्भव सा हो गया है।

यदि वास्तव में महाभारत की लड़ाई उपनिषद तथा सूत्रों के समय से पहिले हुई और असल ग्रन्थ भी उससे पहिले बना तो फिर इसमें सन्देह नहीं कि वर्तमान महाभारत में जितनी बातें उस समय के धर्म से विरुद्ध पाई जाती हैं वह सब कालान्तर में मिला दी गई हैं और असल ग्रंथकर्ता की लेखनी से नहीं निकली हैं।

क्या यह कल्पित है ?

बहुत पुरातत्वज्ञों ने यह सम्मति स्थिर की है कि महाभारत की कथा कल्पित है और अलंकार के तौर पर लिखी गई है और बहुत से लोग लड़ाई को यथार्थ मानते हैं पर उसके नायकों को कल्पित मानते हैं, हमारी राय में ये दोनों कथन मिथ्या हैं, जिसके प्रमाण ये हैं—

(१) कृष्ण और अर्जुन, की वंशावली का पूरा २ पता चलता है उनके वंश में ऐसे राजे महराजे हुये हैं जिन्हों ने ऐतिहासिक समय में राज्य किया है।

(२) सारे संस्कृत साहित्य का प्रमाण इस कथन का खंडन करता है जैसा कि हमने ऊपर वर्णन किया है।

(३) कथा से सम्बन्ध रखने वालों के नाम सर्व साधारण में प्रसिद्ध हैं तथा देश के उन प्रान्तों में भी विदित हैं

जहाँ सहस्रों वर्ष से पढ़ने लिखने का चिन्ह नहीं पाया जाता। फिर कथा सम्बन्धी पुरुषों के नाम से प्रायः स्थानों के नाम मिलते हैं यदि नाम कल्पित होते तो ऐसा कदापि संभव न था।

(४) जो टूटे फूटे ऐतिहासिक चिन्ह संस्कृत साहित्य में पाये जाते हैं उनसे भी कथा की बहुत सी घटनाओं की पुष्टि होती है।

(५) यदि कथा को यथार्थ माने तो कथा सम्बन्धी नामों को कल्पित मानने का कोई कारण विशेष नहीं दीख पड़ता, तथा उसमें एक और प्रश्न उठता है, कि यदि ये नाम कल्पित हैं तो कथा के यथार्थ नायकों के नाम क्या थे ?

(६) कृष्ण को अवतार के तुल्य माना जाना इस बात की पुष्टि करता है। कि कृष्ण किसी कल्पित व्यक्ति का नाम नहीं था।

(७) हमारे विपक्षी अपने इस कथन के समर्थन में कोई प्रमाण नहीं देते और उनके इस विचार की पुष्टि के लिये कोई भी प्रमाण मौजूद नहीं है। कोई कोई ग्रन्थकार तो इस बात का सहारा लेते हैं कि प्राचीन आर्य्यावर्त में एक स्त्री के कई पति होने की प्रथा न थी अतः द्रौपदी का पाँच पाण्डवों से विवाह करना एक अलंकार है और यथार्थ घटना नहीं। परन्तु महाभारत के पढ़ने वालों को मालूम है कि ग्रन्थकार ने इस घटना को अपवाद स्वरूप (Exception) वर्णन किया है और इसके लिये कारण विशेष दिखलाया है। फिर ऐसे

प्रवल प्रमाणों के मौजूद रहते कुछ महानुभावों की यह राय प्रमाणित नहीं कही जा सकती और न हम कृष्ण तथा अर्जुन प्रभृति नामों को कल्पित नाम मान सकते हैं।

क्या कृष्ण परमात्मा के अवतार थे ?

इस पुस्तक में कृष्ण विषयक जो घटनायें हमने इकट्ठी की हैं उनके पढ़ने से पाठकों को यह विदित हो जायगा कि कृष्ण महाराज का अवतार मानना कहाँ तक सत्य है। हमारी राय है कि कृष्णचन्द्र ने कभी स्वयं इस बात का दावा नहीं किया और न उनके समय में किसी ने उनको ईश्वर की पदवी ही दी, यह बातें नई गढ़न्त हैं और बौद्ध समय के पश्चात् प्रचलित हुईं।

समस्त वैदिक साहित्य अवतारों के सिद्धान्त के विरुद्ध हैं। वेद पुकार २ कर कहता है परमेश्वर कभी देह धारण नहीं करता। यूरोपीय विद्वान् भी इस बात में हमारे सहमत हैं और कहते हैं कि अवतारों का सिद्धान्त बौद्धमत के पश्चात् प्रचलित हुआ। इससे पहले भारतवर्ष में मूर्तिपूजा वा अवतारों के सिद्धान्त का मानने वाला कोई भी नहीं था। हम इस पुस्तक के अन्तिम भाग में इस वार्ता पर विचार करेंगे कि कृष्ण का चरित्र हमारे इस मन्तव्य की कहाँ तक पुष्टि करता है। तथा पाठक भी इसके अध्ययन से एक उपयुक्त सम्मति स्थिर कर सकेंगे।

सुहृदय पाठक! हम इन पृष्ठों में आपके सम्मुख एक महान पुरुष के जीवन की उन घटनाओं को पेश करते हैं जिन्हें हम विश्वास के योग्य समझते हैं। श्रीकृष्ण यद्यपि अवतार न थे और मनुष्यों की सूची में उस श्रेष्ठ आचार के मनुष्य थे जिनको संस्कृत विद्वानों ने "मर्यादा पुरुषोत्तम" की पदवी दी है। वह अपने समय के महान् शिक्षक थे, योद्धा तथा विद्यासम्पन्न थे, उनकी जीवनी हमारे लिये आदर्श रूप है। हम उनकी शिक्षा से बहुत कुछ लाभ उठा सकते हैं वशर्ते कि हम अपने आपको उनके पैर की धूलि समझ कर उनके अमूल्य उपदेशों से लाभ उठाने के इच्छुक हों। हमारी राय में तो आधुनिक शिक्षा मण्डली को उनकी जीवनी ध्यान पूर्वक पढ़नी चाहिये, क्योंकि यूरोप की नास्तिक फिलासफी बहुतेरे हिन्दू युवकों के चित्त को चलायमान करके उनको हिन्दू धर्म के यथार्थ तत्व से पराङ्मुख कर रही है और इनके दल का दल युरोपियन थिओरी आफ लाइफ के पीछे सर के बल भागा जा रहा है। उनकी दृष्टि में अच्छे २ स्वादिष्ट पकवान खाने, सुन्दर वस्त्र भूषण पहिनने तथा फैशनेबुल सवारियों में बैठ के सुख संभोगादि से दिन काटने के अतिरिक्त जीवन का कुछ और उद्देश्य नहीं। आत्मा को वे कोई चीज़ नहीं समझते और धर्म के नाम से उन्हें घृणा है और धर्म को सांसारिक आपत्तियों का कारण समझते हैं। वे इसी में भारतवर्ष का हित समझते हैं कि

इसका सर्वनाश कर दिया जाय और जन साधारण के हितार्थ एक लोकपालित राज्य स्थापित करके एक 'कामनवेल्थ' खड़ा किया जाय जिसमें कोई किसी से न पूछे कि तेरा धर्म क्या है? और तू कुछ धर्म रखता है या नहीं! उनकी सम्मति में सब धर्म सम्बन्धी पुस्तकें समुद्र में फेंक दी जाँय तथा धर्म सभाओं को देश निकाला दे दिया जाय। उनकी राय है कि ऐसा न करने से देश का उद्धार नहीं हो सकता। भारतवर्ष का पोलिटिकल उद्धार भी इसी पर है कि किसी को दूसरे के आचरण पर प्रश्न करने का अधिकार न हो। हर एक मनुष्य को पूरी स्वाधीनता हो कि जो चाहे खावे पीवे, और जो चाहे सो करे। केवल अनुशासन में उन्हें भाग मिल जावे और बड़े बड़े पद भी उन्हें मिलने लगें। सरकार उनसे सलाह लेने लग जाय, टैक्स लगाने और उठाने में उनकी पूछ हो और उन्हें हर एक तौर के धार्मिक वा सामाजिक बन्धन से छुटकारा मिल जाय। हिन्दू युवकों की एक बड़ी मंडली आजकल इस सिद्धान्त को मानने वाली हो रही है। परन्तु दूसरी ओर जिस मंडली को आध्यात्मिक उन्नति का ध्यान है जिसको धार्मिक शिक्षा वा धार्मिक फिलासफी से घृणा नहीं वे वैराग्य वेदान्त, योग, और संन्यास के शिकार हो जाते हैं। उनके विचार में यह संसार स्वप्नवत् और सांसारिक सुख सब घृणित वस्तु है। उन्हें सांसारिक उन्नति की परवाह नहीं,

वह अपने धुन में एक दम ब्रह्म वा एक दम परमयोगी बनने के अभिलाषी दीख पड़ते हैं उनको समझ में वे लोग पागल हैं जो आत्मोन्नति को छोड़ कर भौतिक उन्नति के लिये तत्पर हो रहे हैं। आजकल नवशिक्षित मंडली साधारणतः इन्हीं दो में से एक मत की अनुयायी हो रही है। परंतु इनके अतिरिक्त बीच का एक और दल है, जिसे उपरोक्त दोनों मंडलियाँ तुच्छ दृष्टि से देखती हैं। यह दल चाहता है, हिन्दू अपने प्राचीन शास्त्रोक्त धर्म पर स्थिर होकर उसी धार्मिक शिक्षा के अनुसार उन्नति भी करें। यह शिक्षित मंडली जैसे एक ओर जाति को नवीन वेदान्त तथा वैराग्य से बचाने का प्रयत्न करती है वैसे ही दूसरी ओर योरोप की भौतिक फिलासफी से भी बचने की चेतावनी देती है परन्तु मनुष्य में यह दोष है कि वह सदा ज़ियादती की ओर झुकता है जिसे संस्कृत में अति दोष कहते हैं, हमारी जाति में यह दोष इस समय प्रबल हो रहा है और इसी से हमारे नवशिक्षित युवकगण अपने आचारण को मध्य श्रेणी में नहीं रख सकते। ऐसे मनुष्यों के लिये श्रीकृष्ण की जीवनी तथा उनकी फिलाफ़सी बड़ी उपयोगी और लाभकारी होगी परन्तु खेद है कि गीता और महाभारत को पढ़कर लोग कृष्ण की शिक्षा के भाव को समझने में ग़लती करते हैं और उस को वैराग्य, योग तथा नवीन वेदान्त की सिद्धि करके लोक परलोक को लात मार बाल बच्चों को छोड़ वस्त्र रंगा

लेते हैं, हाय! वह यह नहीं समझते कि जिस कृष्ण ने अर्जुन को लड़ने पर तत्पर किया जिसने लड़ाई की समाप्ति पर युधिष्ठिर को (उनकी इच्छा के प्रतिकूल) राज्य करने पर मजबूर किया, जिसने स्वयं विवाह किया और बाल बच्चे उत्पन्न किये और अपने जीवन का अधिकांश भाग सांसारिक व्यवसाय में व्यतीत किया, जिसने अपने शत्रुओं से बदला लिया जिसने दुष्ट पापात्माओं का नाश किया और जिसने दीन दुखियाओं की सहायता की, जो स्वयं संसार में रह कर सांसारिक धर्म का पालन करता हुआ उत्तम श्रेणी की आत्मोन्नति को प्राप्त हुआ था, उसकी शिक्षा से हम कैसे यह भावार्थ निकाल सकते हैं कि हमारे लिये यही कल्याणकारी है कि हम अपने बाल बच्चों तथा माता पिता को त्याग कर वन में चले जायें या अपना सांसारिक धर्म पालन किए बिना योग साधन में लग जायें। कृष्णजी के जीवन का सार यह है कि मनुष्य अपने कर्तव्य को (चाहे वे सांसारिक हों वा धार्मिक) सच्चाई दृढ़ता तथा शुद्धाचरण से पालन करे। इसी से उसे निष्काम दशा प्राप्त होगी, इसी से परम मोक्ष को प्राप्त होगा। कृष्ण ने युद्ध क्षेत्र में अर्जुन के लिये यह बात परम कर्तव्य ठहराई है कि वह अपने क्षात्र धर्म के पालन करने के लिये और अपने वंश की रक्षा में अपने हाथों से लाखों जीवों का वध करे, वरञ्च प्रयोजन पड़ने पर अपने वंश के गुरुजनों का भी शिरच्छेदन

करे। उसने अपने हाथों से बहुतेरी लड़ाइयों में शस्त्र चलाये और रक्त बहाया। ऐसा मनुष्य कब इस बात की शिक्षा दे सकता है कि बीसवीं शताब्दि के पतित हिन्दू (जो अपने कर्म के न पूर्ण ब्राह्मण हैं और न पूर्ण क्षत्रिय) अपने बाल बच्चों को अनाथ छोड़ और जातीय कर्त्तव्यों पर पदाघात कर बिना ब्रह्मचर्य्य पालन किए, बिना गृहस्थ आश्रम को निवाहे, बिना यथाक्रम वेदशास्त्र को पढ़े और बिना अपने वर्णाश्रम के कर्तव्य पालन किये, योगसाधन में तत्पर हो जायें और स्वयं ब्रह्म बनने की उत्कट कामना में बन का रास्ता लें। कृष्ण की शिक्षा के अनुसार प्रत्येक मनुष्य का कर्तव्य है कि जब तक उसे ब्राह्मण पदवी का अधिकार प्राप्त न हो तब तक वह अपने शत्रुओं के साथ लड़ाई करे। यदि धर्म कर्म, न्याय, सत्यता, इत्यादि के लिये दूसरों के सर कुचलने का अवसर आन पड़े तो अपनी जान जोखिम में डाल कर भी उससे मुख न मोड़े। हम कर्तव्यों के पालन करने में मिथ्या दया वा वैराग्य को पास तक न फटकने दें। यदि प्रत्येक पीड़ित मनुष्य अपने पीड़ा के हेतु दया का भाव दिखावे और वैराग्य को काम में लावे, तो एक दिन संसार से न्याय बिलकुल ही उठ जायगा। ऐसे अवसर पर दया वा वैराग्य का भाव दिखाना एक प्रकार की कायरता है। ऐसे अवसर पर किसी का यह कहना कि जब कुछ न बन पड़ा तो वैराग्य का आश्रय ले लिया बहुत उचित जान पड़ता है।

चाजे वाजे ईसाई धर्म की केवल इसी लिये प्रशंसा करते हैं कि यदि कोई तेरे एक गाल पर तमाचा मारे तो दूसरा भी उसकी ओर फेर दे किन्तु उनसे पूछे कि इस पर कभी किसी ने अमल भी किया है अथवा स्वयं ईसाई मतावलंबी इसका कहाँ तक पालन करते हैं। प्रकृति इसके विरुद्ध शिक्षा देती है, ये बातें केवल कहने की हैं, कोई सामर्थ्य वाला पुरुष इस कायरता को काम में नहीं ला सकता। जो लोग कृष्ण की शिक्षा पर अनुचित समालोचना करके उसको महाभारत की लड़ाई का तथा उससे जो हानि पहुँची है उसका उत्तरदाता ठहराते हैं वह टुक विचारें तो सही कि उनकी फिलासफी का क्या अर्थ है यदि उनके घर में कोई चोर या डाकू आ घुसे तो क्या वे इस अवसर पर दया का भाव दिखावेंगे? या कोई विचारशील दयावान उस चोर को अपना माल ले जाने की आज्ञा देगा? अथवा अपने जानो माल और प्रतिष्ठा की रक्षा के लिये उसके इस अनुचित काम से बचने या उस अत्याचारी को हानि पहुँचाने में—यदि आवश्यकता पड़े तो—आनाकानी करेगा। क्या धर्म की यही आज्ञा थी, कि अर्जुन रणक्षेत्र से भाग खड़ा होता और इस प्रकार उन सब कर्तव्यों पर पानी फेर देता, जिन पर आशा करके युधिष्ठिर तथा अन्य महाराजे सेना सहित सम्मिलित हुए थे? क्या उस समय कृष्ण का यही कर्तव्य था कि अर्जुन को भागता देख खुद भी उसके साथ भाग

जाता ? हम नहीं समझते कि जो लोग कृष्ण पर इस प्रकार की अयोग्य आलोचना करते हैं वे कैसे धर्म के रक्षक वा प्रचारक कहला सकते हैं ? उनका धर्म केवल मौखिक है उन्हें इस बात की परवाह नहीं कि उनका धर्म्म मनुष्य समाज के उपयुक्त है वा नहीं। उन्हें इससे मतलब है कि उनका व्याख्यान सुनने वालों को मीठा प्रतीत हो। हमारा तो विश्वास है, कि दया तथा वैराग्य के इस झूठे विचार न ही हिन्दुओं का सर्वनाश कर दिया है और उनकी श्रेष्ठता को मिट्टी में मिला दिया। न उनको लोक का छोड़ा न परलोक का। यदि अब भी भारतवासी इन विश्वासों के पंजे से निकालना न चाहें जब कि आधुनिक पाश्चात्य सभ्यता तथा गीता उनको इस बात की शिक्षा देती है कि वे इन झूठे अव्यावहारिक विचारों को छोड़ दें तो ऐसी हालत में उनकी उन्नति का विचार मानो एक भ्रम है जिसका पूरा होना कदापि संभव नहीं। इन बातों पर विश्वास रखने वाले न लौकिक उन्नति कर सकते हैं न पारलौकिक, क्योंकि आध्यात्मिक संसार में भी उसी की पहुँच है जो मनुष्य लोक में हर एक परीक्षा में उत्तीर्ण होकर आध्यात्मिक उन्नति के सोपान पर पैर रखता है। आध्यात्मिक संसार में उन लोगों की पहुँच नहीं हो सकती जो इस संसार के नियमों वा परीक्षाओं पर लात मारते हैं और जो नियमानुसार अनेक साधनों से अपनी आत्मा को इस योग्य नहीं बनाते हैं कि

वह सद्विचार तथा पवित्रता से उस परब्रह्म के चरण कमलों को अपने मस्तक से लगावे जिसके आधीन समस्त ब्रह्माण्ड है।

इन पृष्ठों में हम एक पवित्रात्मा महान् पुरुष का जीवन वृत्तान्त लिखते हैं जिसने अपने जीवन काल में कठिन से कठिन धर्म का पालन किया है और धर्म ही के अनुसार धर्म और न्याय के शत्रुओं का नाश किया है। रहा यह कि क्या कृष्ण ने अद्वैत की शिक्षा दी वा द्वैत की (अर्थात कृष्ण के मतानुसार आत्मा और परमात्मा एक है वा भिन्न). यह ऐसा प्रश्न है जिसपर इस पुस्तक के दूसरे भाग में विचार करेंगे।

लाजपतराय,

नवम्बर १९०० ई०।

ॐ

प्रथम अध्याय

श्रीकृष्ण की जन्मभूमि

यद्यपि वृन्दावन के कुञ्ज में जहाँ किसी समय कृष्ण जी गोपियों के साथ खेला करते थे अब उनकी वंशी का स्वर सुनाई नहीं देता। यद्यपि जमुनाकी धारा प्रति दिन गायों के रक्त से रंगी जाचुकी है तथापि यात्री के लिये यह भूमि अब भी पवित्र है, उसके लिये वह उस पवित्र * जारडन के सामन है जिसके तट पर बैठ कर निर्वासित किये गये बनी इसराइल की तरह वे अपने पवित्र स्थान मथुरा के प्राचीन उत्कर्ष का स्मरण करके आँसू बहाते हैं।

—कर्नल टाड।

समय के परिवर्तन से अंग्रेजी शिक्षा से तथा नूतन भावों के उत्पन्न हो जाने से हिन्दु शिक्षित मंडली के मानसिक विचारों और विश्वासों में चाहे कितने ही परिवर्तन क्यों न हुए हों पर कौन सा हिन्दू है जिसको गंगा और यमुना ये दोनों नाम प्रिय न मालूम होते हों। अथवा जिसके हृदय में

---

* जारडन जरूसलम के पास एक नदी का नाम है।

इन दोनों नामों के मुँह पर आते ही या कान में पड़ते ही किसी तरह का कोई भाव न उत्पन्न होता हो। प्यारी यमुने ! क्या तू वही यमुना है जिसकी रेती में हमारे वीर महापुरुष योद्धागण अपनी वाल्यावस्था में क्रीड़ा किया करते थे और जिसके तट पर कुछ बड़े होने पर उन्होंने धनुष विद्या सीखी थी। और जिसकी नीलीधार में गोते मारते हुए वे घण्टों बिता देते थे।

यमुने ! क्या यथार्थ में तू वही नदी है जिसके जल ने अनाथ पाण्डवों के दग्ध-हृदय को शान्ति प्रदान की थी और जिसके तट पर उन्होंने बड़े परिश्रम और चाव से उस इन्द्र प्रस्थ को बसाया था जो किसी समय में स्वर्ग के समान था जिसके उच्च प्रासाद आसमान से बातें करते थे और सजावट और पवित्रता में जो नन्दन वन को मात करते थे। यमुने ! क्या तू वास्तव में वही यमुना है जिसके तट पर के घने वनों को पांडवों ने जंगली वर्बर मनुष्यों और हिंसक पशुओं से पाक करके किनारे किनारे बहुत भारी और सुन्दर नगर बसाया था। और जहाँ किसी समय में आर्यों का राज्य था। जहाँ आर्य सभ्यता की पताका इतनी ऊँचाई से फह-राती दीख पड़ती थी कि उसे सैकड़ों कोसों से देख कर उनके शत्रुओं का हृदय भी कंपायमान हो जाता था और मित्रों का हौसला बढ़ जाता था। यमुने ! क्या तेरी धारा वही है जिसमें कृष्ण महाराज जलक्रीड़ा किया करते थे और

जिसके किनारे उनकी बांसुरी की तान से ऐसी प्रतिध्वनि निकलती थी जिस से मानों जड़ पृथ्वी में भी जान पड़ गई हो। यमुने! क्या तू वही है जहाँ देवकी जी कृष्ण जैसे महाबली महा योद्धा महाज्ञानी महापुरुष को पेट में लिये हुए स्नान करने आती थीं और जिसके किनारे बैठ कर वह प्रति दिन परमात्मा से अपने बच्चे की प्राणरक्षा के लिये प्रार्थना किया करती थीं। यमुने! हमें तुझसे यों प्रश्न करने की इस लिये आवश्यकता हुई है, कि समय ने तेरा रूप बदल दिया, दुःख सहते सहते तेरा हृदय विदीर्ण हो गया, मुख का सौन्दर्य जाता रहा, आँखों और भवों के बाल उड़ गये, आज तेरे किनारों पर न वे नगर हैं न वे झण्डे, न वे वीर हैं न योधा, न वे देव हैं और न वे देवियाँ, तुर्कों तातारियों मुगलों तथा पठानों ने तेरी छाती पर वे मूँग दले कि मारे घावों के छाती चलनी सी हो गई। तेरे किनारों की वस्तियाँ अपनी वर्तमान वरबादी में तेरी पुरानी महत्ता को याद कर के आठ आठ आँसू बहाती हैं। केवल यही नहीं, वरन् दूर दूर से यात्रीगण तेरी पुरानी संपत्तियों को याद करके रोने के लिये अब भी उमड़े चले आते हैं। तेरे तट पर अब भी एक शहर बसा हुआ है जो हमको तेरी सारी पुरानी बड़ाई का स्मरण दिलाता है। और जिसके प्राचीन भग्नावशेष उसके नवीन मन्दिरों के साथ मिल कर मानों काल की कुटिल गति का सदेह प्रमाण दिखा रहे हैं।

प्रिय पाठकगण ! आप समझ ही गये होंगे कि हमारा तात्पर्य मथुरा नगरी से है, जो श्रीकृष्ण की जन्म भूमि होने के कारण हिन्दुओं का एक महान् तीर्थ स्थान गिना जाता है। जिसकी स्तुति में हिन्दू कवियों ने अनेक कविताएँ रच डाली हैं।

ऐसी जनश्रुति है कि महाराज रामचन्द्र के समय में उस स्थान पर एक घना जंगल था जो एक जंगली राजा मधु के अधिकार में था। और जिसके नाम पर इस प्रान्त को मधुवन कहते थे। राजा मधु के मरने के पश्चात् उसका पुत्र लवण महाराजा रामचन्द्र से युद्धार्थ तत्पर हुआ जिस पर शत्रुघ्न लड़ने को भेजे गये। लड़ाई में लवण मारा गया और महाराज शत्रुघ्न की जय हुई। जिसके स्मारक में उन्होंने इस स्थानपर मथुरा नगरी बसाई। इसका मथुरा नाम क्यों पड़ा यह प्रश्न ऐसा है जिसका उत्तर कठिन है, संभव है कि मधुपुरी से अपभ्रंश होकर मथुरा बन गया हो अथवा संस्कृत शब्द 'मथ' से कुछ सम्बन्ध रहता हो—'मथ' शब्द के अर्थ मथने अर्थात् मक्खन निकालने के हैं, संभव है कि दूध दही और मक्खन की अधिकता से इसका नाम मथुरा पड़ गया हो। 'जिन्दावस्था में मथुरा शब्द गोचर के लिये प्रयोग हुआ है फिर * गोकुल, व्रज और वृन्दावन ये सब नाम भी यही प्रगट करते हैं कि प्राचीन समय में यह प्रान्त बड़े बड़े बनों से पूर्ण था जो

* श्रीमद्भागवत में गोकुल व गाय का निकास 'गो' शब्द अर्थात् गाय से बताया गया है। भा० अ० १०. श्लोक २५।

अपने गोचरों तथा पशुओं के लिये प्रसिद्ध थे और जहाँ दूध दही तथा मक्खनादि बहुतायत से मिलते थे।

ऐतिहासिक समय में पहले पहल मथुरा का वृतान्त महात्मा बुद्ध के जीवन चरित्र में आया है जिससे प्रगट होता है कि उस समय भी यह शहर भारतवर्ष के उत्तरीय प्रान्त के प्रसिद्ध शहरों में से था परन्तु यह नहीं कहा जा सकता कि उस समय भी इसे कोई धार्मिक योग्यता प्राप्त थी वा नहीं, पर बुद्धदेव के वहाँ प्रायः व्याख्यान प्रणाली से विदित होता है कि यह शहर उस समय भी एक बड़ा केन्द्र होगा। क्योंकि महात्मा बुद्ध विशेषतः ऐसे ही बड़े बड़े स्थानों में व्याख्यान दिया करते थे जहाँ लोगों की अधिक भीड़ भाड़ होती थी उनकी आशा सफली भूत हुई और मथुरा कई शताब्दियों तक बौद्ध शिक्षा का केन्द्र स्थल बना रहा।

इसके उपरान्त मथुरा का वर्णन यूनानियों के विजय के सम्बन्ध में हुआ है। और इसमें कुछ संशय नहीं मालूम होता कि यूनानियों ने इस पर विजय प्राप्त किया और कुछ काल तक मथुरा बाख्तरिया वंश के आधीन रही।

इसके पश्चात् चीनी यात्री फाहियान के भ्रमण वृत्तान्त में मथुरा का वर्णन आता है। फाहियान पाँचवीं शताब्दि के आदि में यहाँ आया था। उसने अपने भ्रमण वृत्तान्त में मथुरा का वर्णन किया है और लिखा है कि उसकी राजधानी का भी यही नाम था। उसके कथनानुसार मथुरा में उस

समय बौद्ध मत का विशेष प्रचार था। सब छोटे बड़े उसी मत के अनुयायी हो रहे थे। शहर में उस समय २०० विहार (अर्थात् बौद्धों के धार्मिक मंदिर) थे। जिनमें ३ हजार बौद्ध भिक्षुक रहते थे और सात स्तूप (मेमोरियल मीनार) थे। फाहियान से २०० वर्ष पश्चात् एक और चीनी यात्री हुआनलिस्टांग यहाँ पर तीर्थ यात्रा के लिये आया था। वह भी मथुरा के विषय में लिखता है कि शहर मथुरा का घेरा उस समय ४ कोस का था। यद्यपि विहार की संख्या २०० ही थी पर उनमें रहने वाले भिक्षुकों की संख्या घट कर अब २००० हो गई थी। इसके अतिरिक्त ब्राह्मणों ने भी ५ मन्दिर बनवा लिये थे। स्तूपों की संख्या उस समय बहुत बढ़ गई थी। हुआनलिस्टांग के समय में बौद्ध तथा पौराणिक धर्म में परस्पर विरोध फैल रहा था और एक दूसरे को दबाने की चेष्टा कर रहा था, जिसका परिणाम यह हुआ कि महाराज शङ्कराचार्य और कुमारिलभट्ट की युक्तियों से बौद्धधर्म परास्त हुआ और पौराणिक मत को फिर से सम्पूर्ण भारतवर्ष में साधारणतः ध्वजा फहराने लगी। महमूद गज़नवी के आक्रमणों के समय में भारत का दक्षिण प्रान्त पौराणिक मत का अनुयायी हो गया था और मथुरा हिन्दुओं का तीर्थस्थान बन चुका था। महमूद गज़नवी ने मथुरा को सन् १०१७ में लूटा और मंदिरों का विध्वंस किया और वहां के सब से बड़े मंदिर के विषय में अपने नायब को यों

पत्र लिखा "यदि कोई मनुष्य ऐसा मकान बनाना चाहे तो विना एक-करोड़ दीनार के नहीं बनवा सकता और बड़े से बड़े सिद्धहस्त कारीगर भी उस को २०० वर्ष से कम में नहीं तैयार कर सकते इतना लिख कर हजरत बड़े अहंकारसे लिखते हैं कि 'मेरे हुकुम से तमाम मंदिरों को जला कर जमीनमें मिला दिया गया" २० दिन तक शहर लूटा गया और महमूद को तीन करोड़ का द्रव्य हाथ आया। तारीख यमीनी का लेखक लिखता है कि इस मंदिर की तारीफ न लिखने से हो सकती है और न चित्र खींचने से। इसके बाद मुसलमानों के राज्य में मथुरा फिर कभी पूर्व अवस्था को प्राप्त न हुई क्योंकि उन्हें सदा यही भय लगा रहा कि कहीं फिर मुसलमानों को इसके लूटने का विचार न पैदा हो जाय। पर मुसलमानों का इतिहास स्वयं इस बात का साक्ष्य दे रहा है कि उनके समय में मथुरा अनेक बार उनके धार्मिक पक्षपात का शिकार बन चुकी है 'तारीखदाऊदी' का लेखक लिखता है कि सिकन्दर लोदी ने मथुरा के सब मंदिरों को नष्ट कर दिया और मंदिरों से सराय और मुसलमानी पाठशालाओं का काम लिया। मूर्तियों को कसाइयों के हाथ सुपुर्द कर दिया जिससे वे उनसे मांस तौला करें और मथुरा के हिन्दुओं को शिर और दाढ़ी मुड़ाने वा किसी अन्य प्रकार से पिण्ड तर्पण करने को भी मना कर दिया था।

सिकन्दर के पश्चात् जहाँगीर के समय तक एक बार

फिर मथुरा अपना प्राचीन वैभव प्राप्त करने लगी थी परन्तु फिर भी औरंगजेब के आक्रमण से दब गई। सन् १६६९ ई० में औरङ्गजेब ने मथुरा पर आक्रमण किया और केशवदेव के बड़े भारी मंदिर को विनाश कर मथुरा का नाम इस्लामाबाद वा इस्लामपुर रखा। इस मंदिर की ३३ लाख की लागत थी। इस मंदिर की मूर्तियाँ नवाब कुदसिया बेगम की मसजिद (जो आगरे में है) की सीढ़ियों में दबाई गईं ताकि प्रत्येक आने जाने वालों के पैरों तले पड़े और मंदिर के स्थान पर एक बड़ी मसजिद निर्माण की गई जो अब तक मथुरा में स्थित है। इस मन्दिर के नीचे का चबूतरा २८६ × २६८ फुट था। आखिर मुसलमानी आत्याचार का समय समाप्त हुआ और औरंगजेब के मरते ही हिन्दुओं का भाग्योदय हुआ और मथुरा प्रांत पर जाटों ने अधिकार जमाया और लड़ते भिड़ते इस प्रांत का कुछ न कुछ भाग अङ्गरेजी राज्य तक इनके पास रहा। मथुरा के वर्तमान मन्दिर इत्यादि इसी समय के बने हुए हैं। इन इमारतों की बनावट ऐसी उत्तम है कि ये भारतवर्ष के दर्शनीय भवनों में गणना करने के योग्य है। हमारे हाथों से यह बाहर है कि हम उन सब इमारतों का वर्णन यहाँ करें क्योंकि ऐसा करने में पुस्तक के बढ़ जाने की संभावना है तो भी हम यहाँ पर कुछ ऐसे स्थानों का उल्लेख करेंगे जिनका श्रीकृष्ण की जीवनी से कुछ सम्बन्ध है।

(१) केशवदेव के नूतन मन्दिर के निकट एक जलाशय

है जो पोतड़ा कुण्ड कहा जाता है जिसमें कृष्ण महाराज के पोतड़े धोये जाते थे।

(२) इसी जलाशय के तट पर एक कोठरी है जो 'कारा-गृह' के नाम से प्रसिद्ध है, जिसमें वसुदेव और देवकी बन्दी बना कर रखे गये थे। पुराण के अनुसार इसी कोठरी में कृष्ण का जन्मस्थान कहा जाता है।

(३) यमुना के सब घाटों में विश्राम घाट प्रसिद्ध है इसके विषय में किंवदंती है, कि कंस का वध करके कृष्ण और बलराम ने यहां विश्राम किया था इस घाट पर बने हुए भव्य भवनों की शोभा दर्शनीय है।

(४) योगघाट उस स्थान का नाम है जहां कंस ने नन्द और यशोदा की अज्ञान बालिका योगनिद्रा को (जो देवकी के साथ लेटी हुई थी) देवकी की संतान समझ कर जमीन पर दे मारा और वहां से वह देवी का रूप धारण करके लुप्त हो गई।

(५) "कुबजा कुआं" वह स्थान है जहां पर वृन्दावन से लौटती समय पहुँच कर कृष्ण जी ने एक कुबड़ी की कमर अपने योग बल से सीधी कर दी थी।

(६) इसी प्रकार "रणभूमि" वह स्थान है जहां कृष्ण व बलराम ने कंस के पहलवानों से युद्ध करके उन्हें पराजित किया था।

(७) यमुना के पार दो छोटे ग्राम हैं जिनमें से एक का

नाम अब तक 'गोकुल' और दूसरे का नाम 'महावन' है। किम्वदंती है कि जिस गोप को कृष्ण महाराज पालन पोषण के लिये हवाले किए गए थे वह यहां का रहने वाला था। अब कृष्ण सम्बन्धी जो मकान गोकुल में दिखाये जाते हैं वह महावन में हैं, जो वर्तमान गोकुल से कुछ दूरी पर बसा हुआ है। जिस घाट पर जन्म की रात्रि के समय श्रीकृष्णचन्द्र नन्द के सुपुर्द किये गये थे उसे 'उत्तरेशर घाट' कहते हैं इनके अतिरिक्त वे स्थान दिखाये जाते हैं जहां गोकुल में रहकर कृष्ण के जीवन काल की दूसरी घटनायें हुई हैं। वहां गोकुल और महावन दोनों स्थान पवित्र गिने जाते हैं, जिनमें से गोकुल नदी के तट पर है और उनमें वड़े ९ मन्दिर वने हुये हैं, महावन के निकट शाहजहाँ के समय तक बहुत वड़ा वन था और जहाँ शाहजहां प्रायः शिकार खेलने आया करता था।

गोकुल आजकल एक बड़ा कस्वा है, जो वल्लभाचारी सम्प्रदाय की जन्मभूमि होने से इस दशा को प्राप्त हुआ है। इस सम्प्रदाय की ओट में ऐसा अत्याचार होता है कि लेखनी उसे लिखते हुए लजाती है।

(८) मथुरा से ६ मील ऊपर तीन ओर प्यारी यमुना से घिरा हुआ द्वीपाकार में वृन्दावन का कसवा बसा हुआ है जहाँ पुराणों के अनुसार कृष्ण जी ने बचपन के कई वर्ष व्यतीत किये हैं। संस्कृत में वृन्दा तुलसी के पेड़ को कहते हैं इस लिए यह अनुमान होता है कि इस वन में कभी तुलसी

के पेड़ बहुत उपजते रहे होंगे जिससे इसका नाम वृन्दावन पड़ गया हो। अस्तु इस नाम का चाहे कुछ और ही कारण क्यों न हो परन्तु अब तो यह नाम ऐसा प्रसिद्ध तथा चिरस्थायी हो गया कि जब तक कृष्ण का नाम जीवित रहेगा तब तक उसका वह नाम हिन्दुओं के लिए पूजनीय बना रहेगा।

यमुना के किनारे सुन्दर तथा ऊँचे मन्दिरों की पंक्तियों का ऐसा दृश्य है जिसे देख कर प्रत्येक मनुष्य प्राकृतिक और मानुषिक कारीगरी के मेल से अपना चित्तआनन्दित कर सकता है। वृन्दावन में सन् १८८० ई० में ३२ घाट और लगभग १००० मन्दिर थे। वृन्दावन वैष्णव सम्प्रदाय का मुख्य स्थान तथा राधावल्लभियों की जन्मभूमि है।

(९) इस अध्याय को समाप्त करने के पूर्व कुछ और शब्दों का उल्लेख करना आवश्यक समझते हैं।

"मथुरा के चारों ओर के प्रदेश को जो ४२ मील की लम्बाई तथा ३० मील की चौड़ाई में वर्तमान है "व्रजमण्डल" कहते हैं। कृष्ण मतावलम्बी इस सम्पूर्ण प्रान्त की यात्रा करते हैं, इस यात्रा को "बनयात्रा" कहते हैं। व्रज शब्द का अर्थ पशुओं के झुण्ड के हैं, जैसे गोकुल के अर्थ गऊ के झुण्ड के हैं। यह यात्रा भादों मास में कृष्णचन्द्र के जन्मदिन के उत्सव में होती है। यात्री लोग मथुरा से यात्रा प्रारम्भ करते हैं और सारे व्रजमण्डल के मन्दिरों, बनों तथा घाटों

की परिक्रमा करते हुए गोकुल महावन और वृन्दावन इत्यादि स्थानों में होकर पुनः मथुरा लौट आते हैं। हम पुस्तक के अगले भाग में स्थान स्थान पर बतलावेंगे कि यह बन यात्रा तथा रासलीला आदि प्राचीन कालीन नहीं हैं। इन्हें पौराणिक समय के पुजारियों तथा ब्राह्मणों ने अपनी स्वार्थसिद्धि के लिये रचा है।

हाय! खेद है कि कृष्ण महाराज की जन्मभूमि में उन्हीं के नाम पर उन्हीं पर विश्वास रखने वाले ऐसा अत्याचार करें। जिसे देख कर कौन सा देश भक्त है जिसका कलेजा मुंह को नहीं आता हो वा जिसके हृदय से 'एक बार आह की ज्वाला न निकलती हो। कुटिलकाल! तूने और अत्याचार तो किया ही था, स्वतन्त्रता छीनी, धन छीना, माललूटा, हीरे और जवाहिरात लूटे, दुनिया की बड़ी से बड़ी धनवान जाति को भिखारी बना दिया, और कला, न्याय और दर्शन गणित और ज्योतिष सब कुछ ले लिये परन्तु हमारे महापुरुषों के पवित्र जीवन पर कलंक न लगाता तो अच्छा था, हाय! तूने उनके नाम और यश को भी मिटा दिया, जिसके नाम से हम अब तक जीवित हैं और जिनके नाम लेने से हमें फिर जीवन की आशा थी।

द्वितीय अध्याय ।

श्रीकृष्णचन्द्र जी का वंश ।

श्रीकृष्णचन्द्र जी महाराज मातृपक्ष से चन्द्रावंशी कुल के पिता की ओर से सूर्यवंशी क्षत्रियों के वंश थे। निम्न-लिखित वंशावली से उन दोनों प्रसिद्ध क्षत्रिय वंशों से उनका सम्बन्ध भली भांति प्रकट हो जायगा।

इक्ष्वाकु से वहुत पीढ़ियों के पश्चात् उनके वंश में एक राजा हर्यश्व नामक हुआ है जिसने अयोध्या से निकाले जाने पर गोवर्धन की नींव डाली, उस समय मधुवन प्रान्त पर राजा मधु शासन करता था जिसने अपनी कन्या मधुमती का हर्यश्व के संग विवाह कर दिया। इन्हीं दोनों की सन्तान का वंशवृक्ष पाठकों के सम्मुख उपस्थित किया जाता है:—

कृष्ण के जन्म के समय यादवों के गद्दी पर उग्रसेन का पुत्र कंस विराजमान था जो अपने पिता को उतार कर स्वयं गद्दी पर वैठा था। कंस जरासंध का दामाद था। यह जरासंध मगधदेश का प्रतापी वड़ा राजा था। इसी की सहायता से कंस अपने पूज्य पिता को जीते जो राज्य से पदच्युत कर स्वयं राजा वन वैठा। यद्यपि औरंगजेव के समान इसने पिता को कारागार की रोटियाँ नही खिलायीं।

वंशवृक्ष

पैतृक पक्ष से—

हर्यश्व और मधुमती—

माधव

भीम

अन्धक

रेवती

विश्वगर्भ

वसु या सूर

वसुदेव | कुन्ती पांडु की स्त्री (युधिष्ठिर, अर्जुन व भीम की माता) | सुपरिहय (माता शिशुपाल राजा चेदि)

वसुदेव: देवकी से — कृष्ण; रोहिणी से — बलराम

माता की तरफ से श्री कृष्ण जी का वंश वृक्ष निम्नलिखित है—

पुरुरवा
|
आयु
|
नहुष
|
ययाति
|
यदु
|
विदर्भ
|
अंधक †
|
आहुक

[आहुक की दो शाखाएँ]

उग्रसेन
(राजा मथुरा)
|
कंस
(जिसका विवाह महाराज
जरासन्ध राजा मगध
की पुत्री से हुआ।)

देवक
|
पतिवसुदेव —— देवकी
|
कृष्ण —— रुक्मिणी स्त्री
|
प्रद्युम्न
|
अनिरुद्ध

---

† यह वंशावली कुछ गड़बड़ सी मालूम पड़ती है मैंने मत्स्य तथा ब्रह्माण्ड पुराण से तुलना की परन्तु मिलता नहीं। शायद किसी दूसरे पुराण से लिया गया है।

—अनुवादक।

कंस अपने समय का ऐसा कुपूत अत्याचारी राजा था कि उससे अपने पराये सब दुःखित थे और जिससे छुटकारा पाने के लिये उसकी प्रजा परमात्मा से सदा प्रार्थना करती थी। इसके निन्दनीय कार्यों में से पहिला तो यही था कि उसने अपने पूज्य पिता का अपमान किया और अपने इस कुत्सित कार्य्य से अपने वंश को कलंकित किया। सत्य है, योग्य के पुत्र सदा योग्य ही नहीं हुआ करते। ऐसे हो कपूत अपने वंश की मान मर्यादा को मिट्टी में मिला देते हैं। कंस ने अपने दुराचरों से क्षत्रियत्व में बट्टा लगा दिया और राजपूती के पवित्र यश को कलंकित कर दिया। वृद्ध पिता उसके बुरे आचारण को देख कर अन्तःकरण से कुढ़ा करता था। परन्तु पैतृक स्नेह तथा वंश की कुलीनता के विचार से उसका पिता उसके विरुद्ध बलवा करना अनुचित न समझता था और उसके अत्याचारों को सहन करता था। भाई बन्धु, धनी, गरीब, राजकर्मचारी, यहाँ तक कि प्रजा भी इसके निन्दनीय कार्यों से तंग थी परन्तु उच्चवंश होने के कारण उसके सब अत्याचारों को सहती थी और इतना साहस न रखती थी कि उस वृक्ष की बलशाली शाखा को तोड़ कर पाँव से कुचल डाले ताकि मूल वृक्ष उसके बुरे प्रभावों से बचा रहे। पर यह कब सम्भव था कि ऐसे अन्यायी की अन्यान्य रूपी ज्वालाएँ बढ़ती जायें और परमात्मा उसको कुछ दण्ड न दे।

मनुष्य की निर्बलता और कायरता से लाभ उठाकर वह कब तक परमात्मा की सृष्टि को तंग कर सकता था। आख़िर संसार का पालने और पोसने वाला कब तक देख सकता था कि किसी असीम समय तक उसके सेवकों पर अत्यचार हो और पाप का राज्य बहुत दिन तक मथुरा में स्थिर रहे। अतः छुटकारे का समय समीप आ गया और परमात्मा ने मुक्तात्माओं में से एक को फिर जन्म दिया ताकि उसके द्वारा विश्व में पुनः धर्म और न्याय का राज्य स्थापित हो और जन-साधारण को उस पवित्रात्मा से प्रकाश मिले।

निदान बलवान पाप, जरासंध के दामाद पितृद्रोही कंस के दिल में बोलने लगा और उसके भीतर से यह आवाज़ आई कि तेरी बदमाशियों और कुकर्मों का अन्त समीप आ गया। उठ अब भी तेरे आचरणों के सुधारने तथा सुपथ पर आने का समय है, अधर्म और पाप का साथ छोड़ पूर्वजों के यशपर लगाये हुए कलंकरूपी धब्बे को मिटाने का यत्न कर, परन्तु, अफ़सोस, पापी मनुष्य भयभीत होकर भी और अधिक घोर पाप की ओर झुकता है और अपने कर्मों को ऐसा काला बना लेता है कि उस पर ज़रा सा भी निशान सुफ़ेदी की बाक़ी नहीं रहता।

तृतीय अध्याय।

श्रीकृष्ण का जन्म।

विष्णुपुराण में लिखा है कि जब देवकी का विवाह वसुदेव से हो चुका और दुलहिन को घर पहुँचाने के लिये रथ पर सवार कराया गया तो कंस उसका सारथि बना। चलते चलते आकाशवाणी हुई कि "रे मूर्ख तू किस भ्रम में पड़ा है, जिस लड़की को तू रथ पर बैठा कर उसके पति के घर चला है उसी के उदर से एक पुत्र उत्पन्न होगा जिसके हाथ से तेरा वध होगा। यह ध्वनि कंस पर आकाश से आई, हो, या किसी योगी पुरुष ने भविष्यद्‌ बतलायी हो, या बुराई चाहने वाले किसी ने पट्टी पढ़ाई, हो, इसमें सन्देह नहीं कि शादी हो जाने के बाद कंस को यह बात सूझी कि मुझे इस लड़की की सन्तान से भय है। क्योंकि उसके दादा के सन्तान में से और कोई उसके स्वत्व में अड़चन डालने वाला नहीं था। इस विचार के उत्पन्न होते ही उस पापी की आत्मा व्याकुल हो उठी। उसे अपनी मृत्यु आँखों के सामने चारों तरफ दीख पड़ने लगी। सिवाय इसके कुछ न सूझ पड़ा कि निरपराध लड़की पर हाथ साफ करके आगामी भय से मुक्त हो जाय।

सत्य है पापी अपने को बहुत बलिष्ठ और कठोर हृदय समझता है पर वास्तव में उसका अन्तःकरण पापों से खोख-

ला होकर बलहीन हो जाता है। तुच्छ भय वा उसकी छाया मात्र उसे भयभीत तथा शान्तिरहित कर देती है। उसके सारे पाप और सारे दुष्कर्म सदैव उसके सम्मुख नाचते रहते हैं और नाना प्रकार से उसको डराने लगते हैं। वह सब आत्मायें जिन्होंने उससे किसी प्रकार की पीड़ा पाई है, भयानक रूप धारण करके उसके नेत्रों के सम्मुख दौड़ती हुई नज़र आती हैं और सोते जागते उसे भय दिखलाती हैं। उसकी अवस्था उस चोर के समान हो जाती है जो अपनी छाया मात्र से डर जाता है वा थोड़े से आहट से काँपने लगता है। आगे चल कर लेखक लिखता है कि जिस समय कंस ने यह शब्द सुना था यों कहो कि जिस समय उसे यह विचार पैदा हुआ उसे विश्वास हो गया कि अब मेरा अन्त आ पहुँचा। मृत्यु से छुटकारा पाने के लिये उसे यह उपाय सूझा कि जैसे हो सके देवकी का वध कर देना चाहिये और यह विचार कर उसने रथ को रोक दिया। खड्ग लेकर देवकी की ओर लपका और चाहता था कि एक ही वार में उसका शिर धड़ से अलग कर दे पर वसुदेव ने नम्रता पूर्वक हाथ जोड़ कर उसे भगिनी वध के पाप से बचाया।

कंस क्रोधान्ध होकर स्त्री पर वार करने को उठा था पर जब चारों ओर से हाहाकार मचने लगा और उसकी निन्दा होने लगी तो उसे बड़ी ग्लानि हुई। जब उसने वसुदेव से यह प्रतिज्ञा करा ली कि वह देवकी को सारी सन्तान को

उसके हवाले कर दे, तब वह अपने विचार से बाज़ आया। और देवकी सहित वसुदेव को अपने घर जाने की आज्ञा दी* इस विषयमें सब पुराण एक मत हैं कि वसुदेवने अपनी प्रतिज्ञा पालने में अपने छः पुत्रों को कंस के हवाले कर दिया और कंस भी ऐसा निर्दयी था कि उसने इन छओं को एक एक कर मरवा डाला पर जब सातवीं बार देवकी ने गर्भ धारण किया तो पैतृक स्नेह के आगे निज प्रतिज्ञा पालन का विचार डावाँ-डोल हो गया। किसी जाति या धर्म में इस बात की व्यवस्था नहीं दी गई है कि जो प्रतिज्ञा बलात् कराई जाये उसका उल्लंघन करने वाला पाप का भागी हो सकता

---

* इस विषय में पुराणों में बड़ा मतभेद है कोई पुराण कहता है कि यह आकाशवाणी हुई कि इस लड़की की सन्तान द्वारा तेरा बध होगा। कोई लिखते हैं कि यह ध्वनि आई कि आठवें सन्तान से तेरा नाश होगा कोई इस भविष्यवाणी को नारदजी के सर पर मढ़ते हैं। पुराणों में जहाँ कहीं लड़ाई झगड़े का काम लेना होता है वहां नारद जी की सहायता ढूंढी जाती है। साधारण बोलचाल में लड़ाई लगाने वाले व इधर की बात उधर करने वाले को 'नारद मुनि' कहते हैं। न जाने नारद जी को यह सार्टीफिकेट किस कारण मिला, क्योंकि नारद एक विख्यात शास्त्रकार तथा महर्षि का नाम है। पुराण के लेखक का शायद यह तात्पर्य है कि किसी दुराचारी ने राजा को यह कुमन्त्रणा दी थी जिसमें कोई उसका वंशज राज्याधिकार का दावा न करे अथवा उसके राजकीय विषयों में अड़चन न डाले।

है। दुष्ट कंस ने देवकी के पुत्रों का वध तो करा ही डाला था किन्तु वसुदेव के दूसरे पुत्रों को भी जो दूसरी स्त्रियों से थे मरवा डाला।

क्या किसी लेखनी में शक्ति है कि उस पिता के हृदय के सन्ताप का चित्र खींच सके जिसके सम्मुख अज्ञान बालकों का सिर काटा जाय? कौन पिता है जो ऐसी अवस्था में उसकी प्राणरक्षा के हेतु एक वार प्रयत्न न करे? बच्चों की स्वाभाविक मृत्यु ही माता पिता के हृदय को दग्ध कर देती है। वहुतेरे ऐसे हैं जो अपने बच्चे की आकस्मिक मृत्यु के सन्ताप में पिघल पिघल कर स्वयं मृत्यु का शिकार बन जाते हैं वा जन्म पर्य्यन्त शोकसागर में पड़े रहते हैं। पर यहाँ तो एक दो की कौन कहे छः के छः पुत्रों का उसके सामने बध हुआ। वसुदेवजी इस सन्तान से महादुःखी हो गये थे इसके सहन की विशेष शक्ति न रही और प्रतिज्ञा करली कि जैसे होगा अब इस दुष्ट के पंजे से अपने बच्चों को बचाऊँगा। इस सातवें गर्भ की रक्षा के विषय में पुराण में लिखा है कि देवताओं ने देवकी जी के गर्भ से बच्चा निकाल रोहिणीजी के गर्भ में डाल दिया (रोहिणी वसुदेव की दूसरी पत्नी का नाम है) और यह वात प्रगट की गई कि देवकी का गर्भ नष्ट हो गया इस पेचीदे कथन से दो परिणाम निकाल सकते हैं:—

एक तो यह कि देवकी का गर्भ छिपाया गया हो और रोहिणी जी का गर्भवती होना प्रसिद्ध किया गया हो। रोहिणी

जी गोकुल ग्राम में नन्द के घर रक्खी गईं और देवकी जी के वच्चा उत्पन्न हुआ तो उसको तत्काल रोहिणी की गोद में रख के यह प्रसिद्ध कर दिया गया कि देवकी का गर्भ नष्ट हो गया

दूसरा यह कि वास्तव में बलराम जी रोहिणी के ही पुत्र थे और देवकी जी का सातवाँ गर्भ भय चिन्ता वा किसी अन्य कारण से नष्ट हो गया था। इससे परिणाम यह निकला कि सातवाँ वच्चा जिसकी इस प्रकार से गुप्त रीति से रक्षा की गई बलराम था।

देवकी जी आठवीं बार गर्भवती हुईं। इस पर तो पहिले ही से पहरा बैठा था पर इस बार पूरी सख़्ती करने की आज्ञा हुई। एक सुरक्षित स्थान में बन्द कर उन पर पहरा रखा गया और ऐसा प्रबन्ध किया गया जिसमें किसी प्रकार से भी वह अपने बालक को न बचा सके। ऐसा मालूम होता है कि इस बालक के बध के लिये कंस की ओर से जैसा उत्तम प्रबन्ध किया गया था वैसे ही दूसरी ओर उसकी रक्षा के लिये पूरा प्रयत्न किया गया था।

इधर कंस ने पूरे तौर पर पहरा चौकी का प्रबन्ध करके यह ध्यान रखा कि बच्चा किसी प्रकार बचने न पावे। उधर वसुदेव और उनके मित्रों ने बच्चे के बचाने के लिये पूरी पूरी युक्ति की। जिसका परिणाम यह हुआ कि दुष्ट कंस की सारी युक्तियाँ निष्फल हुईं और वसुदेव और उसके मित्र अपने यत्न में सफ़ल हुये। जिस रात्रि में कृष्ण का जन्म हुआ

उसी रात्रि को उन्हें राजमहल से निकाल कर गोकुल पहुँचा दिया और वहाँ से नन्द की नवजात बालिका को लाकर देवकी के साथ पलंग पर लिटा दिया *।

सारांश यह है कि भादों के कृष्ण पक्ष की आठवीं तारीख को मथुरा की राजधानी में श्रीकृष्ण का जन्म हुआ। रात अन्धेरी थी। मेघ का भयंकर शब्द मानों पापियों का हृदय विदीर्ण कर रहा था। आँधी इतने वेग से चल रही थी मानों वह पृथ्वी तल से भवनों को उखाड़ कर फेंक देगी और वर्षा

---

* भागवत पुराण में एक जगह लिखा है कि जब देवकी गर्भवती थी तो वह एक दिन यमुना में स्नान करने गई। वहाँ नन्द की पत्नी यशोदा से उनकी भेंट हुई। परस्पर जब दुःख की चर्चा चली तो यशोदा ने देवकी को वचन दिया कि मैं तेरे बालक की रक्षा करूँगी और अपना बालक बदले में तुम्हें दे दूँगी। प्रिय पाठक! यह बात हिन्दुस्तान के इतिहास में कुछ पहिली नहीं है, ऐसे दृष्टान्त बहुत मिलते हैं जिसमें कि राजकुमामारों की इस तरह रक्षा की गई है और दूसरी स्त्रियों ने उनके हेतु अपने प्यारे पुत्रों का बलिदान दिया हैं। महाराणा उदयसिंह (चित्तौड़) इसी तरह बचाए गये थे। उनकी दासी ने कुंवर को फूल के टोकरे में रख कर दुर्ग से बाहर कर दिया और उसकी जगह पालने पर अपना लड़का लिटा दिया। जब उदयसिंह के शत्रु उसको ढूँढते २ वहाँ आये तो उसने सोते हुए बालक की ओर इशारा किया। जिस पर शत्रुओं ने उसी लड़के को उदयसिंह समझ कर एक ही कटार से उसका काम तमाम कर दिया।

ऐसी हो रही थी, मानों वह प्रलय करके ही विश्राम लेगी, यमुना बढ़ी हुई थी, जिस रात्रि को कृष्ण ने जन्म लिया वह रात्रि वास्तव में भयंकर थी क्योंकि प्रकृति देवी क्रोध से विकट रूप धारण किये हुए थी।

बच्चे के जन्मते ही वसुदेव जी उसे कपड़े में लपेट राज-प्रासाद से बड़ी सावधानी से बाहर निकले, कहते हैं कि उस रात्रि को सारे प्राहरिक योग निद्रा से इस प्रकार मतवाले हो गये थे कि उन्हें इस बात की सुध न रही कि कौन महल से निकलता है और कौन अन्दर जाता है पर इसमें संशय नहीं हो सकता कि या तो पहरे वालों की असावधानी से वसुदेव को बाहर निकल आने का अवसर मिला अथवा पहरे वाले जान-बूझ कर वसुदेव का हित समझ कर चुप रह गये। वास्तव में वसुदेव जी कृष्ण को छिपाकर रनवास से बाहर निकल आये समय आधी रात का था। बाहर निकलते ही+ शेषनाग ने अपने फन से कृष्ण पर छाया कर दी और इस प्रकार उन्हें भींगने से बचा लिया। यमुना में पैर रक्खा तो आँधी बन्द हो गई, नदी नालों का वेग कुछ कम हो गया।

+—नाग एक जंगली जाति का नाम था जो यमुना के आस पास रहती थी इस पुस्तक में आगे कई स्थानों पर इसका वर्णन आवेगा। इतिहास में भी इस जाति का वर्णन आया है इससे अनुमान किया जा सकता है कि इस जाति का कोई सरदार वसुदेव का सहायक बन गया हो।

झील तथा सरोवर में नाना प्रकार के पुष्प महकने लगे। जंगली वृक्षों में पुष्प लग गये और उन पर पक्षिगण कलोल करने लगे। देवता पुष्प वर्षा करने लगे। अप्सरायें नाचने लगीं। सारांश यह कि सृष्टि मात्र हर्ष मनाने लग गया था। कहाँ तो यमुना का जल अथाह हो रहा था और कहाँ महाराज का पैर चूमते ही इतनी उतर गई कि वसुदेव उसमें से पैदल पार हो गए*दूसरे तटपर नन्दजी बाट देख रहे थे उन्होंने कृष्ण को ले लिया और अपनी लड़की को वसुदेव के हवाले किया।

श्रीकृष्ण रातों रात गोकुल पहुँचा दिये गए उनकी जगह यशोदा की लड़की, देवकी के साथ लाकर लिटादी गई। कंस को दूसरे दिन जब मालूम हुआ कि रात को देवकी को बालक जन्मा है तो तत्काल उठा और सौरी गृह में चला गया। देवकी के करुण स्वर से विलाप करने पर भी उस दुष्ट ने उस लड़की को जो उसके साथ पलंग पर पड़ी थी उठाकर शिला पर पटक दिया।

दुष्ट कंस! पाप ने तेरी आँखों पर पट्टी बाँध दी। सारी आर्य्य मर्यादा तूने मिट्टी में मिला दी। इस अज्ञान बालिका के वध से तूने अपने को महापाप का भागी बना

* सुहृदय पाठक! आप तो समझ ही गये होंगे कि इसके क्या अर्थ हैं। यह पुराण की रसीली भाषा है इसे मैंने इस लिये उद्धृत कर दिया कि आप भी इसके आनन्द से मग्न हों यह कृष्ण का प्रथम अलौकिक कार्य है।

लिया और यह न सोचा कि मृत्यु से किसी प्रकार छुटकारा नहीं हो सकता। जिस राज्य प्राप्ति के लिये तू ऐसे पाप कर रहा है वह क्षणिक है पर ऐसे घोर पाप करने से तेरी आत्मा घोर अधोगति को प्राप्ति होती है।

पाप से बढ़ कर अन्धा करने वाली कोई दूसरी शक्ति जगत् में नहीं है। एक पाप के छिपाने के लिये मनुष्य को अनेक पाप करने पड़ते हैं। पाप बड़ा बली है, जो लोग पाप पर विजयी नहीं होते उनको सदा खटका बना रहता है। रस्सियाँ साँप बन कर उनको डँसने दौड़ती हैं। सारा संसार उनको शत्रु सा मालूम होता है, जितना कोई सीधा तथा निष्कपट होता है उतना ही (पापी) उससे डरता है। अज्ञान बालकों को भी यह अपना शत्रु समझ कर उनके बध पर कमर कस लेता है यहाँ तक कि उसके पाप का बोझ इतना भारी हो जाता है कि वह स्वयं उसी के बोझ से दबकर मर मिटता है।

पुराण का लेखक आगे लिखता है कि जब लड़की को उठा कर भूमि पर पटका तो वह लड़की देवी का रूप धर कर वायु में विलीन हो गई और कंस खड़ा देखता ही रह गया यह पुराणों के अनुसार अलौकिक बात है। * वह

---

* हजरत ईसा के जन्म के विषय में भी ऐसी ही कथा प्रसिद्ध है कि हिरोडस (जो उस समय वहाँ का शासक था) ने इसी तरह तथा इसी भय से अनेक बालकों का बध कर डाला।

ताड़ गया कि या तो मेरे साथ धोखा किया गया या मैंने इस वालिका को व्यर्थ मारा। भविष्यद् ;वाणी तो वालक के विषय में थी। जो हो पर उसने यादववंश के सारे वालकों के वध की आज्ञा † देदी। ढूंढ़ २ के राजकुमार मारे गये। वहुतेरे भाई वन्धु देश छोड़ कर चले गये और वहुत दिनों तक यह हत्योकाण्ड जारी रहा।

चतुर्थ अध्याय।

वाल्यावस्था गोकुल ग्राम।

हमने पिछले अध्याय में श्रीकृष्ण को यशोदा की सेज पर लेटा छोड़ कर समाप्त किया था, पाठकों को यह जानने की अभिलाषा होगी कि इस यशोदा का पति नंद कौन था। पुराणों से पता लगता है कि यह जाति विशेष का सरदार था, जिसे पुराणों में गोप लिखा है। इस जाति का कोई विशेष निवासस्थान नहीं था। + अव भी भारतवर्ष में

† शाहनामे में फरदूंके जन्मके विषयमें भी ऐसी ही कथा लिखी है।

+ कृष्ण के निम्न वचन से लेखक की आलोचना की पुष्टि होती है नो नः पुरोजनपदा न ग्रामा न गृहा वयम्। नित्यं वनौकसस्तात वन-शैल निवासिनः॥ कृष्ण ने नन्द से कहा कि इस स्थान को अव हम लोगों को छोड़ देना चाहिये क्योंकि हम लोगों को न पुर है न जनपद है न गांव है, न घर है। हम लोग का घर तो नित्य वन में रहता है और वन के पर्वतों पर निवास करते है॥ भागवत॥ —अनुवादक

ऐसी जातियाँ हैं जो किसी एक जगह नहीं रहतीं वरन अपने गाय बछड़ों को लिये हुये आज इस गाँव में हैं तो दो चार महीने बाद दूसरे गाँव में चली जाती हैं, इनमें से कोई २ जातियाँ डंगर रखती हैं और दूध मक्खनादि बेचती हैं और कोई २ दूसरा व्यवसाय करती हैं। ऐसा प्रतीत होता है कि कृष्ण जी के जन्म के समय कोई ऐसी ही जाति उस जंगल में जो यमुनापार स्थित था आकर ठहरी हुई थी, जहाँ वे अपने पशु चराते तथा दूध मक्खन बेचते थे। अतः श्रीकृष्ण के जन्म को गुप्त रखने के लिये किसी ऐसी ही जाति से सहायता लेना कुछ अधिक युक्तियुक्त जान पड़ता है। क्योंकि वहाँ पर श्रीकृष्ण के छिपाए जाने का बहुत कम संदेह हो सकता था। फिर कंस को भी यह संदेह नहीं हो सकता था कि घूमते चरवाहों के समूह में एक राजकुमार यों पाला जा रहा है। हम ऊपर कह आए हैं कि वसुदेवजी के दूसरे पुत्र बलराम भी गोकुल में पहुँचा दिये गए थे और गोपियों के पास * पालनार्थ रख दिए गये थे। इस प्रकार बलराम और कृष्ण दोनों भाइयों को इकट्ठे रहने का अच्छा अवसर मिला। कृष्ण की बाल्यावस्था की बहुत सी आश्चर्यजनक घटनायें प्रचलित हैं। परमेश्वर का अवतार मानने वाले उनके भक्तों ने उनके जीवन की सामान्य घटनाओं को भी ऐसी

---

* अब भी बहुत लोग अपने बच्चों को पहाड़ी दाइयों के सुपुर्द कर आते हैं, और उनके बड़े होने पर उन्हें अपने घर ले आते हैं।

रंगीली भाषा में वर्णन किया है कि किसी विचारवान् के लिये कदापि विश्वसनीय नहीं हो सकतीं पर इनके भक्तों का यही तात्पर्य था।

संसार की छोटी मोटी बातों के लिये अलौकिक शब्द प्रयोग नहीं हो सकते। इसलिये प्रत्येक महान् पुरुष बहुत सी ऐसी बातों का कर्त्ता कहा जाता है जो जन साधारण की दृष्टि में अलौकिक तथा आश्चर्यजनक दीख पड़ती है। प्रत्येक महान् पुरुष के अनुयायी तथा भक्तों ने उसके बचपन की घटनाओं को इस प्रकार अलंकृत कर दिया है कि वे लौकिक से अलौकिक हो गई हैं। पर विचारवान् पुरुष अपनी विवेचना-शक्ति द्वारा उन अलौकिक व्यवहारों में से भी कुछ न कुछ सत्य अवश्य निकाल लेता है। गोकुल में रहने के समय, कृष्णचन्द्र के बचपन के सम्बन्ध में जो अलौकिक कथायें पुराणों में लिखी गई उनका हम यहां संक्षिप्त विवरण लिखते हैं:—

कृष्णचन्द्र को गोकुल में पहुँचे अभी बहुत न दिन हुये थे कि एक पूतना नाम्नी 'राक्षसी' रातके समय नन्दके घरमें घुस आई और कृष्ण को उठाकर अपने स्तन से दूध पिलाने लगी। उसके दूध में यद्यपि ऐसा विष भारा था कि यदि कोई दूसरा बच्चा पीता तो मर जाता, परन्तु कृष्ण ने इतने वेग से उसके स्तन को मुख में लेकर खींचा कि वह चिल्ला उठी। उसकी चिल्लाहट से बहुतेरे नरनारी एकत्रित हो गए।

इस घटना की सत्यता यों प्रतीत होती है, कि कृष्णजी "पूतना" नामक रोग में ग्रसित हो गये थे। चिकित्सा के प्रसिद्ध ग्रन्थ 'सुश्रुत' में 'पूतना' नाम का एक भयंकर रोग बताया गया है, जिसकी वेदना से छोटे बच्चे प्रायः मर जाया करते हैं (१)।

---

(१) इस घटना के विषय में पुराणों में बहुत मतभेद है जैसे विष्णुपुराण ने लिखा है कि "पूतना" ने रात्रि में सोते हुए कृष्ण को उठाकर स्तन से लगा लिया और दूध पिलाने लगी। चिल्लाहट सुन कर यशोदा जागी इत्यादि इत्यादि।

भागवत की कथा यह है कि एक दिन जब यशोदा मन्दिर में विराजमान थी तो पूतना एक सुन्दर रूप धारण कर उसके पास जा बैठी और अपनी बातों से यशोदा को मोह लिया और चुपके २ कृष्ण को उसकी गोद से अपनी गोद में ले लिया और छातियों से दूध पिलाने लगी और हरि वंश पुराण में 'पूतना' नामक एक पक्षी का वर्णन किया गया है।

वर्तमान समय की मिलावट का हाल इसी से प्रकट होता है कि इस घटना के पश्चात् यशोदा को बच्चे की रक्षा के हेतु टोने कराने पड़े। और मन्त्र यन्त्र तथा तावीज गले में लटकाने पड़े। कहाँ तो यह कहना कि वे ईश्वर थे और कहाँ उनकी रक्षा में टोने टोटकों की आवश्यकता हुई। सारांश यह कि इनका परस्पर विरोध इनकी सत्यता को भली भाँति प्रगट कर देता है।

(२) दूसरी बात इस प्रकार है कि यशोदा कृष्ण को अपने छकड़े के नीचे लिटा कर आप वस्त्र धोने चली गई। कृष्ण सो रहे थे जब जागे और माता न मिली तो क्षुधा से व्याकुल हो रोने लगे और इतने जोर से लात फेंकने लगे कि वह छकड़ा जिस पर घड़े इत्यादि रक्खे हुए थे उलट गया। जिससे सारे वर्तन नष्ट हो गए पर कृष्ण को चोट तक न आई और वे पुनः सो गये। जब यशोदा आई तो उसने बच्चे को सोता पाया। वह इस घटना को देख चकित हो गई। फिर उसने तथा नन्द ने मिलकर उन टूटे हुए वर्तनों और छकड़ों की पूजा की और उन पर दही और फलफूल चढ़ाया। पाठक वृन्द! क्या आपने नहीं सुना, कि किसी मकान की छत गिर गई और उसमें जो बालक सो रहे थे वे सही सलामत सोते हुए पाए गए? हमने बहुत सी घटनायें सुनी हैं। हाल ही में फिरोजपुर के अनाथालय के अस्पताल की छत गिर गई थी और चारपाइयाँ इत्यादि जो उसके अन्दर थीं, सब टूट गई, परन्तु यतीम लड़के जो वहाँ पर बीमारी की हालत में पड़े हुए थे—सुरक्षित पड़े हुए थे और उन्हें लेशमात्र भी चोट न

(१) इस घटना के स्मारक में महावन में एक कोठरी बनी हुई है। जहाँ श्रीकृष्ण की मूर्ति बनाकर इसी तरह उस पर दो परों की छाया डाली हुई है। पूतना की कार्यवाही और छकड़े के उलटने की कथा का स्थान भी बतलाया जाता है।

आई। शेष रही यह वात कि कृष्णजी की लात की चोट से छकड़ा उलटा पड़ा तो इसका यथेष्ट प्रमाण ही क्या हो सकता है और फिर भी यह कोई ऐसी असंभव घटना नहीं जिसे अलौकिक घटना कहा जाय। छकड़ा इस तरह रखा हो कि उस पर थोड़ा सा ठोकर लगने पर वह गिर पड़ा हो। अथवा किसी पशु ने मार दिया हो वा कोई अन्य कारण से गिर पड़ा हो।

(३) तीसरी घटना (१) यह है कि एक उड़नेवाला तृणावर्त नाम का राक्षस (कदाचित् कोई पक्षी हो) उनको लेकर उड़ गया परन्तु वालक में इतना वोझ था कि वोझ से तत्काल भूमि पर गिर पड़ा। बच्चा तो बच गया पर वह स्वयं मर गया।

हम प्रति दिन ऐसी वातें देखते हैं, जिसमें परमात्मा वड़ी तत्परता से अवोध वालकों की रक्षा किया करते हैं। कई वार सुनने में आया है कि वालक छत से गिर पड़े हैं पर तनिक भी चोट नहीं लगी। तात्पर्य यह कि ये सारी घटनाये ऐसी हैं कि जिस में से यदि कवियों की अत्युक्ति निकाल दी जाय तो फिर उनमें असंभवता रही नहीं जाती और न उन्हें अमानुषीय ही कहने का साहस पड़ता है। अस्तु इस तरह कृष्ण जी गोकुल में पाले जाने लगे।

एक वर्ष के वाद वसुदेव ने अपने पुरोहित गर्ग को भेजा जिसने चोरी चोरी उनका नाम करण संस्कार कर दिया।

रोहणी के वालक का नाम वलराम और देवकी के पुत्र का नाम कृष्ण रखा गया।

ये दोनों वालक ज्यों ज्यों प्रौढ़ावस्था को प्राप्त होने लगे उनकी चंचलता और भी वढ़ती जाती थी। इनमें कृष्ण विशेष रूप से चतुर और चंचल थे। रेंगने रेंगते डंडरों में जा घुसते और छोटे छोटे वछड़ों से खेला करते। दूध दही के वर्तनों को उलट देते। जब तनिक टाँगों में वल आया तो इनके ऊधम ने और भी रंग पकड़ा। घर से निकल जाना दूसरों के घरों में जाकर उपहास करना, वछड़े वा गौओं की पूंछ खींचना इत्यादि वातें ऐसी थीं जो एक चंचल, चतुर तथा वुद्धिमान् वालक में हुआ करती हैं और जिन से तंग आकर उनके माता पिता वा शिक्षक उन्हें ऊधमी कहने लग जाते हैं क्योंकि उनको ऐसे चंचल वालकों को शिक्षा देने का ढंग नहीं आता। वे स्वयं इन वातों से अनभिज्ञ होते हैं। इस सम्वन्ध में सव कथायें एकमत हैं कि कृष्ण अपनी वाल्यावस्था में वड़े चंचल तथा ऊधमी थे। अपने चालों में तेज और फुर्तीले थे। भय तो इनके पास कभी फटकता ही न था। उत्तर देने तथा हँसी ठट्ठे में भी वैसे ही प्रवीण थे। इनके हँसी ठट्ठे के विषय में पुराण में तो यहाँ तक लिखा है कि वह पड़ोसियों का दूध पी जाते थे और यदि इस वीच में कोई आ जाता तो दूर से हँसने लग जाते थे। सारांश यह कि कृष्ण अपने समकालीन वालकों की मंडली में वैठे हुए वा फिरते हुए भी एक विचित्र

आनवान रखते थे और अपने साथियों में सरदारी और बड़प्पन का पद रखते थे।

निडर ऐसे थे कि कैसी भी मरहक्की गाय वा साँड़ क्यों न हो न डरते, भेड़ियों वा अन्य जंगली जानवर से निर्भय होकर वन में विचरा करते थे। यशोदा उन्हें यत्र तत्र खोजा करती थी पर वे बिजली की तरह कहीं छिप जाते, कभी यमुना में जा घुसते। यशोदा दिन भर चिन्ता में रहती और रात को जब वे सो जाते तो वह समझती कि आज का दिन कुशल से बीता। पर इतना चंचल होते हुये भी वे सब को प्रिय थे। क्योंकि एक तो वे ऐसे रूपवान थे कि सब छोटे बड़े उन पर प्रेम रखते थे दूसरे उनकी चंचलता मानो एक मोहिनी थी जो कठोरतम हृदय को भी शांत करके हँसा देती थी। तीसरे अपने साथियों में वे सर्व प्रिय थे यहाँ तक कि उनका सिक्का सब मानते थे। उनसे पृथक होना पसन्द न करते थे। वे दिन भर उन्हें अपनी हास्यप्रद बातों से हँसाया खेलाया करते थे। नृत्य विद्या में ऐसे कुशल थे कि देखने वाले हँसते हँसते लोट जाते। उनकी आवाज ऐसी मधुर थी कि बाल्यावस्था में गड़रियों के गीत गा करके भीड़ अपने पास एकत्रित कर लेते। कुछ बड़े होने पर वंसी बजाने में कमाल करने लगे। बस उनकी मीठी और सुरीली आवाज आदि सब गुणों ने मिल मिला कर उस जंगली जाति को ऐसा मुग्ध कर लिया था कि वे उनके भक्त हो गये थे। क्यों न हो! अखिरकार

राजपुत्र ही तो था। और चेहरे पर से सरदारी टपकती थी। कृष्ण ने गड़रियों, चरवाहों, किसानों तथा जमीन्दारों के बीच ऐसे गुण प्रगट किए जिससे प्रत्येक छोटा बड़ा उनकी ओर आकर्षित होने लगा।

समय के परिवर्तन ने उन्हें राजप्रसादों के बदले खाना बदोशों के फूस की झोपड़ियों का मुँह दिखलाया। सुन्दर २ सवारियों के स्थान में छकड़े की सवारी दी। धनुष बान तथा ढाल तलवार के बदले गाय हाँकने का डंडा हाथों में पकड़ाया। बहुमूल्यवान् सुन्दर सुन्दर वस्त्राभूषण न देकर तन ढाकने को एक लंगोटी दी। शस्त्रविद्या से युद्ध करने की शिक्षा की अपेक्षा वन्य पशुओं से मल्लयुद्ध करना सिखाया। और संगीतशास्त्रज्ञों से शिक्षा न दिला कर देहाती वंशी पर संतोष कराया। कुटिल काल ! तू बड़ा प्रबल है तेरे हथकंडों से न कोई बचा है और न बचेगा।

पर ये उपरोक्त बातें उन्हें ऐसी पसन्द आईं और उन्होंने अपनी विपत्ति से ऐसा लाभ उठाया कि उन सब कठिनाइयों ने उनकी स्वाभाविक सौजन्यता तथा जातीय कुलीनता को और भी निर्मल बना दिया।

उन गोपों की मंडली में किसी २ को ही यह मालूम था कि इस चञ्चल लड़के के वेष में एक राजकुमार का पालन हो रहा है; जो समर्थ होकर अपने माता पिता के शत्रुओंका शिरोच्छेदन करेगा, जो अपने देश और अपनी मातृभूमि को

अत्याचारी कर्मचारियों के पाप से मुक्त कर उनका उद्धार करेगा, जो फिर विद्या और शास्त्र की शिक्षा पाकर उच्चतम धर्म का उपदेश करेगा और अन्त में अपने पीछे अपना शुद्धाचरण छोड़ जावेगा कि लाखों वर्ष तक लोग उसको परमेश्वर की उपाधि देकर उसका पूजन करेंगे।

विचारी यशोदा कृष्ण के ऊधम से ऐसी घबड़ा गई थी, कि उसने हार मान कर एक दिन कृष्ण की कमर में रस्सी बांध दी और उस रस्सी को लकड़ी की एक ओखलीसे बांध दिया। पर ज्यों यशोदा ने पीठ फेरी कि कृष्ण ने रस्सी तोड़ना आरम्भ किया और ऐसा जोर लगाया कि ओखली का भी साथ खींच ले चले। उनके आँगन में * अर्जुन के दो वृक्ष थे, जिसमें ओखली फँस गयी। लोग कहते हैं कि जब कृष्ण ने दूसरी बार जोर लगाया तो दोनों वृक्ष जड़ से उखड़ कर गिर पड़े, जिस पर इतना कोलाहल मचा कि सारा गाँव उमड़ आया। कृष्ण लोगों को देख कर हँसने लगे। हम नहीं कह सकते कि इस घटना में कहाँ तक सत्यता है। पहिली बात तो कुछ असम्भव सी नहीं जान पड़ती पर दूसरी बात अर्थात् एक छोटे से बच्चे के बल से दो बड़े वृक्षों का जड़ से उखड़ जाना कदापि सम्भव नहीं।

* यह वर्णन विष्णुपुराण में नहीं है। मिस्टर पाल जिन्होंने अंग्रेजी में कृष्ण की जीवनी लिखी है, लिखते हैं कि अर्जुन एक छोटे से पेड़ का नाम है जिसको बंगला में कोंचो कहते हैं।

हाँ, यदि उन्हें बड़े वृक्ष की अपेक्षा छोटा पौधा मान लें तो झगड़ा मिट जाता है पर ऐसा जान पड़ता है कि कृष्ण के भक्तों ने इन पौधों को अत्युक्ति से बढ़ाते बढ़ाते ऐसे बड़े वृक्ष की पदवी प्रदान कर दी है जिनके बोझ से आधा गाँव दब गया।

अवतारों की अमानुषीय शक्ति के मानने वालों के लिये (चाहे वे किसी जाति के हों) इन सब कथाओं को सब प्रकार से सत्य मान लेने में कुछ सन्देह नहीं होना चाहिये हाँ, वे महाशय जो उनकी अमानुषीय शक्ति को नहीं मानते हैं वे अपने लिये आप परिणाम निकाल लेंगे।

पंचम अध्याय

गोकुल छोड़ वृन्दाबन जाना।

इसी प्रकार गोकुल में रहते जब कुछ समय व्यतीत हो गये तो गोपों ने अपने जातीय स्वभावानुसार अपना निवास स्थान बदलना चाहा और गोकुल से कुछ दूरी पर एक वन पसन्द किया, जिसका नाम वृन्दावन रक्खा * गया। गोपों ने गोकुल में मिट्टी वा ईंट के गृह तो बनाये नहीं थे जिनके

* जगलों में भ्रमण करने वाली ये जातियां यदि स्थिर हो कर एक स्थान में रह जावें तो फिर वे अस्थिर जातियां न कहलावें और दूसरी जातियों के सदृश शहरों व देहातों की आबादियों में मिल जावें

छोड़ने में उन्हें कठिनता होती। यह विचार करते ही आवादी के सब लोग अपना डेरा डंडा उठा कर गृहस्थी का सब सामान उन छकड़ों पर लाद वृन्दावन की ओर चल दिये और वहाँ जाकर गोकुल की तरह एक घेरा डाल कर छोटी सी बस्ती बना ली। ऐसा जान पड़ता है कि उन्होंने वृन्दावन को चरी तथा घास इत्यादि की अधिकता के विचार से पसन्द किया था। स्थानों का यह परिवर्तन हर एक प्रकार से कृष्ण के अनुकूल हुआ। अर्थात् उनकी वंशी की सुरीली गूँज से सारा वृन्दावन गूँजने लगा। निकटस्थ वन वाटिका का कोई स्थान भी कृष्ण और उनके साथियों से छिपा न रहा। जहाँ लहलहाती हरियाली देखते वहीं डंगर हाँक ले जाते। डंगर हरी घासों से पेट भरते और आनन्द पूर्वक स्वच्छ वायु में अठखेलियाँ करते। दूसरी तरफ ये लड़के

और न इस कदर ढंगर रख सकें जितना कि वह इस अवस्था में किसी खर्च के बिना रख सकती हैं। यह जाति इसी में प्रसन्न रहती है कि किसी स्थान पर सर्वदा के लिये न रहे अपने इच्छानुसार समय समय पर घर बदला करे। जब किसी एक जगह से उनका जी ऊब जाता है या वहाँ पर उनके ढंगरों के लिये पूरी हरियाली नहीं रहती तो वह उसी समय अपना डेरा उठा किसी अन्य स्थान पर झोंपड़ी डाल देती हैं। हरिवंश पुराण में इस स्थान व गृहों के बदलने का कारण यह लिखा है कि गोकुल में भेड़ियों की अधिकता से गोप लोगों ने अपनी जान व माल के रक्षणार्थ इस स्थान को त्याग देना आवश्यक समझा।

किसी छाये में बैठ गाने बजाने का आनन्द लूटते। सन्ध्या को अपने डंगर हाँकते हुए अपने ग्राम में आ जाते। भोजनानन्तर बाल वृद्ध सभी एकत्र होते और कृष्ण की वंशी सुनते। युवा और युवतियाँ तो कृष्ण की वंशी पर ऐसी मुग्ध थीं कि जब वह वंशी बजाते तो इनके दल के दल एक वृत्त बना कर उसके गिर्द नाचते और चक्कर लगाते और बाकी सब तमाशा देखते।

जंगल में जब कभी कोई बनैला पशु मिल जाता तो सबके सब मिल कर उसका पीछा करते और या तो उसको मार डालते या भगा देते। ऐसी घटनाओं को पुराणों ने प्रायः वर्णन किया है। हम उनमें से कुछ को यहाँ उद्धृत करते हैं:—

(१) एक दिन कृष्ण और बलराम अपने साथियों सहित डंगर चरा रहे थे। साथियों में से किसी लड़के ने कहा कि इस बन में एक जगह खजूरों का कुंज है जिसमें बड़ी २ और मीठी खजूरें लगी हुई हैं। पर उस कुंज के मध्य भाग में एक भयंकर पशु है जिसके भय से वहाँ कोई नहीं जाता। यह सुन कृष्ण और बलराम वहाँ जाने पर तत्पर हो गये। और वहाँ जाकर ईंट और पत्थर चलाने लगे, ईंट और पत्थर की भरमार से वह पशु चौंक पड़ा और भयभीत हो बाहर निकला (पुराणों में इस पशु का नाम धेनुक है, और शक्ल गदहे की सी लिखी है) और जब वह सामने आया तो लड़कों ने उस पर ढेलों की वर्षा आरम्भ कर दी। जिसके

आघात से वह शीघ्र ही मर गया। पुराण इस कर्म का सेहरा बलराम के सर पर बाँधते हैं क्योंकि इस लड़ाई में बलराम ने सब से अधिक भाग लिया और उन्हीं की चोटों से धेनुक घायल होकर गिर पड़ा।

(२) ऐसे ही अरिष्ट नाम के साँड से लड़ाई का वर्णन है।

(३) तीसरी लड़ाई केशी नाम के घोड़े से हुई। और कृष्ण ने उस पर जय प्राप्त किया। फिर एक लड़ाई (कालिया नाग) से हुई। कहते हैं कि यमुना के एक भाग में जहाँ एक झील सी बन गई थी कालिया नामक एक नाग रहता था जिसके भय से कोई उधर फटकने नहीं पाता था। कृष्ण एक दिन संयोग से वहाँ जा पहुँचे और कालिया ने उन्हें आ घेरा। कृष्ण उससे भिड़ गये और कुछ देर युद्ध होने पर कालिया घायल होकर भाग निकला *।

इसके दो अर्थ हो सकते हैं:—

* पहला यह कि यमुना के किसी भाग में "कालिया" नामक कोई सर्प रहा और कृष्ण ने उसे वहां से भगा दिया।

दूसरा यह कि नाग वंश का कोई सरदार "कालिया" नामक वहां रहता था। जो गोपों को कुछ हानि पहुँचाता था, कृष्ण ने इस सरदार को लड़ाई में पराजित कर उस जंगल से भगा दिया हो। मि० पाल यही अर्थ लगाते हैं क्योंकि पुराणों में कालिया को मनुष्य माना है और उसकी स्त्रियों के कान को बालियां तथा दूसरे आभूषणों का वर्णन किया है।

पुराणों इन्हीं घटनाओं को अमानुषीय रूप में वर्णन किया गया है और उन पशुओं को "दैत्य वा राक्षस" लिखा गया है पर हमें तो इनमें कोई ऐसी असाधारण बात नहीं मालूम देती जो हमें इन घटनाओं को अमानुषीय मानने में तनिक भी मजबूर करे। गाँव में डंगर चराने वाले लड़कों से प्रत्येक दिन ऐसी घटनायें हुआ करती हैं। ग्रामीण बालकों के हाथ से बाज जंगली जानवरों का मारा जाना कोई ऐसी असंभव बात नहीं जिस पर अधिक आश्चर्य करने की आवश्यकता हो।

ग्रामीण बालकों की मंडली में गड़रिये और ग्वालों के बच्चों में कृष्ण और बलराम का पदवी पा लेना कौन सी बड़ी बात थी।

एक क्षत्रिय कुलोत्पन्न राजकुमार जिसको विधाता ने राज्य करने के निमित्त पैदा किया वह काल की कुटिल गति से ग्रामीण चरवाहों की मंडली में आ गिरा था। यदि वह एक छोटी सी बस्ती में सबका शिरोमणि बन जाये तो इसमें कुछ आश्चर्य नहीं। यदि उस पुरी में उसकी तूती बोलने लगे तो यह कोई आश्चर्यजनक बात नहीं थी। सारा वन उसके मधुर गान से गूंज उठा। सारे वन में उसकी दिलेरी से हलचल पड़ गयी। गड़ेरियों और ग्वालों के लड़कों पर कृष्ण और बलराम राज्य करने लगे। ये दोनों राजकुमार जंगली बालक सेना के सेनापति बन बैठे। लड़कपन की दशा में बनावटी लड़ाइयां लड़नी, जंगली जानवरों दैत्यों से

युद्ध करना और उनको मार डालना इत्यादि बातें जवानी के कामों की आरम्भक थीं उनकी मनोहारिणी ध्वनि और उस पर बांसुरी की तान उस आकर्षण करने वाली जवानी को लाइन डोरियां थीं, जिनसे कृष्ण ने जनसाधारण के दिलों पर अपना प्रभाव डाला और अपनी मीठी सुरीली आवाज में वह राग अलापा जिससे स्वर्ग का द्वार खुल गया और मोक्ष का मार्ग सुगम हो गया था। जिस बालक ने बाल्यावस्था में बनैले पशुओं को वध करके मनुष्य का उपकार करना सीखा हो वह प्रौढ़ावस्था में अत्याचारी दुष्टात्माओं को अनुचित कार्य करने से कैसे न रोकता। वह अपने अन्त समय तक यही शिक्षा देता रहा कि दुष्टों को चाहे वे पशु हों वा मनुष्य सदा दण्ड देते रहना चाहिये जिससे परमेश्वर की अबोध प्रजा उनके अत्याचारों से सुरक्षित रहे।

षष्ठम अध्याय।

रासलीला।

हिन्दुओं में कृष्ण के नाम पर एक संस्था प्रसिद्ध है जिसे रासलीला कहते हैं। इस रासलीला से अनेक मिथ्या बातें जन साधारण में फैली हुई हैं। जिससे कृष्ण के निर्मल नाम और यश पर एक प्रकार का लाञ्छन लगता है। यहां तक

कि उसी आशय से कृष्ण पर विषयी और दुराचारी होने का इलज़ाम लगाया जाता है। लाखों हिन्दू तो कृष्ण का नाम केवल रासलीला के सम्बन्ध से जानते हैं। वे न कृष्ण की उच्चशिक्षा से अभिज्ञ हैं और न उनको यह ज्ञात है कि कृष्ण ने अपने जीवनकाल में स्वदेश के लिए कौन २ से कार्य किये हैं और इतिहास उनको किस प्रतिष्ठा की दृष्टि से देखता है। वह केवल उस कृष्ण से परिचित हैं और उसी की पूजा अर्चना करते हैं जो रासलीला में गोपियों के साथ नाचता और गाता था।

इस 'संस्था' में जहां तक सत्य का लेश है और इसको जहां तक श्रीकृष्ण के जीवन से सम्बन्ध है उसे हम पिछले अध्याय में लिख चुके हैं। इससे अधिक वा इसके अतिरिक्त जो कुछ कहा जाता है, या किया जाता है, अथवा सुना जाता है वह सब मिथ्या है।

स्मरण रखना चाहिये कि कृष्ण और बलराम १२ वर्ष से अधिक गोप लोगों में नहीं रहे। १२ वर्ष की अवस्था में वा उसके लगभग अथवा उससे कुछ पश्चात् वे मथुरा में चले आए और यावज्जीवन उनको कभी गोकुल व वृन्दावन में जाने का अवकाश न मिला, यहाँ तक कि उन्हें मथुरा भी छोड़नी पड़ी। ऐसी दशा में यह सोचने योग्य बात है कि गोपियों से प्रेम या सहवास करने का उन्हें कब किस आयु में अवसर मिला होगा।

वे उन सब अत्याचारों के कर्त्ता कैसे कहे जा सकते हैं जो उनके नाम से रासलीला वा ब्रह्मोत्सव में दिखाये जाते हैं हिन्दुओं की सामाजिक अधोगति का यदि थाह लेना हो तो केवल ब्रह्मोत्सव देख लेना पर्याप्त होगा। संसार की एक ऐसी धार्मिक जाति जिसका सदाचार किसी समय जगद्विख्यात था, आज अपने उसी धर्म पर अज्ञान के कारण उपहास करने पर ऐसी उतारू हो गई है कि धर्म जैसे पवित्र बस्तु को अपवित्र ऐयाशी का आड़ बना लिया और फिर सारी आड़ को एक ऐसे महापुरुष के सर पर मढ़ दिया जिसकी शिक्षा में पवित्रता और भक्ति कूट कूट कर भरी हुई है।

बड़े खेद की बात है कि हमने महान् पुरुषों का कैसा अपमान किया है। कदाचित् वह इसी पाप का फल है कि हम इस अधोगति को प्राप्त हुए हैं, कोई हमारी रक्षा नहीं करता।

रासलीला का यथार्थ चित्र तो यों है कि वर्षा की ऋतु है। हर तरफ हरियाली ही दृष्टिगोचर होती है एक प्रशस्त मैदान में मीलों तक घास पात वा वनस्पतियों के अतिरिक्त और कुछ दिखलाई नहीं पड़ता। वृक्षों में फूल खिले हुए हैं और फल लटक रहे हैं। प्रकृति देवी का यौवन-काल है। आकाश मंडल मेघों से घिरा हुआ है। मेघों का रह रह के मधुर स्वर से गरज जाना कानों को कैसा भला लगता है, कभी २ बिजली ऐसे वेग से उधर कड़क जाती है जिससे

सारी पृथ्वी प्रकाशमय हो जाती है। मेघ धीरे २ बरस रहा है, पक्षिगण वृक्षों पर किलोल कर रहे हैं और उन्मत्त होकर पानी में स्नान कर रहे हैं। पत्तों पर पानी की बूंदे मोती सी दीख पड़ती हैं, और हाथ लगते ही चूर २ हो जाती हैं, वायु के झोकों से वृक्ष जिस समय झूमने लगते हैं और उनसे पानी टप टप चूने लगता है तो जान पता है कि मानों अपनी प्रिया की चाह में आँसू वहा रहे हैं। उनकी आँसुओं की बूँदे जिन पर पड़ती हैं उनके अशान्त तथा संतप्त हृदय को ठंढक पहुँचाती हैं। ऐसे सुहावने समय में प्रकृति मनुष्य के चित्त को चंचल कर देती है दुराचारी मनुष्य अपनी अपवित्रता में उन्मत्त प्रकृति देवी के इस पवित्र सौन्दर्य पर हस्तक्षेप करने लगते हैं पर लज्जावश मनुष्य दृष्टि से छिप कर केवल कुछ मित्रों में ही ऐसा करने पाते हैं। परन्तु जन साधारण का हृदय अपनी सादगी में यों ही उछल पड़ता है। ऐसे सुहावने समय में प्रत्येक मनुष्य की कवित्व शक्ति उत्साहित हो गाने वजाने की ओर आकर्षित होती है। गोपों की छोटी सी मंडली अपने प्राकृतिक उपवन में आनन्द मंगल से गाने वजाने में मग्न है। बालक कृष्ण को वंशी वजाने की बड़ी इच्छा है। उसने इस विद्या में प्रवीणता प्राप्त की है, जब वह वंशी बजाता है तो उसके चारों ओर भीड़ लग जाती है। गोपों के लड़के और लड़कियाँ वृत्त बना कर उसके चहुँओर खड़े हो जाते हैं। और

नाचना और गाना आरम्भ कर देते हैं। इस मंडली में जिसे देखिये वही इस रंग में रंगा हुआ दीख रहा है। ऐसे समय में कृष्ण भी वंशी वजाते वजाते नाचने लगता है। वस यही रासलीला है और यही रासलीला को विधि है।

पाठक वृन्द ! यथार्थ तो वस इतना ही था कि जिस पर हमारे पौराणिक कवियों ने ऐसी २ युक्तियाँ लगाईं कि वस पृथ्वी और आकाश को एक कर दिया। इन तांत्रिक कवियों ने कृष्ण का ऐसा चित्र खींचा है कि यदि उसका सहस्रांश भी सत्य हो तो हम यह कहने में तनिक भी न सकुचायेंगे कि कृष्ण अपने जीवन के इस काल में वड़ा विषयी और कामातुर था। आजकल के पौराणिक विद्वानों पर भी इस वात की पोल खुल गई है और वह इन प्रेम प्रहसनों से परमेश्वरीय प्रेम का सार निकालने की चेष्टा करते हैं। पर हमारी समझ में यह चेष्टा वृथा है। क्योंकि जव हम देखते कि विष्णुपुराण में न राधा का वर्णन है और न गोपियों के संग कृष्ण की मुँहजोरियों का ही कुछ इशारा है और न चीर हरण की ही कथा है। हरिवंश और महाभारत में भी इन वातों का कहीं वर्णन नहीं। तव यह कहना पड़ता है कि यह सारी कथाएँ ब्रह्मवैवर्त और भागवत पुराण के कर्त्ताओं का गढ़न्त हैं।

ब्रह्मवैवर्त पुराण वल्लभाचारी गोसाइयों का वनाया है, जिन्होंने देश में धर्म की आड़ में एक भारी जाल रच रखा है,

और अकथनीय अत्याचार * किया करते हैं। उन्हीं के एक चेले नारायण भट्ट ने "ब्रजयात्रा" और रासलीला की नींव डाली। जितनी पुस्तकें राधा के प्रेम विषय की मिलती हैं वह प्रायः सब इसी पथ के गोस्वामियों की रची हुई हैं।

परमेश्वर जाने इन लोगों ने कृष्ण के जीवन को क्यों कलङ्कित कर दिया है। पर जब उससे पहिले के ग्रन्थों में इन बातों का कहीं वर्णन नहीं पाते तो इन पर विश्वास करने का हमें कोई कारण नहीं दीखता।

दूसरे कई एक पुराणों के अनुसार कृष्ण की अवस्था उस समय जब (वह मथुरा में आये हैं) १२ वर्ष की थी बस यह कैसे सम्भव हो सकता है कि १२ वर्षकी अल्पायु वाले बच्चेसे ये सब बातें प्रकट हों और उसके पास तरुण स्त्रियाँ भोग विलास की इच्छा से आवें और कामातुर हो उससे अपना

---

* जैसे पुराणों में एक कहानी है कि राधा की सहेली मानवती का विवाह एक बुढ़िया के पुत्र से हुआ। कृष्ण मानवती को देख कर कामातुर हो गये और अपनी मनोकामना पूरी करने पर तत्पर हुए, जिसके लिये अपनी ईश्वरीय प्रभुता काम में लाकर बुढ़िया के पुत्रका वेष धारण किया और उसके घर में जा घुसे और बुढ़िया को यह पट्टी पढ़ा दी कि तू द्वार पर बैठ और यदि कोई भीतर आना चाहे तो न आने दे। यदि कोई तेरे बेटे का वेष बदल कर आवे और कहे कि मैं तेरा बेटा हूँ—तो भी तू द्वार न खोलना। और स्वयं मानवती के सहवास का आनन्द लूटता रहा (देखो ग्रूजर साहब की पुस्तक मथुरा तथा सुखसागर)

सतीत्व नष्ट करावें। स्वयं महाभारत में प्रायः ऐसे स्थान आये हैं जहाँ कृष्ण को उनके शत्रुओं ने अनेक दुर्वचन कहे हैं और उसके जीवन के सब दोष गिनाये हैं, जैसे राजसूययज्ञ के समय शिशुपाल क्रोध में आकर कृष्ण के अवगुण बताने लगा है और उस के बचपन के सब दोष कह गया है पर दुराचारी वा विषयी होने के विषय में कुछ भी नहीं कहा है। क्या संभव था कि कृष्ण की जीवनी यों गंदी हो (जैसा कि ब्रह्मवैवर्त पुराण में लिखा है) और शिशुपाल क्रोध वश सभा के बीच उसके सब छोटे बड़े अवगुण प्रकट करे, और इसका (जो महा दोष कहा जा सकता है) वर्णन तक न करे। वही अवसर तो उनके प्रगट करने का था क्योंकि भीष्म पितामह ने सारी सभा में उसी को उच्चासन देना चाहा था।

कृष्ण उनका समकालीन था यदि वास्तव में कृष्ण में ये दोष होते तो यह कैसे संभव था कि ऐसे २ धर्मात्मा महान् पुरुष उसका ऐसा सम्मान करते और सारे आर्यावर्त में उसका यों मान होता। संस्कृत के प्रायः पुस्तकों में कृष्ण को 'जितेन्द्रिय' लिखा है। "जितेन्द्रिय" उस को कहते हैं जिसने अपनी इन्द्रियों को अपने वशीभूत कर लिया हो। यदि कृष्ण को वास्तव में राधा वा मानवती से प्रेम था तो इन पुस्तकों में उसे जितेन्द्रिय क्यों लिखते? अब रासलीला में नाचने के विषय में प्राचीन ग्रथों से ऐसा प्रतीत होता है, कि उस समय वृत्त बना कर नाचने की चाल सारे भारत में थी वरन् बहुत

से ग्रंथकार तो कहते हैं कि स्त्री पुरुष मिल कर नाचते थे जैसे कि आज कल अंग्रेजों में प्रचलित हैं।

हाँ 'चीरहरण लीला' की कथा भागवत में है, विष्णुपुराण, महाभारत और हरिवंश में इसका वर्णन नहीं है। आज कल के पौराणिक पंडित तो इस को अलंकार ही बतलाते हैं। इसकी कथा इस प्रकार है कि एक दिन गोपियाँ किसी सरोवर में स्नान कर रही थीं। उनके वस्त्र किनारे पर रक्खे थे। कृष्ण संयोग से वहाँ आ पहुँचे वा इसी ताक में छिपे बैठे थे, उन वस्त्रों का अपहरण कर भागे और एक वृक्ष पर जा चढ़े। जब गोपियां स्नान करके जल के बाहर आईं तो उन्होंने अपना २ वस्त्र नहीं पाया। इधर उधर ढूढ़ने पर कृष्ण को वस्त्रों की मोटरी बनाये हुए वृक्ष पर बैठे देखा।

तत्पश्चात् गोपियाँ अपना २ वस्त्र उनसे माँगने लगीं और हाथ जोड़ कर प्रार्थना करने लगीं। पर कृष्ण ने कहा कि 'मेरे सामने नंगी आओ तो दूँगा।' पस उन सभों के नंगी वस्त्र हीन सामने आने पर उनके वस्त्र लौटा दिये * आधुनिक

---

* ब्रह्मवैवर्त पुराण के श्रीकृष्ण जन्म खण्ड के अ० २७ में भागवत के विरुद्ध लिखा है:—गोपियां गौरी पूजन की सामग्री लेकर यमुना तट गईं। वस्त्र किनारे रख कर यमुना में नंगी नहाने लगीं। लड़कों के साथ कृष्णजी सब सामग्री खा गये और श्रीसुदामा आदि १२ गोपालों ने वस्त्र गठिया कर कन्धे पर रख गोपियों को दिखलाते हुए भाग कर

पौराणिक टीकाकार इसका सार यों निकालते हैं कि यहाँ पर कृष्ण शब्द परमेश्वर के लिये प्रयोग हुआ है। यमुना से तात्पर्य परमेश्वर का प्रेम, गोपियों के वस्त्र से मुराद सांसारिक पदार्थ हैं। अब उपरोक्त कथा से यह भाव निकलता है कि परमात्मा के प्रेम में मग्न होकर मनुष्य को चाहिये कि किसी सांसारिक पदार्थ का विचार न करें वरन् उनका ध्यान छोड़ दे। पर खेद है कि मनुष्य प्रेम की नदी में स्नान करके भी उन्हीं पदार्थों के पीछे दौड़ता है। परमात्मा उसे पश्चात्ताप दिलाने के हेतु उन पदार्थों को उठा लेता है जिन से उसे सम्बन्ध है। यहाँ तक कि वह (मनुष्य) अपने इष्ट पदार्थों के लिये कोलाहल मचाता है। परमात्मा उसकी पुकार सुन कर उसे अपने समीप बुलाता है। जब वह वस्त्रहीन आने में संकोच करता है तो परमात्मा उस को यह

दूर जा खड़े हुये। यह देखकर राधा की सखियाँ वस्त्र छीनने के लिये जलके बाहर निकलीं और उन्हें दौड़ाया तब वे परेशान होकर कदम पर बैठे कृष्ण को वस्त्र देकर भाग गये कृष्ण ने कहा तुम लोग हाथ जोड़ो तो वस्त्र मिलेगा सखियों ने जाकर राधा से कहा, राधाने कृष्ण का आँख मूद कर ध्यान किया और आँख खोल कर देखा तो तट पर सब सामग्री ज्यों की त्यों मिली और गोपियों ने जल के बाहर निकल कर परिधान किया और चली गईं।

—अनुवादक।

उपदेश करता है कि मेरे पास नग्न (नंगा आने में न सकुचा) आने में अपना तन वस्त्रसे ढकने की आवश्यकता नहीं। अपने को सांसारिक पदार्थों से पृथक् करके मेरे पास आ। तब मैं तेरी सारी कामनायें पूरी करूँगा और तब ढकने को वस्त्र दूँगा।

यह बात चाहे कितनी ही उत्तम क्यों न हो पर इसके भाव में भ्रम पड़ने की आशङ्का है। यदि इन सब कथाओं में ऐसी अत्युक्ति बांधी गई है तो हमारी राय है कि इन्हीं अत्युक्तियों ने हिन्दुओं को बड़ी हानि पहुँचाई और उनके आचार व्यवहार को भी बिगाड़ दिया है। परमेश्वर के लिये अब उनको छोड़ो और सीधी रीति से परब्रह्म परमेश्वर के सम्मुख उपस्थित होकर भक्ति और प्रेम के फूल चुनो। कम से कम कृष्ण जैसे महान् पुरुष को कलंकित न करो यदि और किसी विचार से नहीं तो अपना पूज्य और मान्य समझ कर ही उस पर दया करो। उसे पाप कर्म का नायक न बनाओ। और उन महानुभावों से बचो जो इस महान् पुरुष के नाम पर तुम्हारा व्रत बिगाड़ रहे हैं और तुमको और तुम्हारी ललनाओं को नरकगामी बनाते हैं।

सप्तम अध्याय

कृष्ण और बलराम का मथुरा में लौट आना और कंस का उनके हाथ से मारा जाना।

अन्ततः यह कब तक संभव था कि यादव वंश के दो राजकुमार यों गड़रियों के वेष में छिपे रहते और कभी पहिचाने नहीं जाते। कस्तूरी चाहे कितने ही बेठनों में क्यों न लपेट कर रक्खी जावे, पर उसकी गन्ध छिपाये नहीं छिप सकती। वैसे ही कृष्ण और बलराम का नाम धाम भी कब तक गुप्त रह सकता था। उनकी आकृति और उनकी चाल चलन उनके वंश का परिचय देती थी। उनका प्रशस्त कपोल और विशाल नेत्र पुकार पुकार के कहते थे कि ये दोनों लड़के जन्म से गोप नहीं हैं और न दूध घी वा मक्खनविक्रय इनकी जीविका है। जब इस तरह रहते रहते कुछ दिवस व्यतीत हो गये और उनके पराक्रम और शूरता की कहानियां दिग्दिशाओं में फैलने लगीं तो धीरे २ यह प्रगट होने लगा कि ये लड़के गोप नहीं हैं।

इसी प्रकार कंस के कानों तक भी यह बात (१) पहुँच

---

(१) विष्णुपुराण कहता है कि नारदजी ने कंस को बहकाया कि वे दोनों लड़के वसुदेव के हैं। इधर तो कंस को यों बहकाया कि जब तक वे दोनों लड़के जीवित हैं तब तक तेरा राज्य सुरक्षित नहीं उधर

गई। और उसे तत्काल यह शंका उत्पन्न हुई कि हो न हो ये दोनों लड़के वसुदेव के हों जो उसकी चोरी से गोपों के बीच पले हैं। कुछ दिवस उपरान्त उसे इसका विश्वास हो गया और तत्पश्चात उसे चिन्ता लगी कि जिस तरह हो इन दोनों को यमलोक पहुँचाओ जिसमें फिर कोई खटका न रह जाय। संसार के इतिहास में कंस जैसे सैकड़ों अत्याचारियों का पता चलता है जिन्होंने राज्य के लिये अपने वंश का विध्वंस कर डाला था। उनके क्रूर खड्ग ने न तो बच्चे को छोड़ा है और न (१) बूढ़े को जिन्होंने इसी तरह अपने किसी वीर शत्रु से छुटकारा पाने के लिये शेर वा किसी हाथी से उनका मल्लयुद्ध कराया है। मुसलमान और राजपूतों के इतिहास में ऐसे अनेक दृष्टान्त (२) मिलते हैं।

कृष्ण और बलराम को बदला लेने पर तत्पर किया। परन्तु हम विश्वास नहीं करते कि नारद सचमुच में कोई मनुष्य है बल्कि हमारा अब भी यही विचार है कि नारद वही कल्पित मनुष्य है जिसके द्वारा पौराणिक लोग लड़ाई भिड़ाई का शौक पूरा करते हैं।

(१) हजरत मूसा की बाल्यावस्था की भी ऐसी ही अनेक कहानियां प्रसिद्ध हैं।

(२) कर्नल टाडने ऐसी अनेक कहानियां लिखी हैं। उनमें से एक मुकुन्ददास राठौर की है जिसको औरंगजेब ने जीवित शेर के पिंजरे में बन्द कर दिया था। जङ्गल का शेर राजपूतनी के बच्चे से आंख

पाठक ! आप इन पन्नों को खोलिये और विचार दृष्टि से पढ़िये कि वह जगत पिता जगदीश्वर कैसा न्यायकारी है और अपने निर्बल और पीड़ित प्रजा की किस तरह रक्षा करता है ? वह उन्हें ऐसी सहन शीलता प्रदान कर देता है कि वे प्रत्येक कष्टों को सहन करके अपने को बचा लेते हैं। और इन पर अत्याचार करने वाले दुष्टात्मा शक्तिशाली होते हुए भी उन्हीं के हाथों से नीचा देखते हैं।

कृष्ण और बलराम की दशा सुन कर कंस को निश्चय हो गया कि अब मेरा अन्त समय आ पहुँचा। उसे अब भास हो गया कि जो आकाशवाणी देवकी के विवाह के समय हुई थी उसके पूरा होने का समय अब आ पहुँचा है। दुष्ट कंस ! तू किस नींद सो रहा है। तेरे क्रूर हाथ से सृष्टि को छुड़ाने वाला तुझ से बदला लेने वाला अब आ पहुँचा। तेरी सारी युक्तियाँ उसके बाल बांका करने में असफल हुईं। यद्यपि उसके वध करने की इच्छा से तू सैकड़ों अबोध बालकों का वध कर डाला पर जिसको बचाना मंजूर था उसे विधाता ने बचा ही लिया।

शाही महलों में न पल कर प्रकृति के प्रासादों में परवरिश पाई और जंगली जानवरों के पड़ोस में प्रकृति ने उसे उन

न छढ़ा सका। और मुकुन्ददास सही सलामत पिंजरे से निकल आया—इसी तरह पृथ्वीराज राजपूत पर शेर छोड़ा गया। वह भी अकेला बिना किसी शस्त्र के शेर पर विजयी हुआ।

क्रूर बातों की शिक्षा दी जो दुष्टों के वध करने के लिये बहुत आवश्यक हैं। सारी बाल्यावस्था में वह यही शिक्षा पाता रहा कि अपने शत्रु पर दया करना धर्म नहीं। समय ने उसको दुष्टों के लिये निर्दयी बना कर उससे वह काम कराया जिससे बचने के लिये उसके सारे भाई बहनों का वध हुआ था। पाप और अहंकार के वशीभूत होकर कंस ने कभी विचार भी नहीं किया कि जिसको परमात्मा बचाना चाहता है उसे संसार की कोई भी शक्ति नहीं मार सकती।

और निरपराध बच्चों के खून से सुरक्षित नरेन्द भी मृत्यु के पंजे से नहीं बच सकता। कृष्ण और बलराम की हालत सुनते ही कंस इस उधेड़ बुन में लग गया कि किस तरह उनको मरवा डाले। बस उसने यह उपाय निकाला कि चतुर्दशी के दिन जो दंगल शक्तिपरीक्षा, कुश्ती लड़ने, तीर और भाला चलाने के लिये हुआ करता था उनमें कृष्ण और बलराम को गोपों के सरदारों के साथ निमंत्रण किया जाय और इस विचार से उसने यादववंश के एक माननीय सरदार अक्रूर को उनको लेने के लिये भेजा। विष्णुपुराण में लिखा है कि प्रस्थान के समय कंस ने अक्रूर से अपनी भीतरी मनसा कह दी थी। पर चाहे यह सत्य हो या असत्य, अक्रूर जिस समय वृन्दावन में पहुंचा और उसकी दृष्टि दोनों भाइयों पर पड़ी तो वह उनके रूप राशि पर मुग्ध हो गया और प्रेम से द्रवीभूत हो उन्हें यथार्थ भेद बता दिया।

कंस से लोग ऐसे परेशान हो चुके थे कि यदि अक्रूर ने कृष्ण और बलराम के क्रोध को बढ़ाने के लिये कंस के सारे अत्याचारों की कहानी सुना कर कुछ अपनी ओर से भी रंग चढ़ाया हो तो इसमें सन्देह नहीं, पर फिर भी यह भेद जानकर उनके हृदय में भय न हुआ और गोपों को साथ मथुरा को चले और सूर्यास्त के बाद वहाँ पहुँचते ही पहिले कंस के धोबी से उनकी मुठभेड़ हुई। उसने कुछ धृष्टता से व्यवहार किया। यहाँ तक विवाद * बढ़ गया कि वह उनके हाथ से मारा गया। इसके पश्चात् उनका ऐसा दबदबा बैठ गया कि जिस वस्तु की उन्होंने इच्छा की सब उन्हें मिलती गई।

उधर कंस ने यह आज्ञा दी कि जिस समय कृष्ण और बलराम दंगल में पैर रक्खें उसी समय एक मस्त हाथी उनके पीछे छोड़ दिया जाय। यदि इस हाथी से वे बच निकलें तो तो फ़िर राज्य के दो बड़े पहलवानों से उनका मल्लयुद्ध कराया जाय। दूसरे दिन ऐसा ही हुआ, जब दोनों भाई दंगल में उतरे तो एक उन्मत्त हाथी उन पर छोड़ा गया। उन्होंने बड़ी वीरता से उसका सामना किया और उसको मार के आगे बढ़े तो दो बड़े प्रांशुकाय पहलवान उनसे मल्ल-

---

* कहते हैं कि कृष्ण बलराम आदि भ्रमण कर रहे थे। उन्होंने दरबार में जाने के लिये धोबी से वस्त्र मांगा और इसी पर विवाद बढ़ा।

युद्ध के लिए सामने आए। दंगल के चारों ओर भीड़ की भरमार थी। स्वयं महाराज एक मंडप के नीचे विराजमान थे। रानियाँ अलग एक मंडप में से कौतुक देख रही थीं। सेना और प्रजा अपने २ स्थान पर विराजमान थीं। एक ओर वसुदेव और देवकी बैठे अपने प्रिय पुत्रों की जीवन रक्षा के लिये चिन्ता में डूब रहे थे उनके समीप ही वृन्दावन के गोप बैठे हुए दोनों भाइयों की लीला देख रहे थे। चारों ओर सन्नाटा छा रहा था। हाथी के साथ मल्लयुद्ध होते देख कर सारी सभा जयजयकार की ध्वनि से गूंज उठी। जब वह कोलाहल कुछ कम हुआ तो क्या देखते हैं कि दो हृष्टपुष्ट पहलवान इनका सामना करने के लिए आगे आए। यह देख कर लोगों को बहुत क्रोध आया और चारों तरफ से त्राहि त्राहि की ध्वनि होने लगी पर अत्याचारी राजा के सामने जो इन सुन्दर राजकुमारों के खून का प्यासा था, किसकी चल सकती थी। युद्ध आरम्भ हुआ। एक पहलवान एक एक राजकुमार से भिड़ पड़ा और आपस में हाथापाई होने लगी, परन्तु अन्त में खानदानी राजकुमारों ने भाड़े के टट्टू नीमक हराम पहलवानों को गिरा मारा। उनके परास्त होते ही कंस के नज़रों तले अंधेरा छा गया। और उसकी निगाहों से खून टपकने लगा। हैरान था कि यह क्या हुआ। इतने ही में गोपों के लड़कों ने आकर कृष्ण और बलराम के साथ जय जयकार का नारा मारा

और प्रसन्नता के मारे नाचने लगे। इनका नाचना क्या था मानो कंस के घायल हृदय पर नमक छिड़कना था। गोपों की ऐसी ढिठाई और हिम्मत देखकर वह आपे से वाहर हो गया और आज्ञा दी कि सब लड़के कृष्ण बलराम के साथ मैदान से निकाल दिये जायँ। उसे इस आज्ञा पर ही सन्तोप नहीं हुआ किन्तु साथ ही वसुदेव को कठोरता के साथ मारे जाने और नन्द को पकड़ करके उन्हें हथकड़ी और वेड़ी डालने की आज्ञा दी पर बलराम और कृष्ण की शूरता को देखकर किसी का साहस न पड़ा कि वह इन आज्ञाओं का पालन करे वा उसके आगे वढ़े। जनता तो पहले से ही कंस से दुःखित थी। वे चाहते थे कि किसी तरह उससे छुटकारा मिले। सारांश यह कि सारी सभा में से कोई भी उसकी आज्ञापूर्ति के लिये न मिला। कंस हैरान था कि यह क्या हुआ, मेरी सारी हुकूमत ख़ाक में मिल गई इतने ही में कृष्ण कूद कर उस मंडप में आ गये जहाँ कंस वैठा था। तत्पश्चात् जोश में आकर कंस के केशों को पकड़ भूमि पर दे मारा। कुछ समय तक दोनों में खूब लड़ाई हुई और अन्त में वह प्रतापशाली कृष्ण के हाथ से मारा गया। कंस से उसकी प्रजा ऐसी घवड़ा गई थी कि कि इतने वृहद् भीड़ में से किसी ने भी उसके वचाने का यत्न न किया। मानो इस अवसर को दुर्लभ समझा और दोनों प्रतिपक्षियों को अपने आप में निपट लेने का अवसर

दिया। * हाँ कंस का भाई सुमाली आगे बढ़ा पर उसको बलराम ने पकड़ कर मार डाला।

षष्ठ अध्याय

उग्रसेन का गद्दी पर बैठना और कृष्ण का शिक्षा के निमित्त बनारस जाना।

जब कंस के मारे जाने की सूचना उसकी रानियों तक पहुंची तब उन सभों ने बड़ा विलाप करना आरम्भ किया, उधर उग्रसेन और कंस की माता भी रो रो कर कोलाहल मचाने लगीं। राजमहल के प्रत्येक स्त्री पुरुष के मुख पर भय और शोक का सचार हो रहा था। कंस के इस दुःखान्त परिणाम को देख कर लोग उसकी अनीतियों को तो बात की घात में भूल गए और उसके रक्तरंजित शरीर को देख रोने लगे। बदला लेने का भाव तो जाता रहा, उसकी जगह दया और दुःख का संचार होने लगा, कृष्ण को भी इस शोक में मिलना पड़ा। इसके बाद कृष्ण और बलराम बसुदेव और देवकी जी की ओर बढ़े और अपना अपना सिर उनके उनके पैरों पर रख दिया। एक ओर तो उग्रसेन और उनकी पत्नी का अपने पुत्रों की मृत्यु पर विलाप और दूसरी ओर

---

* भागवत से मालूम होता है कि कंस और कृष्ण का सामना हुआ और कंस के जो भाई भाई थे वे भी बढ़े और मारे गए।

वसुदेव और देवकी का अपने बिछुड़े हुए पुत्रों से मिलाप; ये दोनों ऐसे दृश्य थे जो एक ही सभामण्डप में लोगों के हृदय में विपरीत भाव उत्पन्न कर रहे थे। इस सारे दृश्य में लोगों को परमात्मा के अटल न्याय की रेखा दृष्टिगोचर होती थी जो दुःख और सन्ताप कंस और समाली के मृत शरीर के देखते से उत्पन्न होता था वह शीघ्र ही उस आनन्द के नीचे दब जाता था जो वसुदेव और देवकी जी को अपने पुत्रों की भेंट से हुई।

कंस के पूर्व अन्याय लोगों के सन्मुख नाचने लगे जो उसने वसुदेव और देवकी के बच्चों को वध करने के लिये किये थे। बेचारे माता और पिता के आनन्द में सारी सभा ने भाग लिया। यादव वंश के छोटे बड़े सब एक एक करके कृष्ण के पैर पड़ने लगे और सबने उनको राज्य तिलक लेने की प्रार्थना की। सारी सभा इस शब्द से गूंज उठी कि वे गद्दी पर बैठें और राज्य करें। युवा कृष्ण के लिये यह बड़ी परीक्षा का समय था। एक ओर राजपाट और सारे ऐश्वर्य उसके सामने हाथ जोड़ खड़े थे और सारे भाई बन्धु और प्रजा उससे आग्रह कर रहे थे कि कृष्णजी राजपाट स्वीकार करें दूसरी ओर उसके हृदय में न्याय और धर्म के उच्च भाव उत्पन्न हो रहे थे। हृदय से उन्होंने यह सोचा कि मुझे गद्दी का अधिकार नहीं, मैंने कंस को इसलिये नहीं मारा कि उसके राजपाट का मैं स्वयं आनन्द लूँ। यदि

कुछ समय तक दोनों में खूब लड़ाई हुई और अन्त में वह प्रतापशाली कृष्ण के हाथ से मारा गया।

मैंने इस समय गद्दी स्वीकार कर ली तो संसार को यह कहने का अवसर मिलेगा कि कृष्ण ने लोभ में पड़ कर कंस का वध किया, परं मेरे हृदय में इसका कभी विचार भी नहीं हुआ। इस विचार के आते ही कृष्ण ने निश्चय कर लिया कि नहीं, मैं गद्दी न लूंगा, यह गद्दी उग्रसेन की है जिसे दुष्ट कंस ने अन्याय और बल से छीनी थी। उग्रसेन ने भी बहुत अनुरोध किया कि मैं इससे प्रसन्न हूं कि आप गद्दी पर बैठें पर कृष्ण ने एक न सुनी और सबके सामने उग्रसेन को फिर से गद्दी पर बिठा दिया। जो लोग कंस के अत्याचारों से डर स्वदेश का परित्याग कर चले गये थे उन सबको बुला लिया। सारांश यह कि सब प्रबन्ध ठीक करके कृष्ण ने भाई बलरामसहित विद्या के निमित्त काशी * जाने का निश्चय किया।

---

* हम कह नहीं सकते कि कृष्ण के सामने वर्तमान काशी को वही गौरव प्राप्त था जो इसे पौराणिक समय में था। प्राचीन ग्रन्थों में काशी का वर्णन आया है पर हमारे पास इसका कोई प्रमाण नहीं कि उसमें तात्पर्य इसी "शहर बनारस" का है। पुराणों के बनने के समय तो काशी अपनी पूर्ण उन्नति के शिखर पर पहुँची हुई थी इसलिये सम्भव है कि इन पुराणों के परिचित पण्डितों ने अपने विचारानुसार यह लिख मारा हो कि श्रीकृष्ण भी, हो न हो विद्योपार्जन के लिये काशी ही गए हों पर यथार्थ में तो यह जान पड़ता है कि वे विद्या निमित्त काशी नहीं गये थे।

पाठक ! कृष्ण और बलराम के विद्योपार्जन का अधिक समय तो वृन्दावन के वनों में डंगर चराने और वंशी बजाने में व्यतीत हुआ। क्योंकि उनकी प्राणरक्षा के लिये उसकी वास्तविक अवस्था को छिपाना आवश्यक था, पर जब कृष्ण को अपने वंश का पता लगा तो उसने कुछ विद्याध्ययन करना आवश्यक समझा क्योंकि उसके बिना वह अपने कर्तव्यों को पालन नहीं कर सकता था। क्षत्रियवंश के दोनों राजकुमारों ने इस कमी को पूरा करने का संकल्प कर लिया और वहाँ से उन प्यारे गोपों से पृथक हुए जिन्होंने बचपन में उनकी रक्षा की थी। अपने धर्म के पिता और उनके सम्बन्धियों से विनय पूर्वक आज्ञा माँगी और अपनी धर्म की माता यशोदा को प्यार और प्रेम से भरे सन्देशे भेजे। इसी तरह सब साथियों से गले मिल कर विदा हुये, जिनके साथ अपने कैद के दिन काटे थे और जिनकी संगति में सुख की नींद में सोये थे। अपने धर्म का ज्ञान होते ही उन सब सम्बन्धों पर लात मारा। नन्द और यशोदा का स्नेह और गोपों का प्रेम और खेल कूद उनके चित्त को विचलित न कर सका।

पुराणों में कृष्ण की शिक्षा के विषय में बस इतना पता मिलता है कि कृष्ण के गुरु का नाम सन्दीपन था जो अवन्तीपुर नामक स्थान का रहने वाला था। पुराण कहता है कि कृष्ण ने सन्दीपन से केवल २४ दिन शिक्षा पाई अल्प-

काल में सारी शास्त्रविद्या में निपुण हो गये, पर महाभारत में श्रीकृष्ण की शिक्षा का स्थान स्थान पर वर्णन आया है जिससे विदित होता है कि कृष्ण अपने समय के परम विद्वान थे और वेद-शास्त्र के भी ज्ञाता थे। महाभारत में एक स्थान पर वर्णन है कि कृष्ण जी ने दश वर्ष तक तप किया था जिससे हम परिणाम निकालते हैं कि उग्रसेन को मथुरा की गद्दी देकर श्रीकृष्ण ब्रह्मचर्य्य व्रत धारण करके दश वर्ष पर्य्यन्त केवल विद्योउपार्जन करते रहे।

नवम अध्याय।

मथुरा पर मगधदेश के राजा जरासन्ध का आक्रमण।

जिन दिनों कंस का मथुरा पर अधिकार था उस समय मगध देश पर जरासन्ध राज्य करता था, जिसने सारे राजाओं महाराजाओं को जीत कर महाराज की उपाधि ली थी। कंस ने अपना बल बढ़ाने के लिये जरासन्ध से सम्बन्ध लगाया और उसकी दो पुत्रियों से विवाह कर लिया था। कंस के वध का समाचार जब जरासन्ध को मिला तो वह क्रोधान्ध हो यादवों के नाश करने के लिये युद्ध की आज्ञा दे दी और अगणित सेना लेकर मथुरा में आ पहुंचा। जरा-

सन्ध के आक्रमण का हाल सुनकर मथुरा वालों ने श्रीकृष्ण बलराम को याद किया क्योंकि इस चढ़ाई के मूल कारण श्री कृष्ण थे अतएव इस युद्ध के समय उन्हें अपने वंश की सहायता करना उचित प्रतीत हुआ, इसलिये वे और बलराम जरासन्ध का युद्ध आरम्भ होने से पहिले मथुरा आ पहुंचे और बड़ी शूरता से अपनी जन्मभूमि की रक्षा के लिये लड़ते रहे। यद्यपि उसके सामने यादवों की सेना बहुत कम थी और उस महापराक्रमी राजा के सम्मुख इनके राज्य की कुछ गणना न थी, पर वह अपने नगर और राजा के लिये ऐसी वीरता से लड़े कि जरासन्ध की सेनाके दाँत खट्टे कर दिये। जरासन्ध यहाँ तक निराश हुआ उसने घेरा उठा लिया और चलता बना। इसी प्रकार अठारह वार उसने आक्रमण किया पर प्रत्येक वार निष्फल रहा अंतिम वार बड़ी तय्यारी से आया और अपने अधीन राजाओं को लेता आया यहाँ तक कि दोगली नसल के यवन राजा कालयवन को भी अपनी सहायता के लिये साथ लाया। इस कालयवन के साथ म्लेच्छों तथा अन्य जंगली जाति की संख्या बहुत थी। * इस

---

* विष्णु पुराण में लिखा है कि जरासन्ध के साथ २३ अक्षौहिणी फौज थी एक एक अक्षौहिणी में १०९३५० प्यादे, ६५६१० सवार २१८७० रथ और उतने ही हाथी ! हम नहीं कह सकते कि इस वर्णन में सत्यता कहां तक है और कहाँ तक यह संख्या पुराणों के बनाने वालों की शायराना हिसाबदानी का नतीजा है।

चढ़ाई का समाचार पाकर यादवों को बड़ी चिन्ता हुई, पर कृष्ण की सलाह से यह निश्चय किया गया कि इस अगणित सेना के साथ लड़ना मानों अपने आप को बलिदान देना है। पहले लगातार आक्रमणों में जरासन्ध को पीछा दिखलाया था परन्तु जब जरासन्ध ने अपनी सेना के सिवाय म्लेच्छ-सेना की भी सहायता ली तो यादवों ने सोचा कि इन लड़ाइयों से जरासन्ध की शक्ति में इतना ह्रास नहीं हुआ जितनी हानि उनकी छोटी सी सेना को पहुँची है। इस बात को विचार कर सबने यही निश्चय किया कि मथुरा छोड़ कर किसी और स्थान की शरण लेनी चाहिये इन्हीं बातों को विचार अपनी धनसपत्ति ले मथुरा को छोड़ दिया और पश्चिम में समुद्र के किनारे गुजरात के प्रदेश में कुशस्थली नामक एक स्थान अपने वास के लिये चुन लिया। यह शहर पहाड़ की घाटी में बसा हुआ था। यहाँ कृष्ण ने एक टापू में द्वारिकापुरी की नींव डाली यह पुरी अब तक वर्तमान है। और हिन्दुओं का प्रसिद्ध तीर्थ माना जाता है। यहाँ यादवों ने एक मजबूत दुर्ग बनाया और अपने पहरे चौकी का पूरा प्रबन्ध करके वहाँ † रहने लगे।

---

† जब युधिष्टिर ने श्रीकृष्ण से राजसूय यज्ञ करने का विचार प्रगट किया और आज्ञा मांगी, तो कृष्ण ने कहा कि हे राजन्! जरासन्ध ने वहाँ के सारे राजाओं महाराजाओं को जीतकर अपने अधिकार में कर लिया है। अधिकतर आर्यवंशी उसके भय से स्वदेश त्याग कर भाग गई

दशम अध्याय।

कृष्ण का विवाह।

वारार के राजा भीष्मक की रूपवती पुत्री का नाम रुक्मिणी था। कृष्णजी इसके सौन्दर्य का वर्णन सुनकर उस पर आसक्त हो गए। यह प्रेम दोनों ओर से था। यह भी कृष्णचन्द्र के रूप और गुण पर मोहित थी। उसकी मनः कामना यही थी, कि किसी प्रकार कृष्ण महाराज मेरा पाणिग्रहण करें, पर इसमें एक रुकावट यह थी कि उसका पिता भीष्मक राजा जरासन्ध के दबाव में था। उसने जरासन्ध की सम्मति से रुक्मिणी को मँगनी चेदी के राजा शिशुपाल से करदी जो जरासन्ध का सेना पति था। यहाँ तक कि विवाह का

है, उसकी सेना में अगणित वीर योद्धागण हैं जब तक तुम इसे न जीत लो राजसूय यज्ञ नहीं कर सकते। इन्हीं बातों के अन्तर्गत उन्होंने उन सब लड़ाइयों का भी वर्णन किया जो उन्होंने और उनके वंश वालों ने जरासन्ध से लड़ी थीं और जिनसे व्याकुल होकर अन्त में उन्हें द्वारिका की ओर भागना पड़ा था। इससे यह विदित होता है कि उस समय केवल यादव वंश में १८ हजार योधा थे जो सब के सब शस्त्रधारी और युद्ध विद्या में निपुण थे। इसी बीच में श्रीकृष्णने कहा कि द्वारिकापुरी के निकट पहाड़ों का घेरा है जो तीन योजन है। हरएक योजन में २१ छावनियाँ हैं और १०० दर्वाजे बनाए गए थे, जहाँ पर शस्त्रधारी यादव सेना रक्षा के लिये नियत है। एक योजन चार कोस का होता है।

दिन नियत कर दिया गया और शिशुपाल अपने स्वामी जरासन्ध के साथ विवाह करने को आ पहुँचा। जब कृष्ण को खबर मिली कि रुक्मिणी का पिता उसका विवाह करने जा रहा है तो वे भी बलभद्र और दूसरे साथियों सहित भीष्मक की राजधानी में जा पहुँचे और जब रुक्मिणी मन्दिर से लौटती हुई अपने घर जा रही थी तो उसे ले (१) उड़े। रुक्मिणी के भाई रुक्म ने जब यह बात सुनी तो वह बड़ा क्रुद्ध हुआ और उसने उनका पीछा किया। दोनों की मुठभेड़ हुई और रुक्म परास्त हुआ वह मारा जाने वाला ही था कि उसकी बहन ने उसको जीवित छोड़ देने के लिये कृष्ण से प्रार्थना की और उसकी जान बचाई। इस तरह रुक्म को नीचा दिखाकर श्रीकृष्ण रुक्मिणी को लेकर द्वारिका में आये, और राक्षस (२) रीति से उससे विवाह कर लिया। इस विवाह से प्रद्युम्न उत्पन्न हुआ जिसका महाभारत में स्थान २ पर वर्णन आया है।

---

(१) किसी पुराण में यह वर्णन है, कि रुक्मिणी ने स्वयं कृष्ण को सन्देशा भेजा और स्वेच्छा से श्रीकृष्ण के साथ हो ली।

(२) शास्त्रों में विवाह ८ प्रकारका कहा गया है। जिनमें से एक को राक्षस विवाह कहते हैं। जब कोई क्षत्रिय किसी लड़की को उसकी इच्छा के विरुद्ध लड़कर या चोरी से भगा ले जाता था और उससे विवाह कर लेता था, तो इसे राक्षस विवाह कहते थे। महाभारत में लिखा है कि भीष्म पितामह ने काशी के राजा की दो कन्याओं को

एकादश अध्याय ।

श्रीकृष्ण की अन्य लड़ाइयाँ ।

द्वारिकापुरी में जा बसने के पश्चात् कृष्ण का जीवन दो भागों विभक्त होता है। एक वह जो महाभारत के युद्ध में वर्णित है और दूसरा वह जो अन्य लड़ाइयों के वृत्तान्त से विदित होता है। द्वारिका में वास करने के बाद श्रीकृष्ण के जीवन का अधिकांश भाग महाभारत से निकलता है। महाभारत में कृष्ण की जो बातें लिखी हैं उनसे उनके जीवन का कुछ न कुछ पता तो अवश्य चलता है इसलिये हम पबलिक जीवन के उस भाग को वर्णन करने के पहले, जो महाभारत में पाया जाता है, केवल उन चन्द लड़ाइयों का वर्णन कर देते हैं जो पौराणिक साहित्य में उनके नाम से वर्णन की जाती हैं। यह वृत्तान्त अलंकारों और अत्युक्तियों से

इसी तरह हरण करके अपने भाइयों का विवाह किया था। महाराज पृथ्वीराज का संयोगिता को ले भागना और उससे विवाह करना एक ऐतिहासिक घटना है, इसी तरह अर्जुन श्रीकृष्ण की बहिन सुभद्रा को ले भागे थे। पुराणों में कृष्ण की अनेक रानियों का वर्णन आता है। पर इसका पता लगाना कठिन प्रतीत होता है कि वास्तव में कितनी थीं। यह तो निश्चय है कि रुक्मिणी श्रीकृष्णकी पटरानी थीं। विष्णुपुराण भागवत और हरिवंश के भिन्न २ वृत्तान्त से जान पड़ता है कृष्ण की आठ रानियाँ थीं।

ऐसे भरे हुए हैं कि उनमें से यथार्थ बातों का निचोड़ निकालना सम्भव नहीं।

(१) विष्णुपुराण में (२९ वाँ अध्याय) उस आक्रमण का वर्णन आया है जिसे कृष्ण ने कामरूप (आसाम) की राजधानी प्राग्ज्योतिषपुर पर किया था। वहां के राजा का नाम 'नरक' लिखा है। इस लड़ाई का कारण यह बताया जाता है कि प्राग्ज्योतिषपुर का राजा बड़ा अन्यायी था। डरा कर लोगों की स्त्रियों और कन्याओं को अपने घर में डाल लेता था। और जब उस प्रान्त के लोगों ने कृष्ण की शरण ली तो उन्होंने 'नरक' पर चढ़ाई की और उसको मार कर उन सब स्त्रियों को छुड़ाया जो उसके महल में कैद थीं और जिनकी गणना १६ हजार के लगभग थी।

(२) दूसरी लड़ाई जिसका वर्णन विष्णुपुराण में है, करनाटक के राजा 'बाण, से हुई जिसका कारण यह जान पड़ता है कि कृष्ण के पोते अनिरुद्ध और बाण की पुत्री ऊषा में परस्पर प्रेम हो गया था। यह प्रेम यहाँ तक बढ़ा कि अनिरुद्ध बाण के महलों में जा पहुँचा और वहाँ अपनी प्रिया के संग पकड़ा गया और बन्दी बना लिया गया। जब यह समाचार द्वारिका में पहुँचा, तो श्रीकृष्ण बलराम और प्रद्युम्न उसे छुड़ाने गये। एक भयङ्कर युद्ध के पश्चात् बाण पराजित हुआ और कृष्ण अनिरुद्ध को लेकर लौट आये।

(३) तीसरी लड़ाई जिसका वर्णन विष्णुपुराण में आया

है, बनारस के राजा पौण्ड्र से हुई थी। इस राजा ने वासुदेव की उपाधि ग्रहण कर ली थी और कृष्ण की उपाधि भी यही थी। इसलिये ऐसा कहते हैं कि उसने डाह से श्रीकृष्ण को एक अविनीत गुस्ताख़ाना सन्देशा कहला भेजा और इसी से दोनों में युद्ध हुआ जिसमें पौण्ड्र राजा मारा गया। इस युद्ध में पहिले चढ़ाई किस ओर से हुई इस विषय में मतभेद है। विष्णु पुराण के अनुसार जब कृष्ण को झूठा और छली कहा गया तो पहिले उन्होंने ही चढ़ाई की, पर दूसरे पुराण यह कहते हैं कि जब कृष्णचन्द्र कैलाशयात्रा को गए हुए थे तो राजा पौण्ड्र पहिले द्वारिका पर चढ़ आया और इसी से लड़ाई का आरम्भ हुआ।

द्वादश अध्याय।

द्रौपदी का स्वयंवर तथा श्रीकृष्ण का पांडु पुत्रों को पहिचानना।

आर्य्यावर्त में कौरवों पाण्डवों की लड़ाई इतनी प्रसिद्ध है कि एक छोटा बच्चा भी उसे भली भाँति जानता है। कुरु और पंचाल दो जातियों के नाम थे, जो भारतवर्ष के उत्तर प्रान्त में शासन करती थीं। कुरु जाति के वासस्थान का नाम कुरुवन था और पंचाल के देश का नाम पंचाल ही था।

यद्यपि दोनों जातियां एक ही वंश से थीं लेकिन परस्पर में ऐसा विरोध था कि सदा आपस में लड़ती रहती थीं। पाण्डु के पुत्र युधिष्ठिर, अर्जुन, भीम, नकुल और सहदेव और धृतराष्ट्र के पुत्र दुर्योधन इत्यादि थे और आपस में चचेरे भाई थे। पंचाल के राजा का नाम द्रुपद था जो राजकुमारी द्रौपदी का पिता था। दुर्योधन का पिता धृतराष्ट्र अन्धा होने से गद्दी पर नहीं बैठा और पाण्डु राज्य करता था। पाण्डु के मरने पर धृतराष्ट्र के ज्येष्ठ पुत्र दुर्योधन ने राज्य लेना चाहा और इसी से उसे यह चिन्ता लगी कि पाण्डु के पुत्रों को किसी प्रकार मार डालें ताकि उसके लिये मार्ग साफ़ हो जाय यह लड़ाई इतनी बढ़ी कि धृतराष्ट्र ने पाण्डवों से कहा कि वे कुछ काल के लिये विराटशहर में जा रहें। पाण्डवों ने इस बात को स्वीकार कर लिया तो दुर्योधन ने अपने एक मित्र विरोचन को लाख का एक घर निर्माण करने के निमित्त आगे भेज दिया जिसमें सब पाण्डव जा रहें तो किसी दिन रात्रि के समय जा उसमें आग लगा दी जाय और इस प्रकार सबके सब भीतर ही जल मरें। पर दुर्योधन के इस कुमन्त्रणा का विचार विदुर को विदित हो गया, और उन्होंने अपने भतीजे युधिष्ठिर इत्यादि को इस बात की सूचना दे दी। इसलिये सावधान होकर पांचों पाण्डव आग लगाने के पहिले वहां से भाग निकले और ब्राह्मण के रूप में छिपे छिपे वन में घूमने लगे। इन्हीं दिनों में

पंचाल की राजपुत्री द्रौपदी का स्वयंवर रचा गया था। इस उत्सव में आर्यावर्त के समस्त क्षत्रिय राजा महाराजा उपस्थित थे। श्रीकृष्ण भी अपने भाई बलराम के साथ आये हुये थे। एक ओर ब्राह्मण के वेष में पांडवगण भी बैठे हुये थे।

इस स्वयंवर के जीतने का नियम यह था कि एक तेलकी कढ़ाई में एक चक्र पर एक मत्स्य का चित्र बना था। वह मछली घूमती थी। प्रतिज्ञा यह थी कि उसकी छाया तेल में देख कर जो अपने बाण से मछली के नेत्र को लक्ष्य करके बेधन करेगा वही द्रौपदी का पति होगा। ऐसा जान पड़ता है, कि उस समय धनुष विद्या में कर्ण और अर्जुन बड़े निपुण थे। इनकी समता करने वाला कोई न था। उपस्थित राजाओं में से कोई भी उस लक्ष्य को न बेध सका तत्पश्चात् कर्ण उठा जिस पर द्रौपदी ने कहा कि यह सारथि का पुत्र है इससे मैं विवाह नहीं कर सकती। यह सुन कर्ण अपना सा मुँह लेकर बैठ गया। अन्त में ब्राह्मणों की पंक्ति में से अर्जुन उठा और उठते ही इस शीघ्रता से बाण मारा, कि वह सीधा निशाने पर जा लगा, बस फिर क्या था—द्रौपदी ने आगे बढ़कर फूलों का हार उसके गले में पहिना दिया। यह देख कर सारी सभा में कोलाहल मच गया। सारे राजे महराजे कहने लगे कि स्वयंवर में ब्राह्मण राजकन्या से विवाह नहीं कर सकता। इस लड़ाई में अर्जुन और भीम ने वे कौशल

दिखलाये कि श्रीकृष्ण ने उन्हें पहचान लिया और बीच में पड़कर यह निर्णय कर दिया कि इस ब्राह्मण ने नियमानुसार स्वयंवर जीता है इसलिये न्याय और नियम के अनुसार द्रौपदी इसकी ही हो चुकी। श्रीकृष्ण का प्रभाव इतना था कि इस निर्णय पर सबके सब चुप हो रहे, और वहां से चले गये। अर्जुन अपने भाइयों सहित द्रौपदी को लेकर अपनी माता के पास गए फिर कृष्ण भी वहाँ पहुँचे। युधिष्ठिर की माता कुन्ती, कृष्ण की बूआ थी। एक दूसरे को पहचान कर कुशल क्षेम पूछने पर पांडुपुत्र अर्जुन ने कृष्ण से पूछा कि "आपने हमको किस तरह पहचाना" जिसके उत्तर में कृष्ण ने कहा कि अग्नि छिपाये नहीं छिप सकती। आपने जो विचित्र कार्य आज राजा द्रुपद की सभा में किया है उसी ने आप सबका परिचय दिया। पांडवों को छोड़कर और किसमें सामर्थ्य थी जो उसको बेधता।

त्रयोदश अध्याय।

कृष्ण की बहिन सुभद्रा का अर्जुन के साथ विवाह।

द्रौपदी के स्वयंवर का हाल धृतराष्ट्र के कानों तक पहुँचा तो उसने भीष्मजी की राय से विदुर को द्रुपद के

दरवार में भेजा कि वे वहाँ से पांडवों को उनकी विवाहिता पत्नी सहित ले आवें। जब विदुरजी राजा द्रुपद के दरवार में पहुँचे और उन्होंने अपना सन्देशा भेजा तो उस समय कृष्णचन्द्र भी वहाँ मौजूद थे। राजा द्रुपद ने दूत से कहा कि इसकी व्यवस्था श्रीकृष्ण से लेनी चाहिये। यदि उनकी सम्मति हो कि युधिष्ठिर आदि को अपने घर हस्तिनापुर जाना चाहिये तो उनके भेजने में मुझे कुछ आपत्ति न होगी। जब कृष्णजी ने यह सम्मति प्रकाशित की, कि अब पाण्डुपुत्रों को अपने घर वापस जाना चाहिये तब द्रुपद ने उन्हें जाने की आज्ञा दी। ऐसा जान पड़ता है कि कृष्णचन्द्र भी इस यात्रा में उनके साथ थे। यह हस्तिनापुर पहुँच गये और राजा धृतराष्ट्र ने अपने पुत्रों को शान्त करने के लिये पाण्डवों को राज्य बाँट दिया और उनसे कह दिया कि वे खांडवप्रस्थ के वन को आवाद करें। राजा की आज्ञा से पाण्डव उस वन में चले गये और वहाँ उन्होंने इन्द्र प्रस्थ नाम का एक नगर वसाया। पाठक! यह इन्द्रप्रस्थ वही शहर है जो आज कल देहली के नाम से प्रसिद्ध है। पर जहाँ देहली आजकल वसी है वहाँ से इन्द्रप्रस्थ की वस्ती कुछ दूरी पर है।

जब पाण्डव इन्द्रप्रस्थ में जा वसे और आनन्दपूर्वक रहने लगे तो कृष्णचन्द्र इस धर्म कार्य को पूरा करके द्वारिकापुरी लौट आये।

कुछ काल बीतने पर जब अर्जुन द्वारिका गये तो वहाँ कृष्ण ने उनका बड़ा आदर सत्कार किया। राज्य के कर्मचारी और शहर के धनाढ्य समुदाय ने उनका बड़े धूम से स्वागत किया।

अर्जुन * अभी वहीं थे कि द्वारिका की एक पहाड़ी 'रैवतक' पर एक मेला लगा। इस मेले में घूमते हुए अर्जुन ने सुभद्रा को देख लिया। सुभद्रा कृष्ण की अपनी बहिन थी जो परम सुन्दरी थी अर्जुन उसे देख कर प्रेमासक्त हो गये और एक दृष्टि से देखने लगे। कृष्ण भी इस भेद को समझ गये। उन्होंने हँसी से कह दिया कि "जो रात दिन जंगल जंगल विचरता फिरता है उसे प्रेम प्रहसनों से क्या काम।"

पर जब कृष्ण ने उन्हें बतलाया कि सुभद्रा उनकी बहिन है तो अर्जुन ने सुभद्रा से विवाह करने की इच्छा प्रकट की। कृष्णजी भी चाहते थे कि यह सम्बन्ध हो जाय। क्यों कि वे

---

* अर्जुन इन दिनों १२ वर्ष के लिये घर छोड़ के वनवास में थे क्योंकि पाँचों भाइयों में प्रतिज्ञा हुई थी कि यदि कोई भाई किसी दूसरे की उपस्थिति में द्रौपदी के कमरे में जाय तो उसे १२ वर्ष घर त्यागना पड़ेगा। एक दिन किसी कार्यवश अपने शस्त्र लेने के लिये द्रौपदी के कमरे में जाना पड़ा जब कि वहां युधिष्ठिर उपस्थित थे। इसलिये इन्हें १२ वर्ष वनवास मिला। कुछ काल तक इधर उधर घूम कर अर्जुन द्वारिका को पहुँचे। कृष्णजी की बातों में इसी का इशारा है।

जानते थे कि अर्जुन अपने समय के प्रसिद्ध वीर हैं इनसे संबंध लगाना अपने को गौरवान्वित करना है। पर उन्हें इस वात का भय था कि कदाचित उनके भाई वन्धु स्वीकार न करें। क्योंकि अर्जुन आदि के जन्म के विषय में उस समय लोगों में वहुत चर्चा थी। इसलिये कृष्णजी ने इन वातों की चिन्ता कर अर्जुन से कहा कि मैं निश्चय नहीं कह सकता कि स्वयंवर में सुभद्रा तुम्हीं को वरेगी। क्षत्रियों में गन्धर्व विवाह की चाल है और योद्धाओं के लिये यह वात प्रतिष्ठा की समझी जाती है कि वह विवाह करने की इच्छासे अपनी प्रिया का अपहरण कर ले। अतएव यदि तुम सुभद्रा पर ऐसे मुग्ध हो तो तुम्हारे लिये इससे उत्तम और कोई उपाय नहीं, कि तुम उसको वलात् ले भागो। फिर निश्चय तुम्हारा विवाह * उससे होगा। यह निश्चय हुआ कि इस विषय में पहले युधिष्ठिर जी की आज्ञा ले ली जाय। इसलिये एक दूत उनके पास भेजा गया। जव वहाँ से आज्ञा मिल गई तो एक दिन अर्जुन रथ लेकर सुभद्रा के रास्ते में जा वैठे। वह उनके पास से निकली तो उसको वलात् उठाके रथ में रख लिया

* याद रहे कि कृष्णजी का विवाह रुक्मिणी के साथ इसी तरह हुआ था, इससे जान पड़ता है कि उस समय यह चलन क्षत्रियों में निन्दनीय नहीं गिनी जाती थी। क्योंकि जो कोई किसी कन्या को भगा ले जाता था वह विवाह की इच्छा से ले जाता था। विवाह का संस्कार किये बिना उसके पास नहीं जाता था।

और भाग चले। जब सुभद्रा की सहेलियाँ द्वारा ये समाचार दरबार तक पहुँचा तो सब लोग अत्यन्त कुपित हुए। फिर शिशुपाल ने शंख बजाया जिससे सारे यादव और भोज शस्त्र धारण कर एकत्रित हुये। जब उन्होंने सुना कि अर्जुन उनकी राजकुमारी को बलपूर्वक हर ले गया तो उनकी आँखों से खून उतर आया और सब बदला लेने पर तत्पर हो गये। इतने में बलरामजी आ पहुँचे और बोले कि इसका कारण क्या है कि सब लोग ऐसे उत्तेजित दीख पड़ते हैं। कृष्ण-चन्द्र चुपचाप बैठे थे। उनसे इसका कारण पूछा वे कहने लगे कि हे कृष्ण तुम चुप क्यों हो। तुम्हारे लिये तो हम सबने अर्जुन का ऐसा सम्मान तथा स्वागत किया परन्तु मालूम हुआ कि वह इस सम्मान और स्वागत के योग्य न था। उसने हमारा बड़ा अपमान किया। हमारी बहिन के साथ उसने जो बलात्कार किया है वह असह्य है। यह कैसे हो सकता है कि हम इस अपमान को चुपचाप सहन कर लें। हम इस का बदला लेंगे और जबतक पृथ्वी को कौरवों से शून्य न करेंगे दम न लेंगे।"

जब चारों ओर से यही आवाज़ गूँज उठी और यादव मरने मारने पर कटिबद्ध हो गये तो कृष्ण से चुप न रहा गया और बोले कि "हे भाइयो आपका यह विचार ठीक नहीं कि अर्जुन ने हमारा अपमान किया, मेरे विचार से उसने हमारी प्रतिष्ठा बढ़ाई है। वह जानता था कि हमारे वंश में

बदला लेके लड़की देना निषिद्ध है, स्वयंवर में सफलता की उसे पूर्ण आशा न थी। उसके पद और वीरता से यह संभव नहीं था कि वह आपसे कन्यादान माँगता। अतएव उसने क्षत्रियों की चाल चली। जैसे सुभद्रा परम रूपवती और गुणसम्पन्ना है, वैसे ही अर्जुन भी प्रत्येक प्रकार से उसके योग्य है। भरत का वंशज शन्तनु का पोता और कुन्तिभोज का नाती है। वह किसी प्रकार उसके अयोग्य नहीं कहा जा सकता। मुझको आज समस्त पृथ्वी पर उसके समान कोई वीर दिखलाई नही देता। किसका साहस है कि युद्ध में अर्जुन का सामना कर सके। उस पर विजय पाना अत्यन्त कठिन है। उसकी वीरता आदर्श स्वरूप है।

इसलिये मेरी सम्मति है कि उत्तेजना से काम न लिया जाय परन्तु उसे बुलाकर उसका विवाह सुभद्रा से कर दिया जाय। क्योंकि यदि हम उससे लड़े और पराजित हुये तो इसमें हंसी होगी। सन्धि कर लेने में कोई हँसी नहीं।"

सारांश यह कि इस प्रकार कृष्ण ने अपने भाई बन्धुओं का क्रोध शान्त किया और उनकी बात से सब सहमत हुये और अर्जुन को बुला कर उनके साथ सुभद्रा का विवाह कर दिया गया। अर्जुन सुभद्रा के साथ विवाह करने के बाद कुछ दिवस पर्यन्त वहाँ रहे और बारह वर्ष समाप्त हो जाने पर अपनी धर्मपत्नी सहित इन्द्रप्रस्थ लौट गये।

जब अर्जुन के इन्द्रप्रस्थ पहुँचने का समाचार मिला तो

कृष्ण अपने भाई बन्धु सहित बड़ी धूमधाम से सुभद्रा का दहेज लेकर चले जिसके साथ महाराज युधिष्ठिर और उनके भाइयों के लिये मूल्यवान उपहार थे। इस दहेज में अत्यन्त ऊँची नसल के घोड़े गाय हाथी तथा सोने चाँदी की गाड़ियाँ, हीरे जड़ित अलंकार और भिन्न २ प्रकार के उत्तम वस्त्र थे। इन्द्रप्रस्थ वालों ने जिस तरह कृष्ण और उनके साथियों का स्वागत किया, वह महाभारत के निम्नलिखित हवाले से प्रकट होगा।

"राजकुमार नकुल और सहदेव ने नगर से बाहर जाकर अतिथियों का स्वागत किया और फिर उन्हें बड़ी धूम धाम से बाजों और पताकों के साथ नगर में ले आये। नगर की गलियां इस उत्सव के लिये साफ की गई थीं। और उनपर छिड़काव किया गया था। सब बाज़ार गली कूंचे इत्यादि रंग बिरंगे फूल से सुसज्जित किये गये थे। इन फूलों पर चन्दन छिड़का हुआ था। जिससे चारों ओर सुगन्धि फैल रही थी। नगर के प्रत्येक कोने में सुगन्ध जलाया गया था जिसमें कहीं भी दुर्गन्ध न रहे। नगर के बाहर विद्वान ब्राह्मण स्वागत के लिये गये। सबने विधि पूर्वक कृष्ण की पूजा की। स्वयं महाराज युधिष्ठिर आदर पूर्वक आगे बढ़े और गले लगाकर नगर में ले गये।

चतुर्दश अध्याय।

खांडवप्रस्थ के वन में अर्जुन श्रीकृष्ण की विजय।

महाभारत का अवलोकन करने से मालूम होता है कि पांडवों की राजधानी (इन्द्रप्रस्थ) से कुछ दूरी पर एक सुन्दर वन था जिसको खांडवप्रस्थ कहते थे। इसमें जंगली पशुओं के अतिरिक्त अनेक असभ्य जातियाँ रहती थीं। उस समय तक इन जंगली जातियों को किसी ने परास्त न किया था। यह वन बहुत बड़ा था। इस वन की रहने वाली जातियाँ बड़ी वीर और लड़ाकी थीं। पांडवों को यह वन दे देने में धृतराष्ट्र की यही नीति थी, कि इस पर स्वत्व जमाने में या तो स्वयं पांडवगण अपने प्राण नष्ट करेंगे या उनको मार कर एक ऐसे प्रदेश को राज्य में मिला लेंगे, जिसे उनके पहिले कोई भी अपने आधीन नहीं कर सका है। वास्तव में धृतराष्ट्र का यह अन्याय था कि उन्होंने अपने पुत्रों को तो अच्छी २ बस्तियाँ और उपजाऊ भूमि दी और पांडवों को पथरीला और उजाड़ वन दिया। धर्म वीर युधिष्ठिर धृतराष्ट्र का इतना आदर सम्मान करते थे कि उन्होंने इस बँटवारे पर चूँ तक नहीं किया और प्रसन्न चित्त से इस प्रान्त को अंगीकार कर लिया। पाँचों

भाइयों में परस्पर इतना प्रेम था और बड़े भाई का लोग इतना सम्मान करते थे कि किसी ने भी युधिष्ठिर की स्वीकारी पर नाक भौं नहीं चढ़ाया और जो उन्होंने स्वीकार किया उसको सभों ने बिना ननुनच के मान लिया। जब युधिष्ठिर स्वीकार कर चुके थे तो उनके छोटे भाई जो उनके आज्ञाकारी थे किस प्रकार आपत्ति उठा सकते थे? इस बँटवारेके समय कृष्ण जी जो द्रुपद के यहाँ से पांडवों के साथ आये थे यहाँ उपस्थित थे। झगड़े के मिटाने की गरज से प्रायः श्रीकृष्णजी ने भी इस बँटवारे पर कोई आपत्ति न उठाई।

स्मरण रखना चाहिये कि पांडव उनके फुफेरे भाई थे। पिता की गद्दी पर उनका पूरा अधिकार था पर धृतराष्ट्र के अन्याय से वह मारे मारे फिरते थे। अन्त में जब उन्हें पृथक् प्रान्त दिया भी गया तो ऐसा दिया गया कि जिसे अपने अधीन करने में अपनी ही जान बचाना कठिन था। द्रौपदी के स्वयंवर में उनकी अवस्था देखकर कृष्ण ने निश्चय कर लिया था कि उनको उनका अधिकार दिलवा दिया जाय। हस्तिनापुर में आकर उनकी भलाई के लिये उन्हें यही हितकर दीख पड़ा कि स्वत्व के ऊपर बहुत ज़ोर न दिया जाय और जो कुछ धृतराष्ट्र ने निश्चय किया है, उसे स्वीकार कर लिया जाय। इन्हीं कारणों से जब पांडवों ने खांडवप्रस्थ का लेना स्वीकार कर लिया तो कृष्ण ने उनका साथ दिया और उस वन के काटने और बसाने में उनकी

सहायता की। यहां तक कि जब तक इन्द्रप्रस्थ अच्छी तरह न बसा और पांडवों का पूरा अधिकार न जेमा तब तक वे द्वारिका न गये।

पाठकगण! आप समझ गये होंगे, कि सुभद्रा के विवाह के विषय में कृष्ण जी ने क्यों अर्जुन का पक्ष लिया था। उनकी हार्दिक इच्छा यही थी कि अर्जुन के साथ ऐसा सम्बन्ध लगाया जाय, जिससे सारे यदुवंशी पाण्डवों की सहायता करने पर विवश हो जायें और इसलिये उन्हों ने ऐसी युक्ति लगाई जिसमें अर्जुन और सुभद्रा का विवाह होही गया।

कृष्ण के वंश से यों सम्बन्ध हो जाने से पांडवों को बड़ा सहारा मिला और समस्त आर्य्यावर्त्त में उनकी प्रतिष्ठा बढ़ गई बल्कि शत्रु उनसे भय खाने लगे। दुर्योधनादि को भी मालूम हो गया कि कृष्ण और उनके यादव वीर पांडवों की पीठ पर हैं। इसके अतिरिक्त इस सम्बन्ध से उनका एक यह अभिप्राय था, कि वह अपने शत्रु जरासन्ध से बदला लेने में अर्जुन आदि से सहायता ले सकें। इनकी इच्छा थी कि पांडव उनका उपकार मान के जरासन्ध के नाश में स्वयमेव उनकी सहायता करें, कृष्ण की युक्ति फलदायक हुई और ऐसा ही हुआ। इनमें परस्पर प्रेम बढ़ता ही गया। कृष्ण प्राय: सब युद्धों में पांडवों का साथ देने लगे। ऐसा जान पड़ता है कि जब सुभद्रा का दहेज लेकर कृष्ण इन्द्रप्रस्थ

गये तो अर्जुन ने उन्हें वहां ठहरा लिया और फिर दोनों में यह निश्चय हुआ कि खांडवप्रस्थ की जंगली जातियों को परास्त कर युधिष्ठिर का राज्य बढ़ा दें और जंगल को काट कर अथवा जला कर सारे जंगल को उपजाऊ बना दें। आदि पर्व के २२४ वें अध्याय से लेकर २३१ पर्व की समाप्ति तक अलंकारों में इन्हीं युद्धों का वर्णन है। इन अध्यायों के पढ़ने से मालूम होता है कि इस वन में पिशाच राक्षस, दैत्य, नाग, असुर, गन्धर्व, यक्ष और दानव आदि अनेक असभ्य जातियां बसी हुई थीं जिनके साथ अर्जुन और कृष्ण को बड़ी लड़ाइयां लड़नी पड़ीं। इनपर विजयी होने से सारे आर्य्यावर्त में पांडवों का सिक्का जम गया, क्योंकि उस समय तक किसी राजे महाराजे को यह साहस न हुआ था कि युद्ध करके इन जंगली जातियों को मार उनको अधीन कर ले। एक ओर तो इस विजय ने पांडवों के सैनिक बल का डंका पीट दिया, दूसरी ओर महाराज युधिष्ठिर के न्याय और नीति की धूम मच गई। वेदविद्या के ज्ञाता युधिष्ठिर ने इस योग्यता से राज्य का प्रबन्ध किया कि सारे देश में उनका यश फैल गया। देश देशान्तर की प्रजा यही चाहने लगी कि वह भी युधिष्ठिर की प्रजा बन कर उनके धार्मिक व्यवहार से लाभ उठायें।

इसका परिणाम यह हुआ कि एक एक करके अनेक प्रान्त उनके राज्य में सम्मिलित होते गये। बहुतेरों को

उनके भाइयों ने जीत के मिला लिया और बहुत से सन्धि और मेल से वश में आ गये। अभिप्राय यह है कि थोड़े ही काल में महाराज युधिष्ठिर का राज्य देश विदेश तक विस्तृत हो गया और सारे देश में कोई ऐसा राजा महाराजा न रहा जो सैनिक बल, सर्वप्रियता और सुप्रबन्ध में युधिष्ठिर की समता कर सके जिसका देश और जिसकी प्रजा ऐसे सुख में हो, जैसे कि युधिष्ठिर की थी। खांडवप्रस्थ के किसी युद्ध में अर्जुन ने मय नामी एक पुरुष को जीवन दान दिया था। इस युद्ध की समाप्ति पर जब अर्जुन और कृष्ण इन्द्रप्रस्थ लौट आये तो मय उनके पास आकर बोला कि इस जीवन दान के प्रतिकार में मुझे कुछ सेवा मिलनी चाहिये। अर्जुन ने कहा कि मैंने तुम्हारी जान की रक्षा की है इसलिये मैं तुमसे उसके बदले में कुछ नहीं ले सकता। तुम स्वतन्त्र हो जहाँ चाहो जाओ प्रसन्न रहो। मय इसके उत्तर में बहुत आग्रह करने लगा और बोला कि "हे पांडुपुत्र यद्यपि आपको यही उचित था जो आपने कहा पर आपकी कुछ सेवा करने की मुझे उत्कट इच्छा है। मैं चाहता हूँ कि आपकी कोई सेवा करके अपनी प्रवीणता दिखलाऊँ, क्योंकि मैं अपने को इस समय का * विश्वकर्मा मानता हूँ।

इस प्रकार मयने, कृष्ण, से आग्रहपूर्वक प्रार्थना की

---

* सृष्टि-कर्ता होने के कारण परमेश्वर विश्वकर्मा कहा जाता है, पर इस शब्द का अर्थ आज कल इंजिनियर किया जाता है।

अंत में कृष्ण ने कहा कि हे मय ! यदि तू मेरे लिये कुछ करना चाहता है तो राजा युधिष्ठिर के लिये एक ऐसा राजसभा (गृह) बना जो संसार में अद्वितीय हो और जैसा कि दूसरा कोई और न बना सके। (१)

मय ने विनय पूर्वक इस आज्ञा पूर्ति के निमित्त प्रण किया और कुछ काल में एक ऐसा विशाल और सुन्दर राजभवन निर्माण किया, कि जिसे देखकर सारे राजे महाराजे आश्चर्य में आ गये और मय के बुद्धिकौशल पर वाह वाह करने लगे।

---

(१) इस प्रासाद का वर्णन करते हुए महाभारत में लिखा है कि इसका क्षेत्रफल ५ हज़ार हाथ का था। इसमें सुनहरे स्तम्भ लगे थे और सारा महल मोतियों की चमक से ऐसा जगमगाया करता था कि उसके सामने सूर्य का तेज भी मन्द देख पड़ता था। इसके पश्चात् एक जलाशय का वर्णन करते हैं, कि जिसका जल ऐसा स्वच्छ था कि नीचे की भूमि दिखाई देती थी। इधर उधर संगमरमर की सीढ़ियां थीं। जिनमें हीरे और दूसरे बहुमूल्य पत्थर जड़े हुए थे। चारों ओर बड़े २ वृक्ष थे। इनमें भरा हुआ एक बनावटी जंगल बनाया गया था। और अन्य प्राकृतिक दृश्य का अनुकरण किया गया था इस प्रासाद की प्रतिष्ठा के आरम्भ में यज्ञ के दिन ५०० ऋषि और मुनि उपस्थित थे और देश देश के राजे महाराजे आये थे। राजाओं की इस नामावली में हम महाराष्ट्र, दक्षिण, बंगाल, सिंहल, कन्नौज, कच्छ, और मगध आदि देशों के राजाओं का नाम पाते हैं।

पंचदश अध्याय।

राजसूययज्ञ।

जब युधिष्ठिर का शासन और पाण्डवों का राज्य अपनी उन्नति के शिखर पर जा पहुँचा और पांचों भाइयों ने अपने बाहु बल से सारे राजे महराजों को अपने अधीन कर लिया तो दिगदिगन्तर में पांडवों की तूती बोलने लगी। कोई भी उनकी समानता न कर सकता था। राजकोष धनादि से परिपूर्ण हो गया। सेना भी वैसी ही थी। देशदेशान्तर के शूर वीर आ २ के इनकी सेना में सम्मिलित हो गये। फिर राजसभा और राजप्रसाद ऐसे तैयार हो गये थे कि उनके जैसा न किसी ने देखा था और न सुना था। ऐसी दशा में युधिष्ठिर और उनके भाइयों की यह (१) इच्छा हुई कि राजसूययज्ञ करके महाराजाधिराज की उपाधि ग्रहण की जाय। जब महाराज ने यह इच्छा प्रगट की तो सारे धनाढ्य मंत्री, दरबारी पंडित, विद्वानों ने इसका अनुमोदन किया। और कहा कि आप प्रत्येक प्रकार से इस यज्ञके करने का सामार्थ्य रखते हैं।

---

(१) महाभारत में इसकी कथा इस प्रकार है कि एक दिन नारद युधिष्ठिर के दरबार में आये और उन्हें महाराजा हरिश्चन्द्र की कथा सुना कर कहा कि हरिश्चन्द्र ने राजसूय यज्ञ किया था जिस कारण उन्हें महाराजा इन्द्र के दरबार में आसन मिला। यह सुन कर युधिष्ठिर को भी यज्ञ करने की इच्छा हुई।

पर फिर भी युधिष्ठिर को सन्तोष न हुआ और उन्होंने इसका अन्तिम निर्णय कृष्ण पर छोड़ा और कृष्ण जी को बुलाने के लिये दूत भेजा। उनके आने पर युधिष्ठिर ने कहा कि हे कृष्ण! मेरे चित्त में * राजसूय यज्ञ करने की इच्छा उत्पन्न हुई है, पर मेरी इच्छा मात्र से वह यज्ञ पूरा नहीं हो सकता। आप जानते हैं कि यह यज्ञ कैसे किया जाता है। केवल वही पुरुष इसे कर सकता है जिसकी शक्ति और बल असीम हो जिसका राज्य सारी पृथ्वी पर फैला हो और जो राजाओं का भी राजा हो। मुझे सब लोग इस यज्ञ के करने की सम्मति देते हैं, पर मैंने सारी बातों का निर्णय आप पर रक्खा है।

---

* राजसूय एक प्रकार का यज्ञ है जिसके करने से महाराजाधिराज की उपाधि मिलती थी। इस यज्ञ का करने वाला राजा यज्ञ के एक वर्ष पूर्व एक घोड़ा खुला छोड़ देता था। यह घोड़ा अपनी इच्छा से जहां चाहता जाता था कोई भी उसे न तो बांध रखता था न उसे कष्ट पहुँचाता था पर जो कोई उस घोड़े को रोक लेता था तो उससे रक्षक लोग युद्ध करते थे और घोड़े को छुड़ा लेते थे। यों एक वर्ष तक बिना रोक टोक घूमते रहने से ही सिद्ध हो जाता था कि सारे देश में कोई राजा घोड़े के स्वामी से बराबरी या बड़ाई का दावा नहीं रखता। फिर एक बड़ा भारी यज्ञ किया जाता था जिसमें देश के सारे राजे महाराजे सम्मिलित होते थे और यज्ञ का सारा काम अपने हाथों से करते थे। इस यज्ञ का करने वाला इस प्रकार महाराजाधिराज माना जाता था।

कोई तो केवल संकोच से मुझे इस बात की सम्मति देते हैं पर उसकी कठिनाइयों को नहीं विचारते। कोई अपने लोभ के विचार से सम्मति देते हैं और कोई मुझे प्रसन्न करने के हेतु समझाते हैं पर आप इन बातों से पृथक् हैं। आपने काम और क्रोध को भी वशीभूत कर लिया है। आपकी राय सर्वोपरि होगी। अतः आप मुझे ऐसी सम्मति दें जिससे संसार का और मेरा भला हो।

श्रीकृष्ण जी ने उत्तर दिया कि हे राजन्! आप सब कुछ जानते हैं और हर प्रकार से इस यज्ञ के करने के योग्य हैं, परन्तु तो भी जो कुछ मेरी समझ में आता है, निवेदन करता हूँ।

इसके पश्चात् अपने समयके क्षत्रियोंकी दुर्गतिका वर्णन करते हुए श्रीकृष्ण कहते हैं कि क्षत्रियों में केवल वही पुरुष राजसूययज्ञ कर सकता है जो सारे राजाओंका महराजा हो और चक्रवर्ती कहलाता हो। जब तक मगधदेश का राजा जरासन्ध स्वेच्छाचारी और स्वतन्त्र बना है, बहुतेरे राजे महराजे उसके अधीन हैं और उसके कारागार में बन्द पड़े हैं तब तक आप राजसूय यज्ञ नहीं कर सकते। जरासन्ध ऐसा प्रबल और प्रतापी है, कि सारे देश के राजा उसके सामने सिर झुकाते हैं यहाँ तक कि हमको भी उसी के भयसे अपना देश छोड़ना पड़ा। सारे देश के वीर योद्धा उसकी सेना में एकत्र हैं फिर कैसे सम्भव है कि उसके जीते जी आप इस यज्ञ को कर

सकें। यह किसी प्रकार से संभव नहीं कि वह अपनी उपस्थिति में आपको राजसूय यज्ञ करने दे। अतएव यदि आपकी यज्ञ करने की इच्छा प्रबल हो तो पहिले उसको पराजय करके उन राजाओं को छुटकारा दीजिये जो उसके बन्दीगृह में पड़े हैं। इससे आपको कई पुण्य होंगे। एक तो उस पापी के विनाश से अनेक असहाय बन्दियों के जीवनदान का पुण्य होगा, दूसरे आपको उलटा यश प्राप्त होगा और आप निर्भय होकर यज्ञ कर सकेंगे।

उपरोक्त बातें सुन कर युधिष्ठिर की सारी कामनाओं पर पानी फिर गया और फिर कहने लगे कि "हे कृष्ण! जब आप जरासन्धके डरसे भाग गये तो फिर मेरी क्या सामर्थ्य है जो मैं उसका सामना कर सकूं। वह केवल बलवान ही नहीं वरन् अन्यायी अत्याचारी भी है। इसके अतिरिक्त इसमें अनेक प्रकार की अशान्ति के फैलने की संभावना है जिसे मैं नहीं चाहता।" राजा के इन कायर वचनों को सुन कर भीम को जोश आया और कहने लगे कि "महाराज, इसमें सन्देह नहीं कि जो पुरुषार्थहीन और निर्बल हैं और जिसके पास सामग्री नहीं है यदि वह अपने से सबल शत्रु से लड़ाई ठानेगा तो मुँह की खायगा। पर जो राजा सावधान है और नीति से चलता है यदि वह निर्बल भी है तथापि अपने शत्रु पर विजयी हो जाता है। आपके राज्य में कृष्ण के समान दूसरा नीति के जानने वाला नहीं। बल में कोई मेरी बराबरी

नहीं कर सकता और अर्जुन तो दुर्जय है। जैसे तीन प्रकार की अग्नि के मिलने से यज्ञ होता है वैसे ही इन तीनों के मिल जाने से निश्चय जरासन्ध का नाश होगा।"

भीम के इस कथन को सुनकर कृष्ण बोले कि "अल्पबुद्धि वा विचार हीन मनुष्य विना परिणाम का विचार किये ही अपनी कामनाओं की पूर्ति के धुन में लग जाते हैं, पर फिर भी कोई शत्रु इस स्वेच्छाचार वा अल्पबुद्धि के कारण उस पर दया नहीं करता। इसलिये कोई काम विना विचारे नहीं करना चाहिये। इससे पहले कृतयुग में पाँच महाराजों ने अपने अपने गुणों से चक्रवर्ती राजा की उपाधि पाई है। किसी ने कर छोड़ देने से, किसी ने दया और न्याय से प्रजा को वश में करने से, किसी ने अपने तपोवल से और किसी ने अपते बाहुवल से। परन्तु तुम एक गुण से नहीं वरन् इन सब गुणों से चक्रवर्ती राजा कहलाने के अधिकारी हो। तुम भाग्यवान् और प्रतापी हो, अपनी प्रजा की हर तरह से रक्षा करते हो। क्षमाशील हो और बुद्धिमान् हो पर जरासन्ध भी इस उपाधि का दावेदार है। उसके बल की सीमा इसी से लग जाती है, कि उसने क्षत्रियों के १०० घरानों को पराजय किया है और कोई उसका सामना नहीं कर सका। वह ऐसा अभिमानी है कि जो राजा हीरा मोती पहनता है वह अपना हीरा मोती उसे भेंट करता है तो भी वह प्रसन्न नहीं होता, वह वचपन से ही दुःशील है। सबसे उच्च बनकर भी वह

के पेड़ बहुत उपजते रहे होंगे जिससे इसका नाम वृन्दावन पड़ गया हो। अस्तु इस नाम का चाहे कुछ और ही कारण क्यों न हो परन्तु अब तो यह नाम ऐसा प्रसिद्ध तथा चिरस्थायी हो गया कि जब तक कृष्ण का नाम जीवित रहेगा तब तक उसका वह नाम हिन्दुओं के लिए पूजनीय बना रहेगा।

यमुना के किनारे सुन्दर तथा ऊँचे मन्दिरों की पंक्तियों का ऐसा दृश्य है जिसे देख कर प्रत्येक मनुष्य प्राकृतिक और मानुषिक कारीगरी के मेल से अपना चित्तआनन्दित कर सकता है। वृन्दावन में सन् १८८० ई० में ३२ घाट और लगभग १००० मन्दिर थे। वृन्दावन वैष्णव सम्प्रदाय का मुख्य स्थान तथा राधाबल्लभियों की जन्मभूमि है।

(९) इस अध्याय को समाप्त करने के पूर्व कुछ और शब्दों का उल्लेख करना आवश्यक समझते हैं।

"मथुरा के चारों ओर के प्रदेश को जो ४२ मील की लम्बाई तथा ३० मील की चौड़ाई में वर्तमान है "व्रजमण्डल" कहते हैं। कृष्ण मतावलम्बी इस सम्पूर्ण प्रान्त की यात्रा करते हैं, इस यात्रा को "वनयात्रा" कहते हैं। व्रज शब्द का अर्थ पशुओं के झुण्ड के हैं, जैसे गोकुल के अर्थ गऊ के झुण्ड के हैं। यह यात्रा भादों मास में कृष्णचन्द्र के जन्मदिन के उत्सव में होती है। यात्री लोग मथुरा से यात्रा प्रारम्भ करते हैं और सारे व्रजमण्डल के मन्दिरों, बनों तथा घाटों

परिणाम और का और ही हो जाय। इसलिये मेरी सम्मति है कि इस कार्य में हाथ न डाला जावे। हे कृष्ण! मेरी समझ में इससे पृथक् रहना ही बुद्धिमानी है। क्योंकि इसका पूरा होना अत्यन्त कठिन है।

यह सुन कर अर्जुन बोले कि हे राजन्! क्षत्रिय का धर्म है कि वह अपने बाहुबल से शत्रुओं का वध करे और सदा अपना यश बढ़ाता रहे। क्षत्रिय के गुणों में वीरत्व सब से श्रेयस्कर है। वीरों के कुल में जन्म लेकर जो कायर हुवा वह घृणा के योग्य है। विद्वानों के समीप मनुष्य के लिये कुलीन वंशज हो जाना यद्यपि सबसे बढ़ कर है परन्तु यदि कोई वीर एक ऐसे वंश में जन्म ले, जिसे वीरों के जन्म देने का पहिले सौभाग्य प्राप्त नहीं हुआ था तो समझना चाहिये कि वह उससे भी बढ़कर है, जिसने वीरों के वंश में जन्म लिया है! वीर सदा अपने शत्रु पर जय पाता है। परन्तु जो पुरुष वीरताके भरोसे असावधानी से काम करता है वह सदा सफल नहीं होता इसीसे वीर या बलवान पुरुष कभी कभी बलहीन के हाथ से मारे जाते हैं। जैसे बलहीन पुरुष बलवान का शिकार बन जाता है, उसी तरह कभी बलवान् भी अपनी मूर्खता से मारा जाता है। इसलिये जो राजा विजयी होने की इच्छा रक्खे, उसे इन दोनों बातों से बचना चाहिये। इसलिये हे राजन्! यदि हम अपना यज्ञ करने के लिये जरासन्ध का वध करें और उसके बन्दियों को मुक्त करें, तो इससे बढ़कर अच्छा

द्वितीय अध्याय ।

श्रीकृष्णचन्द्र जी का वंश ।

श्रीकृष्णचन्द्र जी महाराज मातृपक्ष से चन्द्रावंशी कुल के पिता की ओर से सूर्यवंशी क्षत्रियों के वंश थे। निम्नलिखित वंशावली से उन दोनों प्रसिद्ध क्षत्रिय वंशों से उनका सम्बन्ध भली भांति प्रकट हो जायगा।

इक्ष्वाकु से बहुत पीढ़ियों के पश्चात् उनके वंश में एक राजा हर्यश्व नामक हुआ है जिसने अयोध्या से निकाले जाने पर गोवर्धन की नींव डाली, उस समय मधुवन प्रान्त पर राजा मधु शासन करता था जिसने अपनी कन्या मधुमती का हर्यश्व के संग विवाह कर दिया। इन्हीं दोनों की सन्तान का वंशवृक्ष पाठकों के सम्मुख उपस्थित किया जाता है:—

कृष्ण के जन्म के समय यादवों के गद्दी पर उग्रसेन का पुत्र कंस विराजमान था जो अपने पिता को उतार कर स्वयं गद्दी पर बैठा था। कंस जरासंध का दामाद था। यह जरासंध मगधदेश का प्रतापी बड़ा राजा था। इसी की सहायता से कंस अपने पूज्य पिता को जीते जी राज्य से पदच्युत कर स्वयं राजा बन बैठा। यद्यपि औरंगजेब के समान इसने पिता को कारागार की रोटियाँ नहीं खिलायीं।

जब युधिष्ठिर ने देखा कि अर्जुन और कृष्ण सबके सब इस युद्ध के लिये कटिबद्ध हैं तो कृष्ण से उन्होंने जरासन्ध का इतिहास पूछा। कृष्ण ने सारा वृत्तान्त सुना कर अन्तमें कहा कि जरासन्ध के बड़े बड़े योधा जिन पर उसे बड़ा भरोसा था सब के सब मर गये हैं इसलिये अब समय आ पहुँचा है कि उसका नाश किया जावे, किन्तु लड़ाई में उसे पराजित करना सम्भव नहीं। हमारा तो विचार है कि उससे मल्ल युद्ध करके उसका वध किया जावे। आप मेरी नीति और भीम के बल पर विश्वास रक्खें। अर्जुन हम दोनों की रक्षा करेगा हमारा तो विश्वास है कि हम तीनों मिलकर अवश्य उसको वध कर डालेंगे।

जब हम तीनों उसके पास जायँगे तो निश्चय वह हम में से एक के साथ लड़ेगा। उसके अभिमान का विचार कर कहना पड़ता है कि वह अवश्य भीम से ही लड़ने को उतारू होगा। बस फिर क्या है जिस तरह राजा दंभी पुरुष का विनाश कर देता है उसी तरह भीमसेन जरासन्ध का वध कर देगा। यदि आप मेरी आन्तरिक बात पूछते हैं वा आप को मुझ में कुछ भी श्रद्धा है तो आप अब तनिक भी देर न कीजिये और अभी अर्जुन और भीम को मेरे साथ कर दीजिये। युधिष्ठिर कब इन योग्य बातों को सुनकर इनकार करते। कृष्ण जी की अन्तिम अपील ने युधिष्ठिर को पिघला दिया और उन्होंने नम्रता पूर्वक कृष्ण जी का हाथ चूमा और

पुरुरवा
|
आयु
|
नहुष
|
ययाति
|
यदु
|
विदर्भ
|
अंधक †
|
आहुक

उग्रसेन (राजा मथुरा)
|
कंस (जिसका विवाह महाराज जरासन्ध राजा मगध की पुत्री से हुआ।)

देवक
|
देवकी — पति वसुदेव
|
कृष्ण — रुक्मिणी स्त्री
|
प्रद्युम्न
|
अनिरुद्ध

---

† यह वंशावली कुछ गड़बड़ सी मालूम पड़ती है मैंने मत्स्य तथा ब्रह्माण्ड पुराण से तुलना की परन्तु मिलता नहीं। शायद किसी दूसरे पुराण से लिया गया है।

—अनुवादक।

पहिले जरासन्ध के दरबार में जाना आवश्यक प्रतीत हुआ परन्तु यदि वे अपने यथार्थवेष में जाते तो उन्हें राजधानी के अभ्यन्तर जाने की आज्ञा न मिलती इसलिये तीनों ने स्नातक का वेष धारण किया और राजगृह की नगरी की ओर चले। जब नगर के निकट पहुँचे तो सोचने लगे कि शत्रु के घर में सदर मार्ग से जाना और फिर उस पर वार करना धर्म मर्यादा के विपरीत है इसलिये यह निश्चय किया कि किसी गुप्त द्वार से अन्दर घुसना चाहिये। राजगृह की नगरी के एक ओर एक ऊँची पहाड़ी थी जो रक्षा के हेतु भित्ति का काम देती थी। यह तीनों उस पहाड़ी पर चढ़े और उस पर होकर नगर में जा घुसे। स्नातक ब्राह्मण के वेष में फूलों की माला गले में पहन और देह में सुगन्धित तेल मल मल कर राजद्वार पर जा पहुँचे। और महाराज जरासन्ध से भेंट करने की इच्छा प्रगट की। महाराज ने जब सुना कि तीन स्नातक ब्राह्मण मेरे द्वार पर आये हैं तो शीघ्र अपने महलों से नीचे उतरा और सम्मान पूर्वक सामने आ खड़ा हुआ। पर इन्हें देख कर वह चकित हो गया। यद्यपि इनका वेष स्नातक ब्राह्मणों का था पर इनके प्रत्येक अंग से क्षत्रियत्व की झलक दीख पड़ती थी। परन्तु वह भी बड़ा चतुर था। उसने अपना भाव प्रगट होने नहीं दिया और पूजा करने के लिये झट आगे बढ़ा। उसके आगे बढ़ते ही दूसरी ओर से उत्तर मिला कि हम आपकी पूजा

मनुष्य की निर्बलता और कायरता से लाभ उठाकर वह कब तक परमात्मा की सृष्टि को तंग कर सकता था। आखिर संसार का पालने और पोसने वाला कब तक देख सकता था कि किसी असीम समय तक उसके सेवकों पर अत्यचार हो और पाप का राज्य बहुत दिन तक मथुरा में स्थिर रहे। अतः छुटकारे का समय समीप आ गया और परमात्मा ने मुक्तात्माओं में से एक को फिर जन्म दिया ताकि उसके द्वारा विश्व में पुनः धर्म और न्याय का राज्य स्थापित हो और जनसाधारण को उस पवित्रात्मा से प्रकाश मिले।

निदान बलवान पाप, जरासंध के दामाद पितृद्रोही कंस के दिल में बोलने लगा और इसके भीतर से यह आवाज़ आई कि तेरी बदमाशियों और कुकर्मों का अन्त समीप आ गया। उठ अब भी तेरे आचरणों के सुधारने तथा पर आने का समय है, अधर्म और पाप का साथ पूर्वजों के यशपर लगाये हुए कलंकरूपी धब्बे को मि यत्न कर, परन्तु, अफ़सोस, पापी मनुष्य भयभीत और अधिक घोर पाप की ओर झुकता है को ऐसा काला बना लेता है कि उस पर सुफ़ेदी की बाकी नहीं रहता।

सामर्थ्य दी है कि हम धर्म की रक्षा कर सकें। और यह सामर्थ्य रख कर भी मुझे तुम्हारे दुष्कर्मों का दण्ड न देना अपने आपको पाप पंक में फँसाना है। अन्यायी का शिरोच्छेद करना और पीड़ितों की सहायता करना प्रत्येक क्षत्रिय का धर्म है। हे राजन्! तुम्हें याद रहे कि हम ब्राह्मण नहीं हैं। हम क्षत्रिय हैं मेरा नाम कृष्ण है, ये दोनों मेरे साथी पांडु पुत्र हैं इनमें से एक का नाम अर्जुन है और दूसरे उनके भाई भीमसेन हैं। हम तुमसे मल्लयुद्ध करने आये हैं। यातो तुम बन्दी शत्रुओं को स्वतन्त्रता प्रदान कर अथवा हमसे युद्ध कर। हम क्षत्रिय कुल भूषण महाराज युधिष्ठिर की आज्ञा से अपनी जाति का बदला लेने के लिये आये हैं। मृत्यु से तो हमें भय नहीं क्योंकि हमें विश्वास है कि धर्मयुद्ध से मरने में क्षत्रिय योद्धा को स्वर्ग की प्राप्ति होती है। यदि तू अपने आपको पृथिवी पर महाबली समझता है तो यह तेरी भूल है। क्योंकि अभिमानी पुरुष का संसार में नाश होता है। इस संसार में एक से एक बढ़ कर प्रतिभाशाली पड़े हैं। इस लिये हे राजन्! अपनी बुराइयों को छोड़ परमेश्वर का डर मान और सब बन्दी राजाओं को छोड़ दे अथवा हमसे युद्ध कर।

कृष्ण के इस लम्बे और प्रभावशाली भाषण को सुन कर जरासन्ध हँसा और बोला, हे कृष्ण तू जानता है कि मैं बिना

ला होकर वलहीन हो जाता है। तुच्छ भय वा उसकी छाया मात्र उसे भयभीत तथा शान्तिरहित कर देती है। उसके सारे पाप और सारे दुष्कर्म सदैव उसके सन्मुख नाचते रहते हैं और नाना प्रकार से उसको डराने लगते हैं। वह सब आत्मायें जिन्होंने उससे किसी प्रकार की पीड़ा पाई है, भयानक रूप धारण करके उसके नेत्रों के सम्मुख दौड़ती हुई नज़र आती हैं और सोते जागते उसे भय दिखलाती हैं। उसकी अवस्था उस चोर के समान हो जाती है जो अपनी छाया मात्र से डर जाता है वा थोड़े से आहट से काँपने लगता है। आगे चल कर लेखक लिखता है कि जिस समय कंस ने यह शब्द सुना या यों कहो कि जिस समय उसे यह विचार पैदा हुआ उसे विश्वास हो गया कि अब मेरा अन्त आ पहुँचा। मृत्यु से छुटकारा पाने के लिये उसे यह उपाय सूझा कि जैसे हो सके देवकी का वध कर देना चाहिये और यह विचार कर उसने रथ को रोक दिया। खड्ग लेकर देवकी की ओर लपका और चाहता था कि एक ही वार में उसका शिर धड़ से अलग कर दे पर वसुदेव ने नम्रता पूर्वक हाथ जोड़ कर उसे भगिनी वध के पाप से बचाया।

कंस क्रोधान्ध होकर स्त्री पर वार करने को उठा था पर जब चारों ओर से हाहाकार मचने लगा और उसकी निन्दा होने लगी तो उसे बड़ी ग्लानि हुई। जब उसने वसुदेव से यह प्रतिज्ञा करा ली कि वह देवकी की सारी सन्तान को

हूँ। इसलिये फिर मल्लयुद्ध आरम्भ हो गया और भीम ने जरासन्ध को उठा कर जोर से दे मारा जिससे वह तत्काल मर गया।

जरासन्ध के मरते ही कृष्ण ने भीम अर्जुन को रथ पर विठाया और आप सारथि वन कर दुर्ग में प्रवेश किया और सब से पहिले उन राजाओं को बन्दी गृह से मुक्त किया जो वर्षों से उसमें पड़े सड़ रहे थे, फिर उन सबको अपने साथ लाकर नगर से बहार डेरा डाल दिया।

इन सब राजाओं ने हीरे आदि रत्नों की भेंट की और प्रसन्नता पूर्वक अपने लिये कुछ सेवा के प्रार्थी हुये।

इस पर कृष्ण महाराज ने उत्तर दिया कि महाराजा युधिष्ठिर राजसूय यज्ञ करना चाहते हैं। आपको चाहिये कि उनको इस यज्ञ में सहायता देकर अपनी श्रद्धा का परिचय दें। यह सुन सारे राजाओं ने एक मत से स्वीकार किया। जरासन्ध का पुत्र सहदेव भी भेंट लेकर उपस्थित हुआ महाराज कृष्णचन्द्र ने उससे प्रसन्न हो सब के सामने उसको राजतिलक दिया और पिता के सिंहासन पर विठा दिया। इन कामों से निश्चिन्त हो आप वहाँ से चल दिये।

यह प्राचीन भारतवर्ष के युद्ध के नियम का नमूना है:—

(१) महाराज कृष्ण का स्नातक के रूप में पुष्प की माला पहन कर जरासन्ध के दर्बार में जाना।

(२) सदर फाटक से नगर में प्रवेश न करना।

इसलिये फिर [illegible] और भीम ने जरासन्ध को उठाकर जोर से [illegible]।

(३) जरासन्ध की पूजा न लेना और निर्भीकता से अपने विचार उन पर प्रगट करना।

(४) जरासन्ध का भी उनकी इस कार्यवाही पर क्रुद्ध न होकर मल्ल युद्ध स्वीकार कर लेना।

(५) जरासन्ध के मारे जाने पर उनके पक्ष वालों का अपनी हार स्वीकार करना और कृष्ण आदि पर चढ़ाई न करना।

(६) कृष्ण का जरासन्ध के पुत्र को सिंहासन पर बिठाना इत्यादि ऐसी घटनाएँ हैं जो आर्य्यजाति के उच्च सभ्यता को भली भाँति प्रमाणित करती हैं।

सप्तदश अध्याय।

राजसूय यज्ञ का आरम्भ और युद्ध की जड़।

जरासन्ध को पराजित कर कृष्ण आदि महाराज युधिष्ठिर के दर्बार में वापस आये। युधिष्ठिर ने यथायोग्य उनका सम्मान किया और गद्गद् हो कृष्ण को गले से लगाया। अब यज्ञ की तैयारियाँ होने लगीं। सभामण्डप बड़ी धूम धाम से सुशोभित किया गया। राजों महाराजों के पास दूत भेजे गये। खाने पीने का अच्छा प्रबन्ध किया गया। दूर २ से वेदपाठी विद्वान् ब्राह्मण निमंत्रित किये

गये, स्नान के लिये बहु मूल्य सुगन्धित पदार्थ मँगाये गये। दान देने के लिये सोना चाँदी, रत्न अच्छे २ वस्त्र भूषण एकत्रित किये गये। अतिथियों के ठहरने के लिये सुन्दर महल सजाये गये और कोसों तक डेरे और तम्बू गाड़े गये।

(१) धृतराष्ट्र, भीम, विदुर, द्रोण, दुर्योधन, कर्ण तथा अन्य भ्रातृगण एकत्रित हुये। जब तैयारियाँ ठीक तौर से हो गईं तो भाई बन्धुओं में से यज्ञ के कार्य्य कर्ता नियत किये गये। श्रीकृष्ण ने यह कार्य स्वीकार किया कि जो ब्राह्मण यज्ञ कराने के लिये यज्ञशाला में जायँ उनके चरण धो दें और यज्ञशाला पर पहरा दें। इस प्रकार जब सब तैयारियाँ समाप्त हुईं और यज्ञ का प्रारम्भिक कृत्य होने लगा तो अब यज्ञकर्ता की ओर से सारे (२) अतिथियों को भेंट देने का समय आया

(१) जिन राजाओं महाराजाओं के नाम महाभारत में, इस यज्ञ में सम्मिलित होने की सूचीमें दिये गये हैं, उससे ज्ञात होता कि है इस यज्ञ में सम्पूर्ण भारतवर्ष के राजा उपस्थित थे। दक्षिण के द्रविड़ और सिंघाली राजाओं के नाम भी उस सूची में लिखे हैं। उत्तर दिशा में कश्मीर के, पूर्व दिशा में बंग (बंगाल) और लंका के राजाओं के नाम पश्चिम दिशा में माल्वा, सिन्ध इत्यादि के नाम।

(२) प्राचीन आर्य्यावर्त में यह परिपाटी थी कि प्रत्येक धार्मिक कार्य्य के आरम्भ में कार्यकर्ता ऐसे पुरुषों को जो आदर सत्कार करने के अधिकारी होते थे "अर्घ्य" दिया करते थे। "अर्घ्य" या संदल, फूल, फलादि इत्यादि से तैयार किया जाता था। हमने सरलता के कारण "अर्घ्य" की जगह "भेंट" शब्द का प्रयोग किया है।

इस लिये भीष्म ने युधिष्ठिर से इस प्रकार कहा कि हे युधिष्ठिर ! अतिथियों को भेंट देने का समय आ गया है, अब तुम्हें उचित है कि प्रत्येक को यथायोग्य भेंट प्रदान करो। छः प्रकार के पुरुष तुमसे सम्मान पाने के अधिकारी हैं (१) गुरु, (२) हवन करने वाले पण्डित (३) सम्बन्धी, (४) स्नातक ब्राह्मण, (५) मित्र, (६) राजे महाराजे। सब से पहिले उस पुरुष के सामने भेंट रक्खो जिसे तुम इस सारी सभा में श्रेष्ठ समझते हो। मुख से कह देना वा लेखनी से लिखना तो सहज है, पर ऐसी प्रतिष्ठित सभा में जहाँ देश भर के विद्वान् और वेदों के ज्ञाता ब्राह्मण और शूरवीर क्षत्रिय राजे महराजे बैठे थे, वहाँ यह निर्णय करना बड़ा कठिन था कि कौन सब में श्रेष्ठ और सबसे अधिक गौरव का पात्र है।

एक ओर धृतराष्ट्र और भीष्म ऐसे सज्जन और श्रेष्ठ पुरुष दूसरी ओर द्रोण जैसे आचार्य और अन्य वेदज्ञ ब्राह्मण तीसरी ओर शूर वीर और धनाढ्य राजे महाराजे, युधिष्ठिर चकित हो गये कि ऐसी बड़ी सभा में किसे सब का शिरोमणि मानूँ। निदान महाराज भीष्म से ही यह बतलाने की प्रार्थना की कि इस महती सभा में कौन महान् पुरुष मुझसे पहले सम्मान पाने का अधिकारी है।

भीष्म ने उत्तर दिया कि हे युधिष्ठिर? इस सभा में कृष्ण सूर्य के समान चमक रहे हैं, पस वे ही सब से बड़

गौरव पात्र हैं उठिये और सब से पहिले उन्हीं को भेंट दीजिये ।

युधिष्ठिर ने कहा 'तथास्तु'

भीष्म के कहते ही एक ओर आनन्द ध्वनि गूँज उठी और दूसरी ओर मानो वज्र टूट पड़ा । उनकी सब आशाओं पर पानी फिर गया, और सन्नाटा छा गया । तत्काल सबको यह विदित हो गया कि कुछ न कुछ विघ्न होने वाला है । अतिथियों की मंडली में चेदिका राजा शिशुपाल बैठा हुआ था यह राजा महाराज कृष्णचन्द्र का मौसेरा भाई था । पर सदा से यह जरासन्ध के पक्ष में कृष्ण से लड़ता आया था । वह भीष्म की बात सुन कर क्रोधान्ध हो गया और भीष्म, युधिष्ठिर और कृष्ण को बुरा भला कहने लगा । उसके कथन का सार यह था कि युधिष्ठिर और भीष्म ने पहिले कृष्ण की प्रतिष्ठा कर के सारी सभा का अपमान किया है । कृष्ण कदापि इस पद के योग्य न था । न तो वह मुकुटधारी राजा है और न उम्र में सबसे बड़ा है न वह आचार्य है और न सबसे बलवान् योद्धा ही है । फिर क्यों उसे इस प्रकार सब से ऊँचा आसन प्रदान किया गया । तत्पश्चात् शिशुपाल ने उपस्थित राजाओं के नाम लिये और भीष्म को ललकारा कि आप ही बताइये कि इन सब की उपस्थिति में क्यों कृष्ण की इस प्रकार प्रतिष्ठा की गई । उसने कहा कि यदि वयस का विचार हो तो उसके पिता वसुदेव, धृतराष्ट्र

द्रुपद भीष्म और कृपाचार्य्य आदि ज्येष्ठ पुरुष उपस्थित हैं। यदि विद्या में देखा जाय तो द्रोण, कृपाचार्य्य, अश्वत्थामा तथा दूसरे महान् गण उपस्थित हैं। राजों में भी बड़े बड़े वीर योद्धा दीख रहे हैं। फिर भीष्म ने क्यों इस बात के लिये कृष्ण का नाम लिया जो न आचार्य है, न वयस में बड़ा और न महाबली है। जिसने कपट से राजा जरासन्ध का वध किया। बड़े दुःख की बात है कि भीष्म ने पक्षपात से यह अधर्म कार्य किया है और सब से अधिक खेद इस बात का है, कि युधिष्ठिर ने धर्म का अवतार होते हुये भी इस निर्णय को स्वीकार कर लिया और धिक्कार है कृष्ण पर जिसने इस अधम व्यवस्था को स्वीकार किया।

इसके पश्चात् लिखा है कि वह अपने साथियों के सहित सभा से उठ कर जाने लगा।

युधिष्ठिर उसे मनाने लगे और कहा कि शिशुपाल ! देख जितने विद्वान् और योद्धागण बैठे हैं सब इस बात को मानते हैं कि कृष्ण ही इस सम्मान के युक्त हैं। फिर तू क्यों ऐसे कठोर वचन बोलता है।

भीष्म ने भी उत्तर में कहा कि शिशुपाल धर्म-मार्ग से दूर है। क्षत्रियों की यही मर्यादा है कि जो शत्रु पर जय पाकर उसे छोड़ दे वह उसका गुरु हो जाता है। कृष्ण न केवल महाबली क्षत्रिय हैं जिसनेहज़ारों क्षत्रियों को स्वतन्त्रता प्रदान की है वरन् वह वेदों का ज्ञाता और विद्वान् है

और इसलिये सर्वगुण सम्पन्न होने से हम सब में अधिक मान पाने योग्य है।

फिर सहदेव (युधिष्ठिर का छोटा भाई) कहने लगा कि यदि इस सभा में कोई पुरुष द्वेष वश कृष्ण के तेज और मान का सहन नहीं कर सकता तो उनके सिर पर मेरा पैर है। यदि वह वीर है तो मैदान में आवे, नहीं तो सबको उचित है कि भीष्म के निर्णय को स्वीकार करें। निदान ऐसा ही हुआ पर जब पांडवों ने कृष्ण को भेंट चढ़ाई तो शिशुपाल फिर भीष्म और कृष्ण को बेतुकी बातें सुनाने लगा, जिसका अन्त यह हुआ कि दोनों दल में विवाद आरम्भ हुआ। एक ओर पांडव दल वाले कृष्ण का वर्णन करते थे और दूसरी ओर शिशुपाल उनका अवगुण वर्णन करता था। अभिप्राय यह है कि इस प्रकार कुछ समय तक वाद विवाद होता रहा। बेचारा युधिष्ठिर अत्यन्त दुखित होकर दोनों पक्ष वालों को शान्त कर रहा था। पर उसकी कोई सुनता न था, निदान उसने भीष्म से कहा पितामह ! इस झगड़े को अब आपही शान्त कीजिये। भीष्म ने उत्तर दिया कि अब शिशुपाल और उसके पक्षवाले समझाने से नहीं मानते तो फिर इसके अतिरिक्त दूसरी बात और क्या हो सकती है। कि यदि उनमें से कोई अपने आपको युद्ध कृष्ण से बली समझता हो तो वह उनसे युद्ध के लिये बढ़कर देख ले। फिर आप ही निर्णय हो जायगा कि कृष्ण इस मान के योग्य था वा नहीं ? जब शिशु

पाल ने जी खोल कर कृष्ण और भीष्म आदि को गालियां दे लीं तो आखिर क्रोध में अपने आपे से बाहर हो कर बोला कि अच्छा यदि कृष्ण वीर है तो मेरे साथ कर ले। कृष्ण अब तक चुप बैठे थे परन्तु अब चुप रहने से उनके क्षत्रियत्व पर बट्टा लगता। उन्होंने तुरन्त शिशुपाल के प्रस्तावको स्वीकार किया और तुरन्त मैदान में निकल पड़े। कृष्ण की जय हुई और शिशुपाल मारा गया। शिशुपाल के सारे पक्षपाती अपनासा मुंह लेकर रह गये। महाराजा युधिष्ठिर ने पहिले शिशुपाल का संस्कार किया। फिर उसके पुत्र को राजतिलक देकर यज्ञ रचाया। यज्ञ की समाप्ति पर जब सब अतिथि विदा हो चुके तो कृष्ण भी युधिष्ठिर और द्रौपदी की आज्ञा से द्वारकापुरी लौट गये। *

---

* शिशुपाल और कृष्ण के सम्बन्ध में जो बात विशेष रूप से नोट करने योग्य है वह यह है कि इस पारस्परिक विवाद में शिशुपाल ने बहुत से दोष कृष्ण पर लगाये परन्तु तो भी उसने कृष्ण के सदाचारके विरुद्ध एक शब्द भी न कहा यदि सचमुच ही शुरू में कृष्ण का जीवन भ्रष्ट होता तो संभव था कि शिशुपाल उस पर आचार भ्रष्टता का दोष लगाये बिना न रहता ? इससे परिणाम निकलता है कि कृष्ण के लड़कपन की प्रेम कहानियां झूठ और बेजड़ हैं।

अष्टादश अध्याय ।

निर्वासन समय में पांडवों से कृष्ण का मिलने के लिये जाना ।

प्रत्येक हिन्दू इस बात को भली प्रकार जानता है, कि राजसूययज्ञ समाप्ति पर दुर्योधन और उसके पक्षवालों ने धूर्तता से महाराजा युधिष्ठिरको जुआ खेलने पर तत्पर करके उनसे उनका सारा राजपाट जीत लिया। यहाँ तक कि जुये में अपनी पत्नी और अपने आपको भी दांव पर लगा दिया। इस दाँव को भी वे हार गये। इसके पश्चात् शकुनी का द्रौपदी को घसीट कर सभामें लाना, द्रौपदी का विलाप करना, और सभा में हाहाकार मचाना इत्यादि घटनायें ऐसो है, जिनका कृष्ण के जीवन से वास्तव में कोई सम्बन्ध नहीं। यहाँ इतना कह देना पर्य्याप्त होगा कि अन्त में महाराजा धृतराष्ट्र की आज्ञा से द्रौपदी सहित पाण्डवों को १२ वर्ष के लिये कठोर बनवास दिया गया। जब इनके भाई बन्धु तथा इष्ट मित्रोंका इस विपत्ति का समाचार मिला तो वे एक एक करके इनसे मिलने और इनके साथ सहानुभूति प्रगट करने के लिये आने लगे। महाराज कृष्ण ने जब यह वृत्तान्त सुना तो अत्यन्त दुःखित हुये और बहुतसे साथियोंको लेकर इनसे मिलने गये।

युधिष्ठिर और अर्जुन इत्यादि की दुर्दशा देखकर कृष्ण बड़े क्रुद्ध हुये। जब द्रौपदी के सामने गये तो उसने मारे

विलाप के पृथिवी आकाश मिला दिया। रो रो के अपने पति और दूसरे सम्बन्धियों को बुरा भला कहने लगी। अपने अपमान की कथा सुना कर भीम और अर्जुन की वीरता पर आक्षेप किया और अन्त में यहां तक कह डाला कि मेरे लिये तो मेरे सारे सम्बन्धी और मित्र मर गये, क्योंकि जब शत्रुओं ने मुझे भरी सभा में अपमान किया तो किसी ने भी मेरी सहायता न की।

द्रौपदी के इस करुण विलाप को सुन कर कृष्ण ने उस से प्रतिज्ञा की कि हे द्रोपदि! मैं तुझ से प्रतिज्ञा करता हूं कि तेरे शत्रुओं से इस अनीति का बदला लूंगा। तुझे राजपाट पुनः दिलाकर राज सिंहासन पर बिठाऊंगा। हे द्रौपदो! तू मत रो, आकाश टूट पड़े, धर्ती फट जावे, हिमालय के टुकड़े हो जावें समुद्र सूख जावे पर मेरा प्रण असत्य न होगा।

इस प्रकार द्रौपदी को धैर्य्य बंधा करके जब कृष्णचन्द्र महाराज युधिष्ठिर के पास आये तो उनको कुछ उपदेश दिया और जूआ खेलने की हानि बतलायी।

उन्नीसवां अध्याय।

महाराजा विराट के महलों में पाण्डु पुत्रों के सहायकों की सभा।

धृतराष्ट्र ने जब युधिष्ठिर को जुये में हारने पर १२ वर्ष का वनवास दिया तो उसके साथ यह बन्धन लगा दिया

था कि १३ वें वर्ष पांडुपुत्र वेष बदल कर ऐसी सेवा वृत्ति से जीवन निर्वाह करें जिससे कि दुर्योधनादि को उनका पता न लगे। १२ वर्ष के निर्वासन के समय के व्यतीत हो जाने पर पाँचों पांडवों ने द्रौपदी सहित महाराज विराट के यहाँ नौकरी कर ली। और ऐसी युक्ति से अपने को छिपा रखा कि १२ महीने तक विराट तक को भी पता न लगा कि उसके किंकरों में ५ क्षत्रियकुल-भूषण वचन-बद्ध होकर उसकी सेवा टहल कर रहे हैं दुर्योधन को बहुत खोज करने पर भी उनका कुछ पता न लगा। निर्वासन के दिनों में इनके भाई बन्धु इनकी भेंट के लिये आते और इनकी सहायता करते। कृष्ण और उनके भाई बलराम बहुत दिनों तक उनके साथ रहे। एक बार बलरामजी ने यह प्रस्ताव किया कि युधिष्ठिर इत्यादि निज प्रतिज्ञा के अनुसार वनवास करें पर उनके सम्बन्धी और मित्रगण दुर्योधन पर चढ़ाई करके उससे उनका देश लौटा लें और अर्जुन के पुत्र अभिमन्यु को प्रबन्ध के लिये सौंप दें। कृष्ण ने उत्तर में निवेदन किया कि जो कुछ आप कहते हैं वह हो सकता है पर पांडवों को यह कब ग्राह्य होगा कि दूसरे के परिश्रम का फल आप भोगें और इस प्रकार अपने क्षत्रिय धर्म पर धब्बा लगा कर दीन दुनियाँ दोनों को खराब करें।

कृष्ण के इस कथन पर युधिष्ठिर बहुत प्रसन्न हुये और कहने लगे कि मुझे राज्य की इतनी इच्छा नहीं जितना मुझे

धर्म का विचार है। यदि मुझे स्वर्ग का भी राज्य मिले तो भी सचाई से मैं नहीं हट सकता इस चार दिन के जीवन के लिये मैं कभी अपनी प्रतिज्ञा भंग नहीं कर सकता।

युधिष्ठिर और उनके भाइयों ने अत्यन्त कष्ट और विपत्तियाँ उठाईं। अपनी प्रिय धर्मपत्नी का अपमान अपनी आँखों से देखा! नीच सेवा करना पसन्द किया, पर अपने वचन का पूर्ण रीति से निर्वाह किया और १३ वर्ष तक राजपाट की ओर ध्यान तक न दिया।

प्रिय पाठक! लीजिये तेरहवाँ वर्ष समाप्त होता है, और महाभारत की नीव अभी से पड़ने लगी है। आइये इस महान युद्ध की अद्‌भुत और भयानक कथा सुनने के लिये अपने दिल व दिमाग को तैयार कीजिये। इस महाभारत का प्रथम दृश्य महराजा विराट के महलों में हो रहा है। भारतवर्ष के विख्यात राजे महराजे और विद्वान् ब्राह्मण एकत्र हैं और सोच विचार कर रहे हैं कि युधिष्ठिर का राज्य उसे दिला देने के लिये अब क्या कार्यवाही करनी चाहिये। इस कौंसिल को वार-कौंसिल कहें, पोलिटिकल कौंसिल कहें या धर्म सभा कहें, आपकी जो इच्छा हो इसका नाम धरें, क्योंकि इसमें सभी पक्ष के कुछ २ भाव पाये जाते हैं। हर एक पक्ष को पूरे तौर से समझने और उससे आनन्द उठाने के लिये अपने को तैयार कीजिये क्योंकि इसके सभासदों की वक्तृतायें गूढ़ और सारगर्भित

हैं। उस समय के राजाओं में से जितने युधिष्ठिर के पक्ष में थे; वे सब इसमें विद्यामान हैं। एक ओर कृष्ण भी अपने पिता और भ्राता सहित बैठे दीख पड़ते हैं, सबसे पहिले श्री कृष्णजी बोले कि:—

युधिष्ठिर की दुःख कथा आप सब महाशयों पर विदित है। दुर्योधन ने युधिष्ठिर और उनके भाइयों का नाश करने के लिये जो जो युक्तियां समय समय पर लगाई हैं, वह भी आप सब भली भांति जानते हैं। उसके मुकाबिले में युधिष्ठिर का व्यवहार और उसके चाल चलन का हाल भी आप लोगों पर प्रगट है। युधिष्ठिर और उसके भाइयों की वीरता साहस; धर्म भाव तथा हृदय की पवित्रा का हाल भी आप लोग जानते हैं। सारे आर्य्यवर्त में किसी की शक्ति नहीं जो अर्जुन और भीम का सामना करके युद्ध में उन पर विजय पा सके। पर फिर भी युधिष्ठिर अधर्म, अन्याय वा अनीति से किसी का राजपाट नहीं लिया चाहते। अन्याय से यदि उसे स्वर्ग का राज्य मिले, तो वह उसे स्वीकार नहीं कर सकता, और न्याय से यदि उसे एक गांव मिले तो वह उसी पर सन्तोष कर लेगा। युधिष्ठिर और उसके भाइयों ने धृतराष्ट्र से जो जो प्रतिज्ञायें की उनका एक एक अक्षर उन्होंने पूरा कर दिखाया इस लिये अब धृतराष्ट्र को उचित है कि उसका राजपाट उन्हें लौटा दें पर हम नहीं कह सकते कि दुर्योधन की नीयत क्या है इस लिये मेरा प्रस्ताव है कि एक

माननीय सदाचारी तथा धर्मात्मा दूत उसके पास भेजा जाय जो दुर्योधन का भाव जान के उसे इस बात पर तत्पर करे कि वह युधिष्ठर का आधा राज पाट बांट कर उसे दे दे और उससे मेल कर ले।

कृष्ण के बड़े भाई बलराम ने इस प्रस्ताव का अनुमोदन किया। और इस बात के लिये दुःख प्रकट किया कि युधिष्ठिर ने जुये के दाँव में अपना सारा राज पाट खो दिया। उन्होंने भी सन्धि कर लेने पर ज़ोर दिया।

उपरोक्त बातों को सुनकर सात्यकि नाम का एक राजकुमार उठ कर बोला कि संसार में दो प्रकार के मनुष्य पाये पाये जाते हैं, अर्थात वीर और कायर। जिस वृक्ष में फल लगते हैं उसकी कोई २ शाखायें मुरझाई होती हैं और उनमें कभी फल नहीं लगता। मुझे इन दोनों भाइयों के कायरतापूर्ण भाषण पर खेद नहीं हुआ। किन्तु मुझे तो उनपर खेद होता है, जो मौन साधे उनकी वक्तृता सुन रहे हैं। क्या कोई विचारवान पुरुष मान सकता है कि जुआ खेलने में युधिष्ठिर का अपराध था? क्षत्रिय का धर्म है कि यदि उसे कोई ललकारे तो वह उससे मुँह न मोड़े। दुर्योधन ने चालाकी से ऐसे पुरुषों को युधिष्ठिर से जुआ खेलने के लिये अग्रसर किया जो इस विद्या में निपुण थे। युधिष्ठिर धर्मानुसार खेलते रहे और हार गये। इसमें उनका कोई अपराध नहीं कहा जा सकता। उन्होंने अपने वचन को अन्त तक पूरा पूरा

निभाया। क्या ऐसी दशा में अब उनको उचित है कि वे दुर्योधन से निर्बल और कायरों के सदृश संधि करने की भिक्षा मांगे।

हम जानते हैं कि दुर्योधन दुराचारी और असत्यवादी है। क्या आपने नहीं सुना है कि यद्यपि युधिष्ठिर ने निज प्रतिज्ञा-नुसार १३ वर्ष का वनवास पूरा कर दिया पर दुर्योधन अब यह कहता है कि १३ वें वर्ष में हमने उनको पहचान लिया। भीष्म और द्रोण उसे समझाते हैं पर वह नहीं मानता। अतएव मेरी सम्मति में तो उसे युद्ध की सूचना दे देनी चाहिये। यदि वह युधिष्ठिर के पैरों पड़े तो ठीक है नहीं तो उसे उसके साथियों सहित यमलोक को पहुँचा दिया जाय। किसमें सामर्थ्य है कि अर्जुन और भीम जैसे योद्धाओं से युद्ध करे। इसलिये हे सज्जनों! उठो और जब तक दुर्यो-धन को दण्ड न दे लो, दम न लो।

फिर महाराज द्रुपद सात्यकि को लक्ष करके कहने लगे कि हे वीर! मैंने तेरी वक्तृता सुनी। मैं तुझसे सहमत हूँ। धृतराष्ट्र अपने पुत्रों के वशीभूत होने के कारण उनका साथ देगा। भीष्म और द्रोण चित्त के ऐसे निर्बल हैं कि वे उसका साथ नहीं छोड़ेंगे। यद्यपि बलराम की सम्मति ठीक है पर मैं नहीं मान सकता कि दुर्योधन से चापलूसी की बातें करने से कुछ लाभ होगा। गधे के साथ नरमी करने से कार्य सिद्ध हो सकता है पर भेड़िया नर्मी के वर्ताव का

पात्र नहीं। अतएव मेरी सम्मति है कि हम शीघ्र युद्ध की तैयारियाँ आरम्भ कर दें, और अपने इष्ट मित्र तथा सम्बन्धियों को पत्र लिख दें कि वे अपनी अपनी सेना सहित तैयार रहें। और इस बीच में एक दूत दुर्योधन के पास भेजें। मेरे पुरोहित उपस्थित हैं, इन्हें दूत बना कर भेज दिया जाय कि वह दुर्योधन से जाकर कहें।

महाराज द्रुपद का प्रस्ताव सर्व सम्मति से पास हो गया। सभाविसर्जन हुआ। दूत रवाना किया गया और कृष्ण और बलदेव द्वारिकापुरी को लौट आये।

बीसवां अध्याय।

दुर्योधन और अर्जुन का सहायता के लिये कृष्ण के पास द्वारिका जाना।

महाराज विराट के महल में जो सभा हुई उसकी कार्यवाही दुर्योधन को भी पहुंच गई। जिस पर दुर्योधन ने यह विचारा कि किसी प्रकार कृष्ण को पांडवों की सहायता में रोकना चाहिए। अतएव वह द्वारिकापुरी की ओर चला। उसने यह सोच लिया, कि यदि मेरी प्रार्थना स्वीकृत हो गई तो यह समझना चाहिये, कि मैंने युधिष्ठिर के दो बलवान् सहायकों को कम कर दिया और यदि मेरी

प्रार्थना स्वीकृत न हुई तो मुझे कृष्ण पर सदा के लिये यह शिकायत बनी रहेगी कि यद्यपि मैंने पहिले सहायता की याचना की, पर कृष्ण ने इनकार कर दिया। संयोग से जिस दिन दुर्योधन द्वारिका पहुँचा उसी दिन अर्जुन भी वहाँ पहुँच गये। जिस समय दुर्योधन कृष्ण जी के महल में पहुँचा उस समय कृष्णचन्द्र सो रहे थे। दुर्योधन उनके सिरहाने एक कुर्सी पर बैठ गया। इतने में अर्जुन भी वहाँ आन पहुँचा और उनके पैताने बैठ गया। जब कृष्णजी जागे तो उनकी नज़र पहिले उठते ही अर्जुन पर पड़ी फिर दूसरी ओर जो देखा तो दुर्योधन को भी सिरहाने बैठा पाया। दोनों ओर से जब कुशल क्षेम पूछा जा चुका तो महाराज दुर्योधन बोले कि हे कृष्ण, मैं तुमसे पांडवों के विरुद्ध युद्ध में सहायता माँगने के हेतु आया हूँ, और मैं पहिले आया हूँ इसलिये पहिले मेरी प्रार्थना स्वीकार करनी चाहिए। हम दोनों का आपसे समान सम्बन्ध है और हम दोनों ही तुम्हारे मित्र हैं ऐसी दशा में मेरी प्रार्थना पहिले हुई है और वह स्वीकार होनी चाहिये।

इस पर कृष्ण जी बोले कि हे दुर्योधन! तू ने जो कहा वह सत्य है। यद्यपि तू पहिले आया है पर मेरी दृष्टि पहिले अर्जुन पर पड़ी, इसके अतिरिक्त अर्जुन तेरे से छोटा है। इसलिये मुझे दोनों की सहायता करना स्वीकृत है। एक ओर मेरी सारी सेना है और दूसरी ओर मैं अकेला

विना किसी शस्त्र के हूं। मैंने दृढ़ संकल्प कर लिया हैं कि इस लड़ाई में शस्त्र नहीं चलाऊँगा। इसलिये मैं पहिले अर्जुन को मौका देता हूं कि वह चुन ले कि क्या वह मेरी सारी सेना को लेना पसन्द करता है या मुझे। यदि उसने मुझ अकेले की सहायता चाही तो मेरी सारी सेना तेरी सहायता को प्रस्तुत है और यदि उसने मेरी सेना पसन्द की तो मैं अकेला तेरी सेवा करने को उपस्थित हूं। दुर्योधन ने इस बात को पसन्द किया इसलिये जब अर्जुन से पूछा गया तो उसने उत्तर दिया, कि मुझे महाराज कृष्णचन्द्र की निज सहायता चाहिए। मुझे उनकी सेना नहीं चाहिये। अर्जुन के ऐसा कहने पर दुर्योधन भीतर ही भीतर बहुत प्रसन्न हुआ और उसने कृष्णचन्द्र की सारी सेना सहायता के हेतु ले जाना स्वीकार कर लिया बलराम के साथ भी दुर्योधन ने यही चाल चली पर उन्होंने यह कहा कि मैं किसी पक्ष की सहायता करना नहीं चाहता। जब दुर्योधन विदा हो चुका तो कृष्णजी ने अर्जुन से पूछा कि हे राजपुत्र! तू ने मेरी दैहिक सहायता को मेरी सारी सेना से क्यों श्रेष्ठ समझा? अर्जुन ने कहा आपकी सारी सेना से युद्ध करने के लिये तो मैं अकेला काफी हूं। संसार में एक बुद्धिमान् पुरुष लाखों मूर्खों से बढ़ कर शक्ति रखता है। आपने इस युद्ध में हाथ में शस्त्र न लेने की प्रतिज्ञा की है अतएव मेरी इच्छा है कि आप मेरे रथ के सारथि बनें। मेरे पास यदि

आप जैसे सारथि हों तो किसमें सामर्थ्य है कि वह मेरा सामना कर सके और फिर मुझसे बचकर चला जाय।

कृष्ण जी ने ऐसा करना स्वीकार कर लिया।

इक्कीसवां अध्याय।

संजय का दूत बन कर जाना।

महाराज द्रुपद ने जो दूत पांडवों की ओर से धृतराष्ट्र के पास सन्धि के लिये भेजा था उसे कुछ सफलता नहीं हुई। और दोनों ओर से युद्ध की तैयारियाँ इस प्रबलता से होती रहीं कि सबको विश्वास हो गया कि आर्यावर्त की सारी वीरता और श्रेष्ठता का इसी युद्ध में खातमा हो जायगा। दोनों तरफ के शूर वीर मस्त हाथियों के सदृश झूमते फिरते थे। शंख, घड़ियाल घंटे आदि की ध्वनि से आकाश पाताल गूंज रहा था। घोड़ों की हिनहिनाहट से निकटस्थ बात सुनाई नहीं पड़ती थी। धन दौलत के लोभ से भाई भाई के रक्त के प्यासे हो रहे थे। चचा भतीजों के प्राण का ग्राहक था। भीष्म वचनबद्ध होकर उन भतीजों के विरुद्ध युद्ध करने पर उतारू हो गये थे जिनके प्रति उनके चित्त में अत्यन्त प्रेम था और जिन्हें वे उचित मार्ग पर चलना सिखाते थे। द्रोण सोचते थे कि इस युद्ध में उसके सारे शिष्य

परस्पर लड़ मरने पर कटिबद्ध हो गये हैं। यद्यपि वे दुर्योधन की सेना की तरफ थे पर अन्तःकरण से युधिष्ठिर के सहायक थे। वे जानते थे कि दुर्योधन का पक्ष अन्याय और अधर्म पर है और युधिष्ठिर का सचाई पर है।

पर इन सब में धृतराष्ट्र बड़ा भयभीत हो रहा था। उसका अन्तःकरण कहता था कि युधिष्ठिर सच्चा है, पर राज्य के लोभ या अपने पुत्रों के भय से युद्ध को रोक देने की शक्ति उसमें नहीं थी। उसे दिन रात चैन न थी। उसे पहले ही मालूम हो गया था कि इस भयानक युद्ध में न तो बेटे बचेंगे और न भतीजे ही, सारा कुल नष्ट हो जायगा और वह राजपाट, जिसके लिये परस्पर युद्ध करने पर उतारू हैं दूसरों के अधीन हो जायेगा।

निदान बड़े सोच विचार के बाद उसने युद्ध के पूर्व युधिष्ठिर के विचार को परिवर्त्तन करने का उपाय सोचा और एक संजय नामक विद्वान ब्राह्मण को दूत बनाकर युधिष्ठिर के दरबार में भेजा, कि वह युधिष्ठिर को इस भयानक युद्ध से रोकने का उपदेश करे। महाराज धृतराष्ट्र का भेजा हुआ दूत युधिष्ठिर के कैम्प में गया।

युधिष्ठिर ने संजय का बड़ा आदर सत्कार किया। जब युधिष्ठिर ने उससे आने का कारण पूछा तो संजय बड़ी नम्रता से युधिष्ठिर को युद्ध की बुराइयां सुनाने लगा और कहा कि केवल राज्य के लिये लड़ना और सम्बन्धियों का

बध करना महापाप है। तुम्हें उचित है कि इस विचार को छोड़ दो और जान जाने पर भी अपने भाइयों और सम्बन्धियों पर आक्रमण न करो। एक तो इन दोनों पक्ष वालों को एक दूसरे पर विजय पाना बड़ा कठिन है फिर यदि तू जीत भी गया तो इससे क्या सुख प्राप्त हो सकता है? इसलिये ऐसे युद्ध से अपनी आत्मा को कलंकित न कर और सन्धि कर ले।

युधिष्ठिर ने जो इसके उत्तर में कहा वह हमारे पुस्तक से सम्बन्ध नहीं रखता। यहाँ इतना कह देना पर्याप्त होगा कि युधिष्ठिर ने संजय को अच्छी तरह से समझा दिया कि यद्यपि धृतराष्ट्र के पुत्रों ने हम पर बड़े २ अन्याय किये हैं और मेरे भाई उनसे बदला लेना चाहते हैं किन्तु मैं सन्धि करने पर राजी हूँ यदि मुझे मेरी राजधानी इन्द्रप्रस्थ दे दी जाय।

चूँकि संजय अपने स्वामी की तरफ से उसके हानि लाभ पर तर्क वितर्क करने आया था, इसलिये उसने युक्ति से अधिक काम लिया और युधिष्ठिर को संसार के नाशवान होने पर खूब समझाया। आज कल के कतिपय मत मतान्तरों की तरह युधिष्ठिर को उपदेश देने लगा कि हे राजन्! संसार में काम सारी बुराइयों का जड़ है। जो निष्काम हैं वही परमात्मा को प्राप्त कर सकते है। काम ही हमको सांसारिक बन्धन में फँसाता है और बार २ जन्म मरण की

शृंखला से निकलने नहीं देता। ज्ञानवान सांसारिक पदार्थों को तुच्छ समझता है, और कर्मों के बन्धन से स्वतन्त्र रहता है। तू ज्ञानवान होकर फिर क्यों ऐसा कर्म करता है जो निन्दनीय है। संसार के जितने सुख दुःख हैं सब क्षणिक हैं। जो पुरुष संसार के सुखों की इच्छा करता है, वह उन सुखों के पीछे धर्म भी गँवा बैठता है। मेरी सम्मति में राज्य के लिये युद्ध करने से भिक्षा माँग कर पेट भरना अच्छा है। क्योंकि युद्ध में मनुष्य नाना प्रकार का पाप करता है, इसलिये हे युधिष्ठिर! तू इस काम से अपनी आत्मा को भ्रष्ट न कर। तू वेदों का ज्ञाता है। और तूने पूर्ण ब्रह्मचर्य्य का पालन किया है और बहुत से यज्ञ किये हैं। तुझे उचित नहीं कि तू पाप करके अपनी आत्मा को भ्रष्ट करे। हे राजन्! इस पाप से तेरी सारी तपस्या और आत्मा की पवित्रता नष्ट हो जायगी। युद्ध तेरे भावों के विरुद्ध है। तू क्रोध के वशीभूत हो युद्ध करने पर तत्पर हो गया है, परन्तु याद रख कि क्रोध सब पापों की जड़ है प्रत्येक मनुष्य का धर्म है कि क्रोध और अपनी इन्द्रियों को वश में रखे। हे राजन्! अपने क्रोध को शान्त कर और अपनी आत्मा को उस बड़ी हत्या से बचा। अपने पितामह, भाई, भतीजे, तथा इष्ट मित्रों के वध से तुझे क्या मिलेगा? तेरे इस कार्य से लाखों घर नाश हो जायँगे घर घर में रोना पीटना मच जायगा। लाखों स्त्रियाँ तेरा नाम लेकर रोयेंगी और तुझे कोसेंगी।

इस विध्वंस के बाद यदि तुझे राजपाट मिल भी गया तो क्या वह शान्तिदायक होगा ? क्या इस राज्य से तू मृत्यु वा वृद्धावस्था के पंजे से मुक्त हो जायगा ? फिर क्यों पाप से अपना हाथ रंगता है। वह तेरे शत्रु हैं जो तुझे युद्ध करने की सम्मति देते हैं। यदि तेरे सलाह देने वाले इस सम्मति को नहीं बदलते तो तूं इस सिद्धान्त और राज पाट को छोड़ कर वनका रास्ता ले। यदि यह नहीं हो सकता तो और कुछ कर, पर युद्ध का आश्रय न ले।

इस विस्तृत वक्तव्य के उत्तर में युधिष्ठिर ने संजय से कहा कि हे संजय ! मुझे इस उपदेश देने से पूर्व तुझे चाहिये था कि तू धर्म और अधर्म के लक्षण वर्णन करता जिसे सुन कर हम निश्चय कर सकते कि युद्ध करना धर्म है वा अधर्म। तू जानता है कि धर्म और अधर्म का निर्णय करना अत्यन्त कठिन है। इसलिये प्रत्येक पुरुष का कर्तव्य है कि अपने वर्ण आश्रम के धर्म का पालन करे। यह भी जानता है कि आपत्ति काल का धर्म भिन्न होता है। दोनों लोकों के राज्य मिलने पर भी मैं धर्म नहीं छोड़ सकता मैं जो कुछ करने लगा हूँ वह धर्म के अनुकूल है। फिर भी कृष्ण हम सब में पवित्र विद्वान् और धर्म शास्त्र में निपुण हैं। कृष्ण से व्यवस्था ले लो कि इस समय क्या धर्म है। जो कुछ वह व्यवस्था देंगे वह मुझे स्वीकृत होगा। इस पर कृष्णजी ने संजय की ओर फिर कर इस प्रकार कहना आरम्भ किया—

हे संजय ! तू जानता है कि मैं दोनों पक्षवालों का हित-चिन्तक हूं। मैं नहीं चाहता कि कौरव और पाण्डव परस्पर में लड़ मरें। मैं इनकी भलाई चाहता हूं। मैं पहले से ही दोनों को संधि कर लेने का उपदेश देता आया हूं। जहां तक मैं देखता हूं युधिष्ठिर अन्तःकरण से सन्धि चाहता है। उसने अभी कोई ऐसा कार्य नहीं किया है, जिससे इसके विरुद्ध भाव प्रगट हो, परन्तु जब धृतराष्ट्र और उसके पुत्रों के नेत्रों पर लोभ ने पट्टी बांध रक्खी है तो मैं नहीं समझता कि यह युद्ध कैसे रुकेगा।

धर्म और अधर्म का लक्षण तू भली भांति जानता है, फिर आश्चर्य है कि तू युधिष्ठिर जैसे क्षत्रिय को ताना देता है। युधिष्ठिर अपने धर्म पर स्थित है, और उसे शास्त्रानुसार अपने कुलकी भलाई का चिन्तन रहता है।

ज्ञान और कर्म विषयक जो तुमने उपदेश किया है, वह ऐसा विषय है कि उसके बारेमें ब्राह्मणोंकी कभी एक सम्मति नहीं रही है। कुछ लोगोंका विचार यह है कि परलोक सिद्धि शुभ कर्मों से होती है। और कुछ कहते हैं कि मुक्ति केवल ज्ञान से मिलती है, और कर्मों का नाश करना ही जरूरी है। ब्राह्मण जानते हैं कि हमको खाने के पदार्थों के ज्ञान से ही भूख का नाश नहीं होगा जब तक भोजन नहीं करेंगे। ज्ञान काण्ड की वह शाखा जो कर्म काण्ड में सहायता देती है, अधिक फलदायक है, क्योंकि कर्मोंका फल प्रत्यक्ष है। प्यासा

पानी पीता है और पानी से उसकी प्यास बुझ जाती है; इस से स्पष्ट है कि केवल ज्ञान से कर्म की अधिक श्रेष्ठता है। सृष्टि में कर्म ही प्रधान दीख पड़ता है। वायु सूर्य, चन्द्रमा, अग्नि और पृथ्वी सब कर्म करते हुए अपना २ धर्म पालन कर रहे हैं। सारे आप्त पुरुषों, विद्वान् ब्राह्मणों क्षत्रियों और ऋषियों की यही व्यवस्था है। फिर हे संजय! यह सब कुछ जानकर भी क्यों धृतराष्ट्र के पुत्रों का पक्ष लेकर बहकाने आया है। तू जानता है कि युधिष्ठिर वेद का ज्ञाता है। उसने राजसूय यज्ञ किया है, घोड़े और हाथी की सवारी करना और शस्त्र चलाना उसका काम है। अब तू ही बता कि ऐसी दशा में कौनसा उपाय है जिससे युधिष्ठिर धर्मसे पतित न हो। परंतु तुझे यह बात स्मरण रखनी चाहिये कि युधिष्ठिर राजपुत्र है अब यही बता कि शास्त्र राजा के लिए क्या आज्ञा देता है। लड़ना वा न लड़ना, उसका क्या धर्म है?

शास्त्र में जो क्षत्रियोंके धर्म लिखे हैं उनका विचार करके तुझे अपनी सम्मति देनी चाहिये। क्या क्षत्रिय का यह धर्म नहीं कि वह विद्याका प्रचार करे, धर्मकी रक्षा करे, अपनी प्रजा का पालन करे, ऐसे नियम बनावे और इस तरह प्रबन्ध करे जिसमें सब वर्णाश्रम अपने २ धर्म पर स्थित रहें। क्या न्याय करना और अन्यायी और अत्याचारी को दण्ड देना उसका धर्म नहीं है? यदि कोई पुरुष छलसे वा अधर्मसे दूसरों का धन अपहरण कर ले तो बताओ कि उसके साथ राजा

क्या वर्ताव करे ? यदि ऐसी दशा में भी लड़ाई करना पाप है तो फिर ये शास्त्रादि किस लिये बनाये गये हैं। शास्त्र कहता है कि अधर्मी पापी और दस्युओंको शस्त्रसे दण्ड देना क्षत्रिय का धर्म है और इसीसे क्षत्रिय को स्वर्ग की प्राप्ति होती है, इसलिये ऐसी अवस्था में लड़ाई करना कैसे पाप हो सकता है ? आपको विचार करना चाहिये कि धृतराष्ट्र और उसके पुत्रों ने क्या किया। उन्होंने अधर्म से पांडवों का धन छीन लिया। याद रखो कि छिप के चोरी करना वा सामने चोरी करना दोनों ही समान पाप हैं, फिर बताओ कि दुर्योधन और चोर में क्या भेद रहा। इसके अतिरिक्त दुर्योधन तथा उसके दुष्ट साथी द्रौपदी को नग्न घसीट के दर्बार में ले गये और उस समय दुर्योधन को किसीने नहीं समझाया और न पूछा कि तुम क्या करते हो। और न कर्ण को किसी ने कहा कि वह अर्जुन को ताना न दे। उस समय तो सारी सभा कायरों की तरह चुप रही और अब प्रत्येक युधिष्ठिर को उपदेश देने आता है कि वह लड़ाई न करे।

फिर भी मेरी यही इच्छा है कि, विना लड़ाई के न्याय हो जाय। मैं स्वयं तैयार हूं कि कौरवों के पास जाऊं और उन्हें समझाऊं। यदि वह मेरे समझाने से पांडवों का हक दे दें तो मैं अपने आपको कृतार्थ समझूंगा।

—**०**—

२२ वां अध्याय।

कृष्णचन्द्र दूत बनकर जाते हैं।

जब संजय विदा होकर चला गया तो महाराजा कृष्ण ने धृतराष्ट्र के पास जाने का विचार प्रगट किया। श्रीकृष्ण जब चलने पर तैयार हुए तो युधिष्ठिर बड़े चिन्तित हुए। उन्होंने यह सोचा किदुर्योधन कहीं कृष्ण को हानि न पहुँचाये। इस लिये उन्होंने कृष्ण को बहुत समझाया कि वह वहां न जावें उन्होंने यहां तक कहा कि विना आपके मुझे चक्रवर्ती राज्य और स्वर्ग भी स्वीकार नहीं, परन्तु कृष्णने एक न मानी और बोले कि वहाँ मेरा जाना आवश्यक है। क्योंकि यदि मेरी इस काम में सफलता न हुई और दुर्योधन सन्धि की शर्तें न मानेगा तो पीछे से कोई हम पर यह दोषारोपण नहीं कर सकता कि हमने सन्धि का प्रयत्न न किया। जब युधिष्ठिर ने देखा कि कृष्ण अपने संकल्प में दृढ़ हैं, तो उन्होंने उनको जाने की आज्ञा दी और अपनी ओर से पूरा अधिकार दिया कि जो शर्त आप स्वीकार कर आवेंगे वह मुझे स्वीकार होगी। कृष्ण ने प्रस्थान करने के पहले फिर राजधर्म पर युधिष्ठिर को उपदेश दिया जिसमें युधिष्ठिर सन्धिकी आशा पर अपनी तैयारियों से असावधान न हो जाय और दुर्योधन को सुगमता से लड़ाई जीतने का अवसर मिले। उस उपदेश में कृष्ण ने युधिष्ठिर को बताया कि जन्म पर्यन्त ब्रह्मचारी

रहना क्षत्रियका धर्म नहीं। क्षत्रियके लिये भिक्षा मांगना महा पाप है। रणक्षेत्रमें प्राण विसर्जन करनेसे क्षत्रिय सीधा स्वर्ग को जाता है। क्षत्रिय के लिये कायर होना पाप है। मुझे तो विश्वास है कि दुर्योधन कभी सन्धि पर राजी न होगा। मैं दुर्योधन को भली भाँति जानता हूँ। देख, उसने तेरे और भाइयों के साथ क्या २ वर्ताव किया है। मैं प्रत्येक प्रकार से दुर्योधन और उसके सहायकों को समझाने का यत्न करूँगा; परन्तु आत्मा कहता है कि वह एक न मानेगा। लड़ाई अवश्य करनी पड़ेगी इसलिये हे राजन्! तुझे चाहिये कि अच्छी तरह से लड़ाई की तैयारियाँ करता रह और अपने धर्म से विमुख न हो।

कृष्ण के इस कथन को सुनकर भीम और अर्जुन के चित्त में यह भय उत्पन्न हुआ कि कहीं कृष्ण अपने कठोर वचन से काम बिगाड़ न दें। और सन्धि असम्भव हो जाय इसलिये दोनोंने बड़ी नम्रता पूर्वक हाथ जोड़ कर कृष्ण से प्रार्थना की कि जहां तक हो सके आप दुर्योधनके साथ नम्रता से वर्ताव करें क्योंकि हम कदापि लड़ाई करना नहीं चाहते। यदि दुर्योधन कुछ थोड़े ग्राम भी हमको दे दें तो हम उसी पर संतोष करके दिन व्यतीत करेंगे। इस पर कृष्ण ने उत्तर दिया कि ऐसा जान पड़ता है कि तुम उससे डर गये हो। तुम्हारी इस कायरता पर मुझे बड़ा दुःख होता है। भीम को कृष्ण का यह ताना तीर के समान चुभा परन्तु सँभल कर विनय पूर्वक

अपना यथार्थ आशय इस प्रकार प्रगट किया कि मैं किसी तरह भी दुर्योधन वा उसके योद्धाओं से भय नहीं खाता। मुझे यदि विचार है तो केवल इतना ही है कि इस आपसकी लड़ाईमें सारे भारतके क्षत्रिय नष्ट न हो जावें। इस पर कृष्णने भीम से कहा कि मैं तुमको ताना नहीं देता। मैं तुमजो याद दिलाता था कि युद्धसे डरना क्षत्रिय का धर्म नहीं। मैं नहीं चाहता कि कायरता के कारण तुम अपने धर्म से विमुख हो जाओ। तुय धैर्य धरो। मनुष्य से जितने यत्न हो सकते हैं उतना यत्न मैं सन्धि करानेके लिये करूँगा। परन्तु तुम समझ रखो कि मनुष्य की सारी शक्तियां सदा कृतकार्य नहीं होती। समय समय पर ऐसा होता है कि मनुष्य भले के लिये काम करता है परन्तु उसका फल बुरा निकल पड़ा है।

इसलिये जहां मनुष्यका कर्तव्य है कि अपनी आकाक्षांओं की सिद्धि के हेतु समस्त युक्तियाँ जो उससे हो सकती हैं करे वहाँ उसका यह भी धर्म है कि केवल अपनी युक्तियों के ही तावमें न रहे वरन् जो कुछ करता है उसे ईश्वरके अधीन समझ कर करे, जिसमें परमात्मा उसकी युक्तियों में सहायता दे। कृषीकार अपने खेत में हल चलाता है बीज बोता है पानी से सींचता है परन्तु पानी बरसाना उसकी शक्ति से बाहर है। क्योंकि यह काम परमेश्वर के अधीन है। इसलिये जो काम हम करें वह परमेश्वर परायण होकर करें और पर-

मात्मा पर विश्वास रखें कि यदि उसकी इच्छा होगी तो वह हमारी मनो कामना सिद्ध को पूर्ण करेगा।

कृष्ण जी युधिष्ठिर, भीम और अर्जुन से विदा होने के पश्चात् नकुल और सहदेव से मिलने आये। एक ने यह कहा कि जैसी आपकी इच्छा हो वैसा कीजियेगा, परन्तु युवक सहदेव ने हाथ जोड़ कर कहा कि मेरी आन्तरिक इच्छा तो यह है हमारे हाथ से दुर्योधन का नाश हो। आप ऐसी कार्यवाही करें जिससे युद्ध अटल रहे। सहदेव का यह कहना था कि सभा से चारों ओर से लड़ाई की ध्वनि गूँज उठी। सात्यकि ने कहा कि हम दुर्योधन का सिर कुचल कर ही चैन लेंगे। इतने में द्रौपदी भी आगे बढ़ी और अपने केश हाथ में लेकर कहने लगी कि हे कृष्ण एक बार इधर देखो। दुर्योधन ने इस केश को पकड़कर सभा के बीच मुझको अपमानित किया था। उस समय अर्जुन और भीम की वीरता काम न आयी और किसी ने यह न विचारा कि यह महाराजा द्रुपद की पुत्री महाराज पांडु की पतोहू, पांडवों की महारानी और धृष्टद्युम्न की बहिन है, क्या आप नहीं जानते कि खूनी का खून क्षमा करना महापाप है। जो पुरुष दण्डनीय है, उसका दण्ड क्षमा करना स्वयम् एक अपराध है। यदि पापियों को क्षमा करना स्वयम् एक अपराध है। यदि पापियों की इस संसार में वृद्धि होती रहे और उनको राजे महाराजे दण्ड देने से विमुख रहें तो इसका परिणाम बड़ा भयानक होगा!

हे कृष्ण ! क्या दुर्योधन पर दया करना उचित है ? मैं आप से विनय पूर्वक कहती हूँ कि यदि आपको मेरी मर्यादाका तनिक भी ध्यान है तो आप धृतराष्ट्र के पुत्रों के साथ नम्रता न दर्शाइये उसे दण्ड देना ही धर्म है। भीम और अर्जुन ने यदि आज कायरता पर कमर कस ली है और चुप हो बैठे हैं तो मेरा भाई और पिता उनसे बदला लेने को तैयार हैं, इतना कह वह विलाप करने लगी। द्रौपदी की यह दशा देखकर सारी सेना उत्तेजित हो उठी। चारों ओर से तलवारें म्यान से बाहर निकल आईं। निदान कृष्ण ने द्रौपदी से कहा कि "हे महाराणी ! तू धैर्य धर यदि दुर्योधन ने मेरी बात न मानी तो वह पश्चात्ताप करेगा। उसकी रानियाँ विलाप करेंगी। तेरे पति विजय पावेंगे और तुझे फिर राज सिंहासन पर बिठायेंगे" इस तरह सबको तसल्ली देकर कृष्ण जी चले गये। इतिहास कार लिखता है कि दुर्योधन की दुष्टता से अपनी रक्षा के लिये उन्होंने दो सहस्र सैनिक अपने साथ लेकर हस्तिनापुर की ओर प्रस्थान किया।

धृतराष्ट्र को जब समाचार मिला कि कृष्ण जी आ रहे हैं तो उन्होंने उनके आराम का पूरा प्रबन्ध कर दिया और अपने शहर में स्वागत की बड़ी तैयारियां कराने लगे। परन्तु कृष्ण जी को धृतराष्ट्र के प्रबन्ध से कुछ लाभ न हुआ और वे हस्तिना पुर पहुंच गये। यहाँ कौरवों की ओर से उनका

अच्छा स्वागत किया गया जब महल में गये तो सब छोटे बड़ों ने उनका पूरा सत्कार किया।

—*०*—

तेइसवां अध्याय।

युद्ध के पूर्व कृष्ण जी सन्धि कराने के लिये हस्तिनापुर जाते हैं।

कृष्ण जी धृतराष्ट्र भीष्म और द्रोणादि से भेंट करने के बाद विदुर जी के यहां ठहरे। युधिष्ठिर की माता कुन्ती भी विदुर के साथ रहती थी। जब कृष्ण जी उसके घर में पहुंचे तो उसने बड़े प्रेम से कृष्ण को गले लगाया और आदर सत्कार से उन्हें पास बिठा कर रोने लगी। लेखनी में वह शक्ति नहीं है जो माता के प्रेम का वर्णन लिख सके, किस में यह बल है कि अपने पुत्रों के लिये माता के दुःख को लेख द्वारा झलका सके, कृष्ण और कुन्ती के मिलाप का पूर्ण वर्णन अपने पाठकों के सामने उपस्थित करना हमारी लेखनी से बाहर है। याद रखना चाहिये कुन्ती ने अपने प्यारे पुत्रों का मुख १४ वर्ष से नहीं देखा था। १४ वर्ष हुये कि जब वे युधिष्ठिर की कमजोरी से अपने राजपाट से अलग करके देश से अलग निकाल दिये गये थे। १४ वर्ष हुये कि जब उसने अपनी बिलखती हुई माता को महलों में छोड़ा था। १४ वर्ष से बेचारी माता अपने प्यारे बच्चोंकी बाट जोह रही थी और

अपना मन मारे बैठी थी। कृष्ण के मिलने पर माता की सारी आशायें लहलहा उठीं और साथ ही कृष्ण के आगमनने मानों उसके घाव को ताज़ा बना दिया और उसको (कृष्ण) मूर्ति में उसने अपने सारे प्यारे पुत्रों की मानों छाया देख ली। कुन्ती ने कृष्ण पर प्रश्नों की बौछार आरम्भ कर दी। एक २ करके प्रश्न पूछती जाती थी और साथ ही साथ आँखों से अश्रुओं का प्रवाह जारी था। मुख से विलाप कर रही थी कभी अपने रंडापे पर रोती थी। कभी अपने पुत्रों की बाल्यावस्था को रो रो कर याद करने लगती थी। युधिष्ठिर की धर्मनिष्ठा, भीम की वीरता और अर्जुन की धनुर्विद्या में कुशलता, सब इस समय उसके नेत्रों के सन्मुख घूम रहे थे। वह हैरान थी कि इस १४ वर्ष की क्या २ बातें पूछे। सारांश यह कि दुःख और दर्द का एक अजीब दफ्तर खुला था। जिसमें दूसरे को बोलने का अवकाश नहीं देती थी। कृष्ण भी चित्रवत् खड़े सुन रहे थे। निदान कुन्ती ने अपना विलाप कुछ कम किया और फिर अपने पुत्रों का कुशल मंगल पूछने लगी। कृष्ण के मुख से उनका हाल सुनकर उसके हृदय में फिर चोट लगी और रोने और विलाप करने लगी। जब राम कहानी सुना चुकी तो कृष्ण से कहने लगी कि "हे कृष्ण मेरी ओर से तो मेरे सब पुत्र मर गये और उनकी ओर से मैं मर चुकी, जा कर युधिष्ठिर को सन्देश दीजिये कि तेरा यश दिन व दिन बढ़े, तू सदा भलाई ही करता रहे, जिसमें तेरी

धार्मिक मर्यादा की वृद्धि होती जाय। हे जनार्दन तू ! उससे जाकर कहियो कि धिक्कार है ! उन लोगों पर जो दूसरों के सहारे जीते है अथवा दूसरों से डरते हैं ऐसे जीने से मरना मरना ही अच्छा है।

जा ! अर्जुन और भीम से कह कि जिस दिन के लिये क्षत्राणियां पुत्र जनती हैं, वह दिन आन पहुँचा यदि इस समय तुमसे कुछ न वन सका तो सारा संसार तुमको तुच्छ समझेगा। जिस दिन तुमने कोई निन्दनीय कार्य्य किया उसी दिन मुझसे तुम्हारा नाता टूट जायेगा। हे कृष्ण ! जा माद्री के पुत्रों से भी कहना कि यथार्थ सुख वह है, जो अपने वाहु वल से उपार्जन किया जाये। क्योंकि क्षत्रिय पुत्र के लिये कोई वस्तु सुखदायक नहीं हो सकती जिसे उसने अपने वाहुवल से प्राप्त नहीं किया है। अर्जुन से मेरे अन्तिम सन्देश यह कहना कि उसे वही करना धर्म है जो द्रौपदी कहे। द्रौपदी का नाम लेते ही कुन्ती के नेत्रों से फिर आँसू निकल पड़े। और उसके सारे अपमान का दृश्य उसके घूमने लगा। आख़िर जव मातृ प्रेम के समुद्र का ज्वार उतर चुका तो कृष्ण ने कुन्ती को सन्तोप देना आरम्भ किया। विचारे अभागे वेटों का नमस्कार माता के पवित्र चरणों पर रक्खा। उनके प्रेम पूर्ण सन्देश को माता को सुनाया। पुत्रों के धर्मभाव, उनकी वीरता उनकी सत्यता, उनकी दृढ़ता की अनेक वातें कुन्ती को सुनाई धर्म, ज्ञान

और फिलासफी के उपदेशों से उनके संतप्त हृदय को ठंढा किया। सारांश यह कि कृष्ण ने अपनी वाणी के चातुर्य से उसके दुःख को दूर किया और उसकी आन्तरिक बुझी हुई आशायें पुनः लहलहा उठीं। वीर राजपूतनी का सारा क्रोध कृष्ण की चापलूसी के आगे मोम की तरह पिघल गया। वह अन्त में कहने लगी कि हे कृष्ण ! अच्छा जो तुझे हितकर मालूम हो वही कर। मुझे तेरी बुद्धिमत्ता और चातुर्य पर पूर्ण विश्वास है। तू वही करेगा जिसमें मेरा और मेरे पुत्रों का लाभ होगा।

उपरोक्त बातों के होने के पश्चात् कुन्ती से आज्ञा लेकर कृष्णचन्द्र दुर्योधन के महल में गये। दुर्योधन और उसके सभासदों ने इनका बड़ा आदर सत्कार किया। फिर कृष्ण से भोजन करने के लिये प्रार्थना की परन्तु जब कृष्ण ने अस्वीकार किया, तो दुर्योधन ने पूछा कि महाराज ! आप मेरा अन्न जल क्यों नहीं ग्रहण करते। मैंने अनेक प्रकार से आपकी सेवा करना चाहा और अच्छे २ भोजन तैयार कराये परन्तु आप स्वीकार नहीं करते। आप मेरे प्यारे सम्बन्धी और दोनों पक्ष वालों के मित्र हैं, इसलिये, आपके लिये दोनों पक्ष समान हैं। कृष्ण ने उत्तर में कहा कि हे दुर्योधन दूतों के लिये यही आज्ञा है कि जब तक उनका कार्य सफल न हो तब तक दर्बार की पूजा स्वीकार न करें। इसलिये जब तक मैं अपने कार्य में सफल न होऊँगा तब तक आपके

महल में अन्न जल ग्रहण नहीं कर सकता। हाँ, सफलता होने पर मैं हर तरह से प्रस्तुत हूँ। इस पर दुर्योधन ने कहा कि महाराज! आपको उचित नहीं कि हमारे साथ ऐसा वर्ताव करें। हम आप की पूजा इस लिये करते हैं कि आप हमारे सम्बन्धी हैं। आपका कार्य हो वा न हो हमारा अन्न स्वीकार कीजिये। जिसमें हमारे हृदय में जो सेवा के भाव हैं वे उसी प्रकार बनेरहें। आपसे हमें कोई विरोध नहीं फिर आप क्यों हमारी सेवा स्वीकार नहीं करते। कृष्ण ने उत्तर दिया कि मेरा यह सिद्धान्त नहीं कि किसीको प्रसन्न रखने के अभिप्राय से वा क्रोध से अथवा किसी लाभ के हेतु मैं धर्म मार्ग छोड़ दूँ। मनुष्य किसी के घर तभी भोजन कर सकता है जब उसके हृदय में भोजन खिलनेवाले का प्रेम हो अथवा आपत्काल हो। अगर सच पूछो तो मेरे हृदय में न तो तेरे लिये तनिक भी प्रेम है और न मुझ पर आपत्काल ही है।

चौबीसवां अध्याय।

विदुर और कृष्ण की बात चीत।

इतिहास लेखक लिखता है कि रात का भोजन करने के पश्चात् जब विदुर और कृष्ण इकट्ठे हुये तो विदुर ने कृष्ण से कहा कि हे कृष्ण! तू व्यर्थ ही यहाँ आता है। मुझे पूर्ण विश्वास है कि तेरे उपदेश से कुछ लाभ न होगा।

दुर्योधन ने एक बड़ी फ़ौज जमा कर ली है। उसे अपने सैन्यबल पर इतना घमण्ड है कि वह अभी से अपने को विजयी समझने लगा है। धन और राजशक्तिके नशेमें इतना चूर है कि उसके दिल में जरा भी शक नहीं है कि इस महा-युद्ध में वह पाण्डवों को बुरी तरह परास्त करके सम्पूर्ण आर्यावर्त में अपना सिक्का बैठावेगा। धन और राजपाट के लोभ ने दुर्योधन की आँखों पर पट्टी बाँध दी है। उसके सभासद् भी उसी के समान कामी और क्रोधी इकट्ठे हो गये हैं। मुझे दुःख है कि तूने वृथा इन दुष्टों के पास आने का कष्ट उठाया। पाण्डवों का सहायक समझ कर वे सब तेरे रक्त के प्यासे हो रहे हैं। मुझे भय है कि वे तुझे कुछ हानि न पहुँचायें। इसलिये मेरा सम्मति है कि तू इस विचार को छोड़ दे और इनकी सभा में न जा, क्योंकि मुझे तेरे कार्य की सफलता की कुछ भी आशा नहीं। जिस सभा में भली या बुरी बातों का विवेक न हो वहाँ बात चीत करना व्यर्थ है। जिस प्रकार चाण्डालों के सामने ब्राह्मणों के वचन का सत्कार नहीं होता उसी तरह दुर्योधन की सभा में तेरे कथन का सन्मान नहीं होगा। पस ऐसे व्यर्थ काम से दूर रहना ही अच्छा है।

इसके उत्तर में कृष्ण जी बोले कि हे विदुर जी! आपके इस उपदेश के लिये आपका बहुत ही अनुगृहीत हूँ। धर्मात्मा और भद्र पुरुष ऐसी सलाह दिया ही करते हैं। परन्तु मुझे

खेद है कि मैं दृढ़ संकल्प होकर आया हूं कि कम से कम एक वार अवश्य इस वात का यत्न करूँ कि ये लोग ईश्वर की सृष्टि के खून से अपने हाथ को रँगने से बाज़ आवें।

इस समय मैं अपना कर्त्तव्य समझता हूँ कि देश को और विशेषतः क्षत्रियवंश को इस वारवादी से वचाने के लिये एक वार कोशिश करूँ। यदि इसमें मैं सफलीभूत हुआ तो मैं समझूँगा कि मैंने महान् धर्म का काम किया। नहीं तो कम से कम मुझे इतना हार्दिक सन्तोष तो अवश्य रहेगा कि मैंने अपनी ओर से यत्न करने में कुछ भी कमी नहीं की प्रत्येक सच्चे मित्र का धर्म है कि अपने मित्र को बुरे काम से वचाये। कौरव और पाँडव मेरे सम्बन्धी हैं, दोनों के साथ मुझे प्रेम है। इस समय मैं देखता हूँ कि दोनों दल एक दूसरे को मारने के लिये तत्पर हैं। इसलिये मेरा धर्म है कि इस उत्पात को मिटाने का यत्न करूँ। चाहे कोई माने वा न माने। वहुत देर तक विदुर और कृष्ण में इस तरह की वातें होती रहीं और श्रीकृष्ण अपने संकल्प में दृढ़ रहे।

धृतराष्ट्र की सभा में कृष्ण का दूतत्व।

दूसरे दिन प्रातःकाल श्रीकृष्ण ने अपने नित्यकर्म से छुट्टी भी नहीं पाई थी कि दुर्योधन उन्हें अपने दर्वार में ले चलने को आन पहुँचा। श्रीकृष्ण सन्ध्या और अग्निहोत्रादि से

छुट्टी पा कर उसके साथ हो लिये, और दर्बार में पहुँचे। जहाँ धृतराष्ट्र भीष्म और द्रोणादि ने खड़े होकर इनका स्वागत किया। कुछ इधर उधर की बातचीत होने के उपरान्त कृष्णचन्द्र धृतराष्ट्र से यों कहने लगे कि—

"हे राजन्! आपका कुल सारे आर्यावर्त में शिरोमणि है, शास्त्र मर्यादा में इस कुल ने बड़ी प्रतिष्ठा पाई है, आपका वंश ऐसा पवित्र है कि सदा दूसरों के दुःख में अपना दुःख समझता आया है और कभी धर्म का त्याग नहीं किया। दीनों पर दया और सदाचार में भी तुम्हारा कुल जगत विख्यात है। ऐसे कुल से कभी किसी निन्दनीय कार्य की आशा नहीं की जा सकती, इसलिये यही उचित है कि पांडवों से और तुमसे मेल हो जाये। मैं मेल कराने को आया हूँ, यदि इधर से आप मेल करने पर राजी हो गये और उधर मैंने कोशिश की तो मेल हो जाना कुछ असम्भव नहीं। दोनों का भला इसी में है कि आपस में मिलके निपट लें। आपस में मेल हो जाने से किसी की सामर्थ्य न होगी कि आपके कुलवालों पर नज़र डाल सके। पृथ्वी का राज तुम्हारे आधीन हो जायगा। यदि यह लड़ाई छिड़ गई तो इन सारे जीवों की हत्या का भार तुम्हारे सिर पर रहेगा। यदि पांडव मारे गये तब भी तुम्हें दुःख होगा, यदि तुम्हारे पुत्र मरे तो तुम्हारा जीवन वृथा हो जायगा। हे राजन्! देखो, देश के सारे राजे महराजे लड़ाई पर कमर बाँधे तैयार हैं।

इस लड़ाई में सब की बर्बादी है। इसमें न छोटा बचेगा न बड़ा, इसलिये हम पर दया करो और लड़ाई को बन्द करो, नहीं तो लहू की नदी बह निकलेगी और सारे भारतवासी इसमें प्रायः नष्ट हो जायेंगे।

हे नृप ! अपनी प्रजा को इस आपत्ति से बचाओ। पांडव भी तुम्हारे वंश हैं। जब उनका पिता परलोक सिधारा तो वे बालक थे। आपने उनका पालन-पोषण किया और निज संतान के समान शिक्षा दी, अतएव उन्हें निज सन्तान समझ कर उन पर दया करो और इस लड़ाई को बन्द करो।

बेचारा युधिष्ठिर तो धर्म के हेतु प्राण देने को भी तय्यार है। इस समय तक वह तुम्हारी आज्ञा पालन करता आया है। तुम्हारे पुत्रों ने उससे बराबर बुरा बर्ताव किया, परन्तु उसने कभी तुम्हारा वा तुम्हारे पुत्रों का बुरा नहीं विचारा ! देखो तुम्हारे पुत्रों ने द्रौपदी का कैसा अपमान किया ! उसके केश पकड़ कर उसे सभा में घसीट लाये परन्तु तब भी पांडवों ने सहन किया और बखेड़ा नहीं बढ़ाया। इसलिये कल्याण इसी में है कि युधिष्ठिर को उसका हक देकर इस बखेड़े को शान्त करो। मैं दोनों का शुभचिन्तक हूं, इस लिये धर्म के नाम पर, दोनों के कल्याण के नाम पर आप से अपील करता हूं कि आप सन्धि कर लें, नहीं तो इसका अन्त बड़ा भयानक होगा, और उसके उत्तरदाता आप होंगे।

राजा धृतराष्ट्र ने उत्तर में कहा कि हे केशव ! तुमने जो

कुछ कहा सत्य है। स्वर्गलोक जाने का यही मार्ग है। धर्म्म मर्यादा वही है जो तुमने बतलाया, परन्तु क्या तुम जानते नहीं कि मेरे पुत्र मेरे अधीन नहीं। दुर्योधन मेरी आज्ञानुसार काम नहीं करता और न वह अपनी माता गन्धारी का कहना मानता है। उस पर किसी के सदुपदेश का प्रभाव नहीं पड़ता, इस लिये हे कृष्ण! तू ही कृपा करके उसे समझा जिससे वह इस पाप कर्म से बचे।

इस पर कृष्ण ने दुर्योधन से कहा कि—

हे दुर्योधन! ऐसे उच्च वंश में जन्म पाया है। तुझे उचित है कि कोई ऐसा काम न कर जिससे तुझ पर वा तेरे पूर्वजों पर कलंक लगे। विद्या पाकर तुझे उचित नहीं है कि तू अनपढ़ लोगों के समान कार्य करे। इस समय तेरी इच्छा जिस ओर है वह अधर्म और पाप का मार्ग है। जो कार्य तूने करनेके लिये विचारा है, उसको धर्मात्मा और भद्र पुरुष नहीं करते। देख तेरे इस कार्य्य से कितने जीव नष्ट होंगे। तुझे वही करना उचित है, जिसमें तेरी, तेरे सम्बन्धियों और मित्रों की भलाई हो। पांडुपुत्र बड़े धर्मात्मा और सदाचारी विद्वान् वीर हैं। तुम्हारे पिता पितामह गुरु और दूसरे ज्येष्ठ पुरुषों की इच्छा है कि पांडुपुत्रों से सन्धि कर ली जाय इसलिये हे मित्र! तेरा कल्याण मेल करने में ही है। ऐसे उच्च वंश में जन्म लेने के कारण तुझे क्रोध करना अनुचित है। जो पुरुष अपने मित्रों के सदुपदेश को नहीं सुनता उसका कभी

भला नहीं होता और अन्त में उसे पश्चाताप करना पड़ता है तुझे भी उचित है कि तू अपने पूज्य पिता की आज्ञा उल्लंघन न करे, नहीं तो याद रख कि अन्त में दुःख पावेगा। पांडवों से मित्रता रखने में भी हर प्रकार से कल्याण है। तू ने उन्हें कितनी वार सताया पर उन्होंने तुझ पर कभी हाथ नहीं उठाया, और कभी तुझ से वदला लेने की इच्छा नहीं की। नहीं तो तू जानता है कि वीरता और धनुर्विद्या में अर्जुन का सामना करने वाला कोई नहीं। राजकुमार! तू अपने भाई वन्धु और इष्ट मित्रों पर दया कर। तुझे अपनी प्रजा पर भी दया करनी चाहिये नहीं तो सव युद्ध में नष्ट हो जायेंगे और लोग यही कहेंगे कि दुर्योधन ने स्वयं अपने कुल का नाश कर दिया। पांडुपुत्र इस पर सहमत हैं कि धृतराष्ट्र महा राजाधिराज माने जायँ और तुम्हें युवराज की पदवी दी जाय पर तुझे उनका आधा राजपाट उन्हें दे देना चाहिये। इस अवसर को अमूल्य समझ कर पांडुपुत्रों से मेल करके सुख और सुयश को प्राप्त हो।"

भीष्म द्रोण और विदुर ने भी अनेक प्रकार से दुर्योधन को सन्धि कर लेने की सलाह दी, पर दुर्योधन ने एक न सुनी और वोला कि हे महाराज! मैंने आपके वचन सुन लिये! विना सोचे विचारे मुझसे इस प्रकार वात चीत करना उचित न था। मैं नहीं समझता कि आप सव क्यों मुझे इस विषय में दोषी ठहराते हैं और पांडवों की सव वातों की

प्रशंसा करते हैं। वास्तव में आप के सन्मुख, विदुरजी, पिता जी, गुरुजी, तथा दादाजी, सब के सामने मैं ही दोषी हूँ पर मुझे अपने में कुछ दोष नहीं दिखाई देता। मैंने कोई अपराध नहीं किया। युधिष्ठिर ने अपनी इच्छानुसार चौसर खेला और दांव में अपना सारा राजपाट हार गये। फिर भी मैंने शकुनी से कह कर उनका राज पाट लौटा दिया पर उन्होंने पुनः दांव रखा और अन्त में देश त्याग का प्रण किया। मैंने किसी प्रकार उनके साथ छल नहीं किया। उन्होंने हमारे पुराने शत्रुओं की सहायता की और उनकी सहायता से हमारे देश पर आक्रमण करने और हमको लूटने पर तैयार हुये हैं।

भय से तो मैं इन्द्र के सामने भी सर झुकाने को तैयार नहीं। मैं क्षत्रिय हूँ, मुझे भय नहीं है। यदि युद्धमें मारा गया तो वीरगति पाऊँगा। क्षत्रियों का युद्धक्षेत्र में लड़ते २ प्राण विसर्जन करना ही मुख्य कर्तव्य है। लड़ाई में शत्रु के सामने सिर नीचा किये बिना यदि हम वीरता से लड़ते जांय तो इससे अच्छा और क्या हो सकता है? मेरे बाल्यवस्था में मेरे पिता ने अन्याय से इन्हें आधा भाग दिया था। मैं किसी तरह से उसे स्वीकार नहीं कर सकता। जब तक दम में दम है तब तक मैं सुई की नोक की बराबर भूमि भी उन्हें नहीं दे सकता।

दुर्योधन को ये बातें सुन कर कृष्णचन्द्र ने विराट रूप

धारण किया और क्रुद्ध होकर कहने लगे कि "हे दुर्योधन! क्या सचमुच तू बाणों की शय्या पर सोना चाहता है? अच्छा! तेरी इच्छा पूर्ण हो और शीघ्र पूर्ण हो। हे मूर्ख! क्या तू समझता है कि पांडवों के साथ कोई अन्याय नहीं किया है? ये सारे राजे महराजे जो यहाँ वर्तमान हैं यह कह सकते हैं कि तेरा यह कथन सत्य है? तू ने पांडवों को हानि पहुँचाने और उनको मारने के लिये क्या कुछ नहीं किया? उन्होंने दुर्योधन की एक एक करके सारी अनीतियाँ सुनाईं और फिर कहने लगे कि हे पापी! तू नहीं चाहता कि पांडवों को उनका पैतृक भाग मिले, यद्यपि वे नम्रता से केवल अपना हिस्सा माँग रहे हैं। यह याद रख कि तुझे भाग देना पड़ेगा और तू फिर पश्चात्ताप करेगा। तुझे धृतराष्ट्र भीष्म विदुर द्रोण और मैंने भली प्रकार समझाया पर तुझ पर किसी के समझाने का अवसर न हुआ। सत्य है, जब बुरे दिन आते हैं तो बुद्धि विपरीत हो जाती है और मनुष्य अभिमान से पूर्ण अपने इष्ट मित्रों के उपदेशों को तुच्छ समझने लगता है।

कृष्ण का यह कथन सुन कर सारे दर्बार में निस्तब्धता छा गई। अन्ततः दुःशासन बोला कि "हे दुर्योधन यदि तू आप संधि न करेगा तो राजाजी तेरे हाथ पैर बांध कर, हम लोगों को और कर्ण को पांडवों के हवाले कर देंगे, फिर तू क्या कर सकता है?"

यह सुन कर दुर्योधन पहिले तो बड़े सोच में पड़ गया,

फिर सर्प की तरह फुफकारता हुआ उठकर दर्बार से चला गया उसके साथ ही उसके भाई बन्धु और इष्ट मित्र भी चलते हुए। कृष्णने धृतराष्ट्र से कहा कि हे राजन्! अब तुम्हें भी उचित है कि तुम अपने इस दुराचारी पुत्र को बन्दी कर लो। बुद्धिमानी तो इसी में है कि कुल की भलाई के लिये एक पुरुष की परवाह न की जाय। यदि कुल के अनहित से देश वा जाति का हित हो तो कुल की परवाह न करनी चाहिये और आत्मा के उपकार के लिये संसार की परवाह नहीं की जाती। इसलिये हे राजन्! दुर्योधन को बन्दी करके पाण्डवों से सन्धि कर लो।

धृतराष्ट्र में इतनी सामर्थ्य कहां थी जो कृष्ण की इस वार्ता को स्वीकार करता। तुरन्त उसने अपनी रानी गान्धारी को दुर्योधन को समझाने के लिए कहा।

गान्धारी ने पहिले तो राजा को बहुत कुछ धिक्कारा। फिर कहने लगी कि इस सारे उपद्रवां के उत्तरदायी आप स्वयं हैं। आपही ने दुर्योधन को इतना सिर चढ़ा रक्खा था कि अब वह एक की भी नहीं सुनता। अन्त में दुर्योधन को बुलवाया और उसे इस प्रकार समझाने लगी कि हे पुत्र! तुझे अपने पिता पितामह गुरु और बड़ों की आज्ञा पालन करना चाहिये यही तेरा परम धर्म है। मेरी भी यही उत्कट इच्छा है कि आपस में सन्धि हो जाय। यदि तू हम सब की इच्छा पूर्ण करेगा तो हम सब तुझसे बड़े प्रसन्न होंगे,

अकेला कोई पुरुष भी राज्य नहीं कर सकता, विशेषतः वह पुरुष जिसकी इन्द्रियां उसके वश में न हों, कभी अधिक काल तक शासन नहीं कर सकता। शासन वही पुरुष कर सकता है जो अपने इन्द्रियोंको अपने वशीभूत रख कर बुद्धिमानी से वर्ताव करे। कामी वा क्रोधी राज्य के उपयुक्त नहीं होता। इसलिये पहले अपनी इन्द्रियों पर अधिकार पाना चाहिये। फिर संसार का राज्य मिल सकता है। मनुष्य पर शासन करना वड़ा कठिन है। संभव है कि सभी कोई दुष्टात्मा शक्तिमान् हो जाय, और उसे राज्य मिल जाय पर उससे उसका निर्वाह नहीं हो सकता। जो अपने को चक्रवर्ती वनाना चाहता है उसका प्रथम धर्म्म है कि अपनी इन्द्रियों को अपने अधीन करे। क्योंकि इससे वुद्धि की वृद्धि होती है। स्वाधीन इन्द्रियः स्वाधीन घोड़ों के तुल्य हैं जो अपने सवार को कभी न कभी गिरा देता है और घायल करता है। जो पुरुष अपनी इन्द्रियों को अपने अधीन किये विना अपने मित्रों में श्रेष्ठता पाने का यत्न करता है उसका यत्न निष्फल होता है। अपने मित्रों के सम्मान पाये विना जो अपने शत्रु पर विजय पाने की इच्छा रखता है उसकी इच्छा कभी पूर्ण नहीं होती। अतएव अपने इन्द्रियों पर प्रभुत्व पाना ही मनुष्यों का प्रथम कर्त्तव्य होना चाहिये। क्योंकि ऐसे ही पुरुष को सदा सुख मिलता है। काम और क्रोध को वुद्धिमानी से वश में करना चाहिये। जिस पुरुष

ने समस्त सांसारिक इच्छाओं को छोड़ दिया है पर काम और क्रोध उसके शरीर में वर्त्तमान हैं वह स्वर्ग कभी नहीं जा सकता। वही क्षत्रिय चक्रवर्ती राज्य पा सकता है, जिसने काम, क्रोध, और अभिमान को जीत लिया है।

इसी प्रकार उपदेश करती हुई गांधारी ने दुर्योधन को सर्व प्रकार से ऊंचा नीचा समझाया। कभी उसको अर्जुन और कृष्ण की वीरता का भय देती थी और कभी भीष्म धृतराष्ट्र और द्रोणादि के अप्रसन्न हो जाने का भय दिखाती थी पर उसने कुछ न माना। और अन्त में उठ खड़ा हुआ और दरवार से चलता हुआ।

पच्चीसवां अध्याय।

कृष्ण के दूतत्व का अन्त।

दर्वार से वाहर जाकर दुर्योधन ने अपने भाई वन्धुओं से सलाह कर कृष्ण को वन्दी करने के लिये निश्चित किया परंतु यह वात पूरी भी होने न पाई थी कि इसकी सूचना कृष्ण के एक भृत्य सात्यकि को मिल गई और उसने पहले तो अपनी सेना को तैयार होने की आज्ञा भेज दी और फिर कृष्ण को इस वातकी ख़वर दी और उनकी आज्ञा से धृतराष्ट्र को जतलाया कि उसके पुत्र क्या मनसूवा वांध रहे हैं।

सारा दरबार यह सुनके दंग रह गया। क्योंकि प्राचीनकाल में दूत को बंदी करना घोर पाप समझा जाता था। इसीलिये किसी को इसका विचार भी न था कि दुर्योधन ऐसी नीचता पर कमर बांध लेगा। धृतराष्ट्र लज्जा और क्रोध से कांपने लगे और दुर्योधन को बुलाकर बहुत धिक्कारा। कृष्ण दरबार से विदा होकर कुन्ती के पास आये और उसको सारा वृत्तान्त कह सुनाया और फिर पूछने लगे कि अब क्या करना उचित है। कुन्ती ने कृष्ण के द्वारा युधिष्ठिर को यह कहला भेजा कि हे पुत्र! तेरा यश दिन दिन घट रहा है। क्योंकि तू अहंकार में फँसा हुआ उस पुरुष के समान है जो बिना समझे बूझे वेदों के शब्दों को रट लेता है और इसलिये विद्वान् नहीं कहलाता। तू बिल्कुल भूल गया है कि परमात्मा ने उस वर्ण के लिये किस धर्म का उपदेश किया है जिसमें तूने जन्म लिया है। क्षत्रिय इसलिये उत्पन्न होता है कि वह केवल अपने बाहुबल पर भरोसा रखता हुआ प्रजा की रक्षा करे। सुरक्षित प्रजा के पुण्यकर्मों के फल का छठाँ भाग राजा के हिस्से में गणना की है। राजा को अपना धर्म पालन करने से देवता का पद मिलता है। पाप से वह नरकगामी होता है राजा का धर्मानुसार चारों वर्णों में न्याय करना तथा प्रत्येक अपराधी को दण्ड देना कर्तव्य हैं। इससे उसको मोक्ष मिलता है।

जिस समय राजा प्रजा के नियम का अच्छी तरह पालन

करता है उस समय को कृतयुग कहते हैं। ऐसे राजा को महान् सुख मिलता है। याद रखना चाहिये कि समय राजा के अधीन होता है। राजा समय के अधीन नहीं होता। जिस राजा के समय में त्रेता युग हुआ उसकी भी स्वर्ग की प्राप्ति होती है। पर वह स्वर्ग को बहुत अच्छी तरह नहीं भोग सकता। इसी तरह द्वापर युग का राजा इससे भी कम, और कलियुग में होने वाला राजा तो पाप में डूबा हुआ दुख भोगता है। और बहुत काल के लिये नरकगामी होता है। सत्य तो यों है कि राजा के पापों का उसकी प्रजा पर बहुत बड़ा प्रभाव पड़ता है और ऐसा ही प्रजा के पापों का फल राजा को भी भोगना पड़ता है।

इसलिये हे राजपुत्र! तुझको उचित है कि तू अपने मर्यादानुसार व्यवहार कर जो आचरण तूने ग्रहण किया है वह राजर्षियों के योग्य नहीं है। अनुचितदया, निर्बलता और निरुत्साह राजाओं का धर्म नहीं। तेरे पिता तेरे दादा तथा मैंने कभी तेरे लिये ऐसी बुद्धि का विचार नहीं किया। मैं तो सदा तेरे लिये यज्ञ दान और पुरुषार्थ की परमेश्वर से प्रार्थना करती आई हूं कि वह तेरे आत्मा को श्रेष्ठ बनावे और तुझे वीरता और पुरुषार्थ दे।

देवता जब प्रसन्न होते हैं तो आयु, धन और संतान की वृद्धि करते हैं। माता पिता की सदा यही इच्छा होती है कि उनकी सन्तान विद्वान् दानी और प्रजापालक हो। इस लिये

तेरा कर्तव्य है कि जिस वर्ण में तेरा जन्म हुआ है उसके धर्म का पालन करे (१) हे युधिष्ठिर! दान लेना ब्राह्मण का काम है तेरा काम नहीं। तू क्षत्रिय है तेरा धर्म यह है कि तू अपने बाहु बल से विपत्ति काल में दूसरों की सहायता करे। इस लिये अब विलम्ब क्यों करता है। क्यों अपने बाहुबलसे अपना राजपाट नहीं लौटा लेता? कैसे दुख की बात है कि तुझे जन्म देकर भी मैं दूसरों का दिया हुवा अन्न खाती हूँ (२) युधिष्ठिर तू क्यों अपने पूर्वजों के यश और कीर्ति में धब्बा लगाता है। उठ! वीरों की तरह युद्ध कर और धर्म मर्यादा को छोड़ कर भाइयों सहित पाप का भागी न बन। इसी तरह के सन्देह कुन्ती ने भीम और अर्जुन के लिये भी दिये और कृष्ण को प्यार से विदा किया।

—***—

छब्बीसवाँ अध्याय।

कृष्ण चन्द्र का कर्ण को लडाई में न जाने के लिये समझना।

जब कृष्ण अपने कार्य में असफल होकर दरबार से वापस चले तो उन्होंने चलते चलते एक और युक्ति लगाई। कर्ण के विषय में कहा जाता है कि पांडवों का सौतेला भाई है पर वह विवाह से पहले उत्पन्न हुआ था इसलिये कुन्ती

ने भी उसे अपना पुत्र स्वीकार नहीं किया था। पाठकों को याद होगा कि पांडवों को वाल्यावस्था में जब उनकी और धृतराष्ट्र के पुत्रों की परीक्षा ली गई थी तो कर्ण को अर्जुन के मुकाविले में वाण छोड़ने की आज्ञा नहीं दी गई। क्योंकि वह अज्ञात पुत्र था। उसी दिन से उसने प्रण किया था कि किसी तरह अर्जुन को परास्त करके इस अपमान का वदला लूंगा। इसी अभिप्राय से उसने दुर्योधन से मित्रता कर उसको अपना सहायक वना लिया। दुर्योधन की सेना में कर्ण और भीष्म अर्जुन के वरावर के योद्धा गिने जाते थे। दुर्योधन को विश्वास था कि इन दोनों के सामने अकेले अर्जुन की कुछ न चलेगी। इससे उसको इतना अभिमान था कि वह इस सन्धि को अस्वीकार करता था। कृष्णचन्द्र यद्यपि अन्तःकरण से चाहते थे कि लड़ाई न हो, पर पांडवों को उनका स्वत्व न मिले और सन्धि हो जाय इस वात को पसन्द नहीं करते थे। वह इसे पाप समझते थे। इसलिये हस्तिनापुर से प्रस्थान करने के पूर्व उन्होंने यह युक्ति लगाई कि कर्ण को उसके जन्म का यथार्थ परिचय देकर उसे दुर्योधन की सहायता करने से रोकें। कृष्ण ने कर्ण को वहुत तरह समझाया और पांडवों की ओर से यहां तक कहा कि आपस में सव से वड़े होने के कारण गद्दी के अधिकारी हैं पर इसपर भी कर्ण ने दुर्योधन का साथ छोड़ना अस्वीकार किया और अन्त में यह उत्तर दिया कि मैं दुर्यो-

धन से उसका साथ देने को दृढ़ संकल्प कर चुका हूँ। अब यदि चक्रवर्ती राज्य भी मिले तो उसका साथ नहीं छोड़ सकता। मैंने दृढ़ संकल्प कर लिया है कि या तो अर्जुन को युद्ध क्षेत्र में नीचा दिखा कर यश और कीर्त्ति पाऊंगा या उसके हाथ से मारा जाकर स्वर्ग प्राप्त करूँगा। कृष्णचन्द्र का यह अन्तिम प्रयत्न विफल हुआ। अब इसके अतिरिक्त दूसरा उपाय बाकी न रहा कि अपनी २ सेना तैयार की जाय। जब कृष्ण हस्तिनापुर से लौट आये तो युधिष्ठिर ने अपनी सेना के साथ प्रस्थान किया और कुरुक्षेत्र के मैदान में आ जमे और युद्ध की तैयारियां होने लगी।

सत्ताइसवाँ अध्याय

महाभारत का युद्ध।

भारत सन्तान के इन दोनों वंशों में संधि कराने की कोई युक्ति बाकी न रही। साम दाम आदि प्रत्येक नीति काम में लाई गई। पर किसी प्रकार भी अन्त अच्छा न निकला। तब अपने बाहु बल से अपना २ न्याय करना स्थिर किया गया। सत्य कहा है कि "विनाश काले विपरीत बुद्धि" भले और बुरे का ज्ञान नहीं रहता, बुद्धि पर मानों परदा पड़ जाता है और ऐसे ही समय पर कहा जाता है कि भाग्य

बड़ा प्रबल है। कर्मों की गति के सामने मानुषीय युक्ति वृथा हो जाती है। महाभारत की लड़ाई क्या थी, आर्य्य जाति के बुरे कर्मों का दण्ड था। राजा और प्रजा के एकत्रित पाप, मनुष्य रूप धारण करके कुरुक्षेत्र में इसलिये इकट्ठे हुए थे कि आर्य्यावर्त की विद्या, कला और कौशल में जो कुछ अच्छा हो उसे मिट्टी में मिला दिया जाय। ऐसा जान पड़ता था मानों अब आर्य जाति के विनाश का काल आ पहुँचा नहीं तो यह कब सम्भव था कि भीष्म युधिष्ठिर अर्जुन और द्रोण युद्धक्षेत्र में परस्पर प्राण के ग्राहक होंगे। गुरु और शिष्य अपने २ पद और नियम का पालन करते हुये प्राचीन आर्यावर्त की युद्धकला के अन्तिम गौरव का झलक दिखाकर उसे इसी भूमि में दफ़न करने के लिए एकत्रित होंगे। यह कौन जानता था कि महाराज शन्तनु के बाद तीसरी पीढ़ी में उसके वंश वाले यों ही युवावस्था की उमंग में आत्मबल के परीक्षार्थ सारे आर्यावर्त को मिट्टी में मिला देंगे और अपने हाथ से अपनी प्रतिभाशालिनी जाति को उन्नति शिखर से उतार कर अवनति के गढ़े में ढकेल देंगे। हाय इस परस्पर के गृहकलह ने भारत को नष्ट भ्रष्ट कर दिया। उन्नति स्वतंत्रता और धर्म को सर्वोच्चपद से उतार कर धराशायी कर दिया। महाभारत की लड़ाई क्या थी मानो हमारी स्वतंत्रता के लिये राजयक्ष्मा का प्रारम्भ था। इस रोग ने दासता का कवच पहनाया। मूर्खता की

नदी में गोते खिलाये। कवच भी ऐसा भारी था कि इसके बेड़ियों और कड़ियों ने ऊपर उठने का साहस न होने दिया। महाभारत की लड़ाई में जिस ढंग से दोनों सेनायें सुसज्जित की गईं तथा जिन सैनिकों ने जो वीर भाव दिखलाये, जिस ढंग से सेना खड़ी की गई, और उनसे धावा कराया गया, इत्यादि २ वृत्तान्त पढ़कर एक दीर्घ निश्वास लेना पड़ता है। हम इस बात के लिये तैयार हैं कि यदि इस युद्ध के बयान में से ९५ फ़ी सदी कवियों की अत्युक्ति मान ली जाय और ५ फी सदी सच मानी जाय तो यह हमको रुलाने के लिये कहीं अधिक है। क्या संसार में कोई ऐसी जाति बताई जा सकती है जिसके कवि ने अपने कवित्व के लिये शस्त्रों के नाम नये गढ़ लिये हों अथवा अनेक प्रकार के धावों के लिये कल्पित नाम बना लिये हों और लड़ाई का वर्णन सविस्तार लिखा हो, मानों वह केवल कवि ही नहीं किन्तु युद्धकला विशारद पूर्ण पण्डित हो।

मानुषिक शक्ति, मनुष्यों, पशुओं और शस्त्रों की संख्याओं के वर्णनों में कितनी ही अत्युक्ति क्यों न की जावे किन्तु संसार में न कोई ऐसा "होमर" जन्मा और न वर्जिल जिसने समरविद्या से अनभिज्ञ वा एक कायर जाति के लिये इलियड वा ऑडिसी लिख डाली हो। होमर और वर्जिल की कविता से यूनानियों और रोमियों की वीरता और मिलिटरी सायंस का भली भाँति परिचय मिलता है। वैसे

ही आर्यजाति की युद्ध विद्या में जो निपुणता थी वह महाभारत से अच्छी तरह प्रगट होती है। कवि की अत्युक्ति के लिये जो रियायत रखना हो वह रख लो, तब भी जो कुछ शेष बच जाता है वह नेत्रों के सामने एक विचित्र समा खड़ा कर देता है। यह सच है कि उन वीर आर्यों के उत्तराधिकारी अब उस भाषा का भी पूरा ज्ञान नहीं रखते जिसमें ये घटनायें वर्णित हैं। इनके लिये इस युद्ध का वर्णन ऐसा है जैसे आङ्ग्ल भाषा से एक अनभिज्ञ पुरुष के लिये मिलटन का पेरेडाइज़ लॉस्ट।

अभिप्राय यह है कि दोनों ओर से युद्ध ठन गया। दोनों ओर से सेना सुसज्जित कर सामने की गई। सेनाओं को स्थान स्थान पर विभक्त कर अफसर नियत कर दिये गये। एक ओर से सेना का आधिपत्य भीष्म पितामह को दिया गया और दूसरी ओर से धृष्टद्युम्न को। शंख घड़ियाल आदि बाजों की ध्वनि से आकाश पाताल गूँज उठा। घोड़ों की टाप से मानों पृथिवी कम्पायमान हो गई। अफसरों की प्रभावशाली वक्तृता से सैनिकों का मानों रक्त उबल रहा था। घांड़े रानों से निकलने लगे, शस्त्र हाथों से उछलने लगे, योधा युद्ध करना, घोड़े उड़ जाना और हाथी काटना चाहते थे। इस मैदान में जो कुछ था वह भयंकर हिंसा पर तुला हुआ था। भाई भाई से, दादा पोते से, गुरु शिष्य से लड़ने के लिये तत्पर थे।

सारे स्नेह को छोड़ कर बात २ में भाई भाई के रक्त का प्यासा दीख पड़ने लगा। अहो ! क्या ही दृश्य था। आर्या-वर्त जैसे महान् देश की सारी लड़ाकी जातियाँ अपने अस्त्र शस्त्र से सुसज्जित होकर लड़ने के लिये तैयार थीं।

सत्य है किसी देश की समृद्धि को देखना हो तो वहाँ की सेना को देख लो। क्योंकि अपने शत्रु के सामने आने के लिये प्रत्येक जाति अपनी पूरी शक्ति को प्रगट करने का यत्न करती है।

महाभारत के युद्धारम्भ के आरम्भ के पूर्व कुरुक्षेत्र का मैदान एक प्रदर्शिनी के समान था जिसमें भारतवर्ष का पूरा वैभव दृष्टिगोचर होता था। परदे विचित्र थे। बाजे गाने विचित्र थे और साथही ऐक्टर भी अपने २ गुण में पंडित थे, जो फिर इसके बाद आर्य्यावर्त्त के स्टेज पर नहीं आये। इस स्टेज से अर्जुन ने कृष्ण को आज्ञा दी कि मेरा रथ दोनों सेनाओं के मध्य में खड़ा करो जिसमें दोनों दल को अच्छी तरह एक दृष्टि देख लूँ। कृष्ण ने तत्काल आज्ञा का पालन किया। अर्जुन और कृष्ण दोनों सेनाओं के बीच आ खड़े हुये। ज्योंही अर्जुन की दृष्टि कुरुसेना पर पड़ी और भीष्म और द्रोण को देखा तो उनका हृदय विचलित हो गया। इस समय वैराग्य के भाव उनके हृदय में उठने लगे। यहाँ तक कि अर्जुन ने विवश होकर कहा कि सांसारिक सुख वा राजपाट के लियेमुझे भीष्म और द्रोण जैसे सत्पुरुष

और धृतराष्ट्र के पुत्रों का वध करना स्वीकार नहीं। युद्ध नहीं करूँगा। कृष्ण उनकी यह बात सुन अचम्भित रह गये।

उसने सबसे पहिले अर्जुन को क्षत्रिय धर्म बतलाया और तिरस्कार से काम निकालना चाहा। उसने दोनों सेनाओं की ओर संकेत करके पूछा, कि हे अर्जुन आर्यों में तो ऐसी कायरता नहीं होती, जैसी इस समय तू दिखा रहा है। देख दोनों दल वाले लड़ने के लिये कमर बांधे खड़े हैं। तू इस समय यदि इस मिथ्या वैराग्य में फँस कर मैदान छोड़ कर भाग खड़ा होगा तो लोग क्या कहेंगे। तेरे शत्रु तेरी वीरता में स देह करके तेरी निन्दा करते फिरेंगे। क्षत्रिय का धर्म लड़ना है। क्षत्री युद्ध में मारे जाने से सीधे स्वर्ग जाता है। यदि तू सफल हुआ तो इस पृथ्वी का राज्य और सुख तेरे साथ रहेंगे। पर अर्जुन के हृदय पर ऐसी चोट लगी थी कि उस समझाने का कुछ भी असर उसपर न हुआ। निदान कृष्ण ने आत्मा के विषय का उपदेश किया और कहा कि वह न तो जन्म लेता है और न मरता है। न कोई इसे जला सकता है और न मार सकता है। फिर तेरा विचार कैसा मिथ्या है कि मैं भीष्म और द्रोण को मारकर सांसारिक सुख भोगने की इच्छा नहीं रखता।

न तुझमें यह शक्ति है, कि तू इनको मार सके और न उनमें यह शक्ति है कि वह तुझे मार सकें। आत्मा पर न

तो लोहे की मार है और न अग्नि की। मरने और मारने वाला तो यह शरीर है जो आत्मा का वस्त्र है। यह शरीर नाशवान् है। परमात्मा ने जो धर्म जीवात्मा के लिये नियत किया है उसके पूरा करने के लिये उसके योग्यतानुसार उसे वह शरीर प्रदान किया जाता है। जीवात्मा का यह काम नहीं कि इस शरीर के रक्षार्थ अपना धर्म कर्म छोड़ दे और ममता के भ्रम में पड़कर यथार्थ धर्म का परित्याग करे। जीवात्मा का यही धर्म है, कि शरीर से वही काम ले जिसके लिये यह दिया गया है। यह शरीर धर्म के अनुकूल कर्म करने के लिये दिया गया है न कि अपनी इच्छानुसार काम करने के लिये। जो लोग अपनी इच्छा को प्रधान मान कर काम करते हैं वे कर्म के फेर में फँसे रह कर यथार्थ धर्म से दूर रह दुःख सुख के बन्धन में फँसे रहते हैं। परन्तु जो लोग अपनी इच्छा का परित्याग करके शरीर को निष्काम कर्म में लगाते हैं वे सचाई को पाकर शारीरिक प्रयोजन वा उसके बन्धनों से स्वतन्त्र हो जाते हैं और मोक्ष को प्राप्त होते हैं। अतएव तुझे उचित है कि क्षात्र धर्म का पालन करता हुआ ममता का विचार छोड़ दे और अपने धर्म पर स्थिर रह, क्योंकि ऐसा न करने से तो घोर पाप का भागी बनेगा और नरक में गिरेगा।

नोटः—पाठक! यह कथन उस उपदेश का सार है जो कृष्ण ने कुरुक्षेत्र में अर्जुन को दिया था और जिसके प्रभाव

में आकर अर्जुन फिर लड़ने पर कटिबद्ध हो गये थे। साधारणतः यह विश्वास किया जाता है कि सारी गीता का उपदेश कृष्ण ने अर्जुन को युद्धक्षेत्र में ही किया था। हमको इसके मानने में संदेह होता है। पर यदि यह सत्य है तब भी गीता का सार यही है जो हमने ऊपर कह दिया है। चूंकि हमारी इच्छा है कि इस पुस्तक के दूसर भाग में भगवती का उर्दू अनुवाद छपवायें इसलिये हम गीता का उपदेश सविस्तार यहाँ वर्णन नहीं करते। गीता के उर्दू अनुवाद की भूमिका में हम इस विषय में प्रकाश डालेंगे कि आया गीता कृष्ण रचित है या नहीं। यहाँ केवल इतना ही लिख देना पर्याप्त है कि हम गीता को कृष्ण रचित नहीं मान सकते। अलबत्ता गीता के असल उपदेश को कृष्ण का उपदेश मानते हैं। जब तक लड़ाई होती रही तब तक कृष्ण जी बराबर अर्जुन के साथ रहे और यद्यपि इन्होंने स्वयं शस्त्र चलाया पर इसमें सन्देह नहीं कि कृष्ण की उपस्थिति से पांडवों को बड़ी सहायता मिलती रही। सारी लड़ाई में वह पांडवों को सलाह देते रहे और स्थान २ पर इनको सेना को भी प्रोत्साहित करते रहे। युद्ध को सविस्तर वर्णन करना इस पुस्तक के आशय के बाहर है। अतएव हम केवल उन घटनाओं का उल्लेख करेंगे जिनसे कृष्णचन्द्र का सम्बन्ध है वा जिससे कृष्ण के जीवन पर कुछ प्रकाश पड़ता है।

अट्ठाइसवां अध्याय ।

भीष्म का पराजय ।

जिस दिन प्रातःकाल लड़ाई का आरम्भ हुआ उसके पहिले दिन सायंकाल को युधिष्ठिर ने कवच और शस्त्रादि उतार कुरुसेना की ओर प्रस्थान किया। उसके भाई तथा उसकी सेना आश्चर्य में थी कि महाराज यह क्या कर रहे हैं, शस्त्र रहित शत्रु की ओर क्यों जारहे हैं, शत्रु दल भी चकित था कि युधिष्ठिर यह क्या कर रहा है! उसके भाई उसके पीछे दौड़े और उससे इस विचित्र कार्य का कारण पूछने लगे इसके साथ कृष्ण जी भी थे। जब युधिष्ठिर ने अर्जुन की बातों का कुछ उत्तर न दिया तो कृष्ण उनके अर्जुनादि भाइयों को समझाने लगे कि लड़ाई से पहले युधिष्ठिर अपने कुल के गुरुओं और आचार्यों के पास लड़ाई की आज्ञा लेने जाता है क्योंकि शास्त्र ऐसा ही लिखते हैं। युधिष्ठिरजी अपने भाइयों को साथ लिये भीष्मजी के डेरे में पहुंचे और उनके चरणों पर सिर धर दिया और फिर लड़ाई की आज्ञा मांगी। भीष्मजी युधिष्ठिर की इस उदार नीति पर बड़े प्रसन्न हुये और आशीर्वाद दिया कि "पुत्र! मैं प्रसन्न चित्त से तुम्हें लड़ाई करने की आज्ञा देता हूं। मेरी समझ में तू सत्य मार्ग पर है परमात्मा तेरी वृद्धि करें।" भीष्म का आशीर्वाद लेकर युधिष्ठिर अपने आचार्य्य

के पास गया, और इसी तरह उनसे आज्ञा ली और फिर कृपाचार्य्य शल्प इत्यादि के पास से होता हुआ अपने डेरे को वापस आया।

इसके पश्चात् लड़ाई छिड़ गई। दस दिन तक कुरुसेना भीष्म के सेनापतित्व में लड़ती रही, कुरुसेना का सेनापति भीष्म अपने काल का विख्यात योद्धा था। पांडवों की सेना में यदि कोई उसकी बराबरी का था तो वह केवल अर्जुन था। दूसरे में ऐसी शक्ति न थी कि भीष्म के बाणों के आगे ठहरता। पाँडव अच्छी तरह से जानते थे कि जब तक भीष्म जीवित रहेंगे तब तक जय पाना असंभव है, इस लिये वे अनेक प्रकार से भीष्म पर आक्रमण करते थे, पर हर बार भाग खड़े होते थे। तीन दिन की लड़ाई में भीष्म ने युद्ध भूमि को रक्तमय कर दिया। जिधर जा पड़ता था उधर ही बात की बात में सैकड़ों और हजारों खेत रहते थे। कृष्ण ने इस दिन की लड़ाई से यह अनुभव किया कि अर्जुन जी से नहीं लड़ता और भीष्म पर मार करने से झिजकता है!

उसे विश्वस था, कि अर्जुन के अतिरिक्त और किसी में यह पुरुषार्थ नहीं जो भीष्म को नीचा दिखावे और जब तक भीष्म को नीचा न दिखावे और जब तक भीष्म जीवित हैं तब तक पांडवों का मनोरथ सफ़ल होना दुर्लभ है। इसलिये तीसरे दिन की लड़ाई में जब इन्हें पूरा विश्वास हो गया

कि अर्जुन जी तोड़ के नहीं लड़ता और भीष्म पर धावा करते मुँह मोड़ता है, वे मारे क्रोध के रथ से उतर पड़े और शस्त्र हाथ में ले यह कहते हुये भीष्म की ओर चले कि जिसको जाना हो वह चला जाय, जो मरने से डरता है वह पीछे रहे। यदि कोई भीष्म पर वार नहीं करता तो मैं आप भीष्म को मार गिराऊँगा। कृष्ण की यह दशा देख अर्जुन कुछ लज्जित सा हुआ और मन में सोचने लगा कि कृष्ण ने तो लड़ाई में शस्त्र न चलाने का प्रण किया था; यदि क्रोधवश अपना प्रण भंग कर बैठा तो इसका पाप मेरे सिर होगा। यह सोचकर वे भी कृष्ण के पीछे हो लिये। कुछ दूर जाने पर उनको पकड़ लिया और शपथ खाकर कहने लगे कि आप चिन्ता न करें, मैं भीष्म को मारूँगा। इस क्रोध के आवेश से कृष्ण का यही अभिप्राय था। अतएव अर्जुन से यह बात सुन के कृष्ण ठंढे हो गये और फिर रथ पर आ बैठे। अब अर्जुन ने बड़े उत्साह से युद्ध आरम्भ किया। यहाँ तक कि लड़ाई का समाँ बदल दिया और हजारों आदमियों को मिट्टी में मिला दिया। पर फिर भी जब तक भीष्म जीवित थे तब तक लड़ाई का बंद होना असंभव था, इसलिये पांडवों ने उनको पराजित करने के लिये अपनी समस्त शक्ति लगा दी।

उधर से दुर्योधन और उसके भाइयों ने पूर्ण रीति से भीष्म की रक्षा की और उनकी सहायता का प्रबन्ध किया।

यहाँ तक कि सात दिन इसी दाँव पेच में समाप्त हो गये। नित्य प्रति हजारों का वारा न्यारा होता रहा। परन्तु सात दिन तक न भीष्म रणक्षेत्र से हटे और न अर्जुन को किसी प्रकार का कष्ट पहुँचा। सातवें दिन अर्जुन और शिखण्डी ने मिल कर भीष्म को अपने वाणों से लोटा दिया। अन्त में वृद्ध, वालजितेन्द्रिय और वाल ब्रह्मचारी भीष्म युद्ध के योग्य न रहे और गिर पड़े। और जब भीष्म युद्ध के योग्य न रहे और गिर पड़े। जब भीष्म के गिरने का समाचार सैन्य दल में फैल गया तो द्रोण की आज्ञा से लड़ाई बन्द हो गई और दोनों ओर के योद्धा मान मर्यादा के विचार से उनके सिरहाने एकत्रित हुए। भीष्म ने तकिये के लिये इच्छा प्रगट की। दुर्योधन इत्यादि ने भांति २ के बहुमूल्य और नरम तकिये मँगाये जिनको भीष्म ने अस्वीकार किया। तत्पश्चात् अर्जुन से कहा कि मेरी अवस्था के अनुसार मेरे लिये तकिये बना दे। अर्जुन ने ऐसी योग्यता से तीन वाण भूमि पर चलाये कि इन तीन वाणों ने भीष्म के सिर के लिये तकिये का काम दिया। वाण शय्या के लिये वाणों की ही तकिया उपयुक्त थी। भीष्म ने बहुत प्रसन्न होकर अर्जुन को आशीर्वाद दिया।

भीष्म की मृत्यु के सम्बन्ध में यह कहावत है कि जिस समय वह गिरे उस समय अगणित वाण लगे हुये थे और वह इसी तरह वाणों पर पड़े हुये कई दिन तक जीवित रहे

मानो उनकी शय्या बाणों की बनी हुई थी और इसीलिये अर्जुन ने बाणों का सिरहना उनके लिये बनाया जिससे वह अति प्रसन्न हुए।

नोट—भीष्म और अर्जुन के युद्ध के सम्बन्ध में एक और कहावत है जो साधारण दृष्टि में पीछे से मिलाया गया हो ऐसा प्रतीत होता है। कहावत इस प्रकार है कि जब ६ दिन तक लड़ाई होती रही और भीष्म को कुछ हानि न पहुँची तब पांडव अधिक सोच में पड़े। तत्पश्चात् कृष्ण ने युधिष्ठिर को यह सलाह दी कि भीष्म के पास चलो और उनसे पूछो कि आपको किस भांति से पराजित किया जाय। जब युधिष्ठिर ने भीष्म के समीप जाकर यह प्रश्न किया तो भीष्म ने यह उत्तर दिया कि तुम्हारी सेना में जो युवराज शिखंडी राजा पंचाल का पुत्र है उसका स्वरूप स्त्रियों के समान है यदि वह मेरे ऊपर आक्रमण करेगा तो वह निश्चिय मुझे मारने में समर्थ होगा क्योंकि मैं उससे स्वयं युद्ध नहीं करूंगा।

भीष्म के पास से लौटने पर पांडवों ने यह निश्चय किया कि दूसरे दिन शिखंडी को ही सामने करके धावा किया जाय। जब दूसरा दिन हुआ तो अर्जुन ने शिखंडी को ही अगुआ बनाकर धावा किया। भीष्म भी इस युद्ध में अर्जुन को बराबर का उत्तर देता रहा और दुर्योधन की

सेना के अन्य शूर वीर लोग भी शिखंडी पर लक्ष्य करके निशाने मारते रहे।

बहुत से जाँच करने वाले व्यक्ति तो इस बात को पीछे की मिलावट ही मानते हैं क्योंकि यह समस्त वृत्तान्त ही सत्यता का विश्वास नहीं दिलाता। प्रथम तो भीष्म ऐसे व्यक्ति से कब सम्भव था कि वह अपने शत्रु को अपनी मृत्यु का उपाय बतला कर दुर्योधन से विश्वास घात करता। भीष्म तो दुर्योधन के पक्ष में युद्ध की प्रतिज्ञा कर चुके थे क्योंकि वह राजा धृतराष्ट्र के सभासद थे और विपक्ष में उनके वंशविरोधी महाराज पंचाल थे। अन्तःकरण से तो वे युधिष्ठिर के ही पक्ष पर थे और जानते थे कि दुर्योधन और धृतराष्ट्र गलत रास्ते पर है परन्तु अपने व्यक्तिगत विचारों से वे उन कर्तव्यों को समूल नष्ट नहीं कर सक्ते थे जोकि कौरव राज्य के प्रतिष्ठित सभासद होने के सम्बन्ध से उन पर थे। इधर युधिष्ठिर को उन्होंने राजा मान लिया था। न तो वह अपने राजा के विरुद्ध शस्त्र ही उठा सकते थे और न युद्ध से विमुख ही हो सकते थे। यह प्रगट है कि शिखण्डी के रण में सामने आने पर भी भीष्म उस समय तक लड़ते रहे जब तक कि अर्जुन ने अपने बाणों के बौछार से उसके सारथि को मार न डाला। फिर उसके धनुष को गिरा दिया। भीष्म जो तीर निकालते थे उसको भी अर्जुन काट डालता था। अशक्त होने पर अपनी तलवार व ढाल

लेकर रथ से उतरने लगे। कदाचित् इस विचार से कि अब तलवार की लड़ाई लड़ें। परन्तु अर्जुन ने तीरों की लगातार वर्षा से ढाल व तलवार भी हाथ से गिरा दी, यहाँ तक कि वृद्ध भीष्म नवयुवक अर्जुन के तीरों से अशक्त होकर भूमि पर गिर पड़े। इसके गिरते ही महाभारत की लड़ाई का प्रथम सीन (दृश्य) समाप्त हो गया! [१] तीरों की शय्या पर पड़े हुये भीष्म ने बहुत कुछ दुर्योधन को मेल करने का उपदेश किया परन्तु दुर्योधन कब मानने वाला था। उसको अपनी सेना के समूह पर इतना भरोसा था कि भीष्म के पराजय होने पर भी उसको अपनी अन्तिम जय की पूरी आशा थी।

उनतीसवां अध्याय।

महाभारत के युद्ध का दूसरा दृश्य
द्रोण का सेनापतित्व

भीष्म के पराजय के दूसरे दिन दुर्योधन ने अपनी सेना का आधिपत्य महाराज द्रोणको सौंपा। यद्यपि द्रोण जाति के ब्राह्मण थे तथापि युद्ध विद्या और शस्त्रविद्या में अपने समय के आचार्य तथा इस विद्या में बड़े निपुण थे। युधिष्ठिर, अर्जुन, भीम, दुर्योधन इत्यादि सब इनके शिष्य थे जिनमें

अर्जुन, इस विद्या में सब से निपुण था। कुछ युद्ध कला ऐसी थी जिसे उसने अर्जुन को छोड़ और किसी को नहीं सिखलाई थी।

द्रोण के सेनापतित्व में बड़े जोर से युद्ध आरम्भ हुआ और अधिक मार काट होती रही। एक दिन अर्जुन लड़ाई का मैदान छोड़ कर एक किनारे पर कौरव सेना के उस भाग से युद्धकर रहे थे जिसे द्रोण ने दुर्योधन के आधिपत्य में भेजी थी। पीछे से द्रोण ने पांडवों पर ऐसे दाँव पेंच लगाये कि वे घबड़ा गये। उन्होंने पांडवों के एक बड़े समूह को ऐसे व्यूह में घेर लिया कि उनके लिये बचना कठिन हो गया क्योंकि पाण्डवों की सेना में अर्जुन के अतिरिक्त और कोई इस व्यूह की लड़ाई को नहीं जानता था। अर्जुन का पुत्र अभिमन्यु जो केवल १६ वर्ष का युवक था, कुछ २ इस व्यूह विद्या को जानता था। इसलिये वह से रणक्षेत्र में उतर आया और बड़ी वीरता से लड़ने लगा। इस १६ वर्ष के युवकने कौरव सेनापतियों व सरदारों को इतना तंग किया कि उन्होंने इसके अतिरिक्त और कोई उपाय न सोचाकि सात चुने हुए महारथी (जिसमें द्रोण स्वयं भी सम्मिलित थे) एकत्र होकर उस पर आक्रमण करने लगे अभिमन्यु अभी बालक ही था। उसमें इतनी सामर्थ्य कहाँ थी कि इन सात योद्धाओं के साथ सफलता से सामना करता। बेचारा युद्ध करता हुआ रणमें घायल हो गया और गिरते ही

जयद्रथ ने उसका सिर काटलिया। अभिमन्यु का वध होना था कि पांडवों के दल में रोना पीटना होने लगा। अभिमन्यु कृष्ण की बहिन सुभद्राका पुत्र था। सारे पांडव उसको बहुत प्यार करते थे। सारी सेना उसकी सुन्दरता, वीरता, युद्ध कुशलता और बाण विद्या पर मुग्ध थी। सायंकाल जब लड़ाई बंद हुई तो कृष्ण और अर्जुन लड़ते-लड़ते कैम्प में आये तो सारी सेना को विलाप करते हुए पाया। अर्जुन की आंखों के सामने अन्धकार छा गया। युधिष्ठिर अलग बेसुध थे। अंत में कृष्ण ने अपनी चतुर नीति से फिर सब को धैर्य दिया और अर्जुन को समझाने लगे कि अभिमन्यु तो युद्ध करता हुआ सीधा स्वर्गधाम को सिधारा। तुम क्षत्रिय-पुत्रकी मृत्यु पर रुदन करके क्यों अपना परलोक बिगाड़ते हो। क्षत्रियों के लिये ऐसी मृत्यु बड़े सौभाग्य से मिलती है। बस इसी प्रकार उसने अपनी बहिन सुभद्रा और दूसरे सैनिकों को भी संतोष देकर शांत किया।

अर्जुन को यह बतलाया गया कि सिन्ध के राजा जयद्रथ ने अभिमन्यु का सिर काटा है। अर्जुन ने उसी समय यह प्रतिज्ञा की कि कल सायंकाल के पहले मैं जयद्रथको मारकर अपने पुत्र का बदला लूँगा, नहीं तो स्वयं जीते जी अग्नि में जल कर भस्म हो जाऊँगा। अर्जुन की इस प्रतिज्ञा से कृष्ण को बड़ी चिन्ता हुई। उन्होंने सोचा कि अर्जुनकी इस प्रतिज्ञा की खबर अभी दुर्योधन को पहुँच जायगी और वह ऐसा

प्रबन्ध करेगा कि जयद्रथ अर्जुन के सामने ही न आवे और दूर ही दूर रहे, उसके लिये यह कठिन भी न होगा कि कल सायंकाल तक किसी न किसी प्रकार जयद्रथ को बचा सके। यदि कल सायंकाल तक जयद्रथ न मारा गया तो बस अर्जुन का अन्त है। इसलिये उसने अपने सारथि को आज्ञा दी कि "कल मेरा रथ पूर्ण रीति से सुसज्जित रहे।" क्योंकि अर्जुन की जान बचाने के लिये यही आवश्यकता हुई तो मैं स्वयं ऐसी रीति व्यवहार में लाऊँगा जिससे जयद्रथ मारा जावे और अर्जुन बचा रहे।

दूसरे दिन जब युद्ध आरम्भ हुआ तो दुर्योधन ने अपनी सेना को इस भांति से जमाया जिससे जयद्रथ एक किनारे पर रखा गया और कुल सामग्री उसके बचाव के लिये की गई। क्योंकि कौरवों के लिये जयद्रथ का सायंकाल तक जीवित रहना जय प्राप्त करने के समान था। पांडवों की सेना में से यदि अर्जुन निकल जाता तो फिर दुर्योधन के जीतने में क्या शंका थी। अगले दिन कृष्ण ने सारथि के ऐसे गुण दिखाये कि युद्ध के बीचो बीच व्यूह को चीर कर इस रीति से अर्जुन को जयद्रथ के सामने लाकर खड़ा किया कि जयद्रथ के लिये लड़ने के अतिरिक्त और कोई उपाय न रहा। ऐसा क्यों न होता जब कि अर्जुन जैसा महाबली वीर और कृष्ण जैसा सारथि हो। कृष्ण तो सारथिविद्या का कौशल दिखा सकते थे परन्तु उनका

कौशल किस काम आता यदि अर्जुन उपस्थित वीरों से अपने आपको न बचाता। क्योंकि सारे रास्ते में भयङ्कर युद्ध होता रहा। कौरव सेना के सब बड़े बड़े योद्धा बारी २ से लड़ते थे। कभी भिन्न भिन्न और कभी कई एकत्र होकर अर्जुन से युद्ध करते रहे, परन्तु वीर अर्जुन सब से युद्ध करता हुआ किसी को मारता, किसी से बचता, किसी को अपनी सेना के दूसरे योद्धाओं को सौंपता अपनी जान को हथेली पर लिये बाणवर्षा, निशानेबाज़ी और युद्ध के कर्तव्य दिखलाता हुआ जयद्रथ के सामने जा पहुँचा और उसको युद्ध करने पर बाध्य किया और युद्ध में उसका सिर काट कर अपनी प्रतिज्ञा पूरी की।

इस प्रकार कई दिन लड़ाई होती रही और दोनों दल के प्रसिद्ध २ क्षत्रिय मृत्यु के मुँह में जाते रहे। द्रोण कई दिनों तक बड़ी वीरता तथा चतुरता से पांडव सेना का नाश करते रहे परन्तु अन्त में वे इतना घायल हो गये कि शस्त्र उनके हाथ से गिर गये और धृष्टद्युम्न ने उनका सिर काट लिया। द्रोण की मृत्यु से महाभारत के युद्ध का दूसरा दृश्य समाप्त हुआ। दूसरा दृश्य क्या समाप्त हुआ मानों युद्ध का अर्धभाग समाप्त हुआ।

नोट—द्रोण की मृत्यु के सम्बन्ध में एक कहावत है जो वास्तव में पीछे को मिलाई हुई मालूम होती है। वह इस प्रकार है कि द्रोण ने युद्ध में इस प्रकार के शस्त्र प्रयोग किये

जो दूसरी ओर के लोग नहीं जानते थे और इसलिये वे इन शस्त्रों की मार से बचने की प्रणाली से अनभिज्ञ थे। जिसका परिणाम यह हुआ कि द्रोण ने पांडव सेना को बड़ी हानि पहुँचाई। इस हानि को देखकर श्रीकृष्ण ने युधिष्ठिर को यह सलाह दी कि द्रोण को किसी न किसी प्रकार मारना चाहिये। चाहे इस अभिलाषा के लिये कोई झूठी अधर्म की चाल क्यों न चलनी पड़े और यह सम्मिति दी की यदि द्रोण का पुत्र अश्वत्थामा मारा जाय तो वह लड़ना छोड़ देगा। इसलिये मिथ्या ही उसको यह खबर पहुँचा दी जाय कि अश्वत्थामा मारा गया।

अर्जुन और युधिष्ठिर ने इस सलाह को अस्वीकार किया परन्तु भीम और अन्य दर्बारियों को यह चाल बहुत पसन्द आई और उन्होंने युधिष्ठिर पर दबाव डाला कि स्वयं आप अपने मुख से कहें क्योंकि आपके अतिरिक्त और किसी के कथन का द्रोण को विश्वास न होगा।

युधिष्ठिर ने बहुत कुछ संकोच किया परन्तु भीम इत्यादि ने उस पर बड़ा जोर डाला इसलिये यह निश्चित करके जब अश्वत्थामा नाम का हाथी मारा गया तब द्रोण पर यह प्रगट किया गया कि तुम्हारा पुत्र अश्वत्थामा मारा गया। परन्तु उन्होंने किसी के कहने पर विश्वास नहीं किया और युधिष्ठिर से पूछा। युधिष्ठिर ने कहा कि "हाँ, अश्वत्थामा मारा गया" परन्तु धीरे से यह भी कह दिया—"हाथी" द्रोण

ने "हाथी" तो सुना नहीं और अपने पुत्र की मृत्यु का समाचार सुन कर बड़ा दुखित हुआ। यद्यपि उसके बाद बराबर लड़ते रहे परन्तु हृदय टूट जाने से दुःखित होकर शस्त्र छोड़ दिये। उनके शस्त्र छोड़ते ही धृष्टद्युम्न ने उनका सिर काट डाला।

अनेक विद्वानों की सम्मित है कि यह बात पीछे से मिलाई गई है। द्रोण ब्राह्मण थे और धृष्टद्युम्न क्षत्रिय था। क्षत्रिय के लिये ब्राह्मण का मारना उचित नहीं था। इस कारण पांचाल दर्बार के किसी कवि ने अपने राजपुत्र से ब्रह्महत्या का पाप दूर करने के लिये इस युद्ध का सारा बोझ श्रीकृष्ण के सिर मढ़ दिया है। श्रीकृष्ण को तो स्वयम् परमेश्वर माना ही जाता है। परमेश्वर सब कुछ कर सकता है और उसके लिये सब कुछ उचित है। इसलिये उनके विचार में श्रीकृष्ण पर कुछ दोष नहीं आ सकता। सम्भवतः इस कहावत का एक और अभिप्राय भी हो, यानी लड़ाई में धोखा, चाल बाजी और झूठ व्यवहार यथोचित माना जाता है तो भी स्पष्ट प्रतीत होता है कि जिस समय यह कहानी बढ़ाई गई उस समय भी आर्यपुरुषों में सत्यता का इतना मान था और सर्व-साधारण को झूठ व धोखे से इतनी घृणा थी कि इस कहानी के बनाने वाले महाशय को यह भी बढ़ाना पड़ा कि जिस समय युधिष्ठिर ने यह असत्य कहा उसी समय उसका रथ जो सत्यता के कारण पृथिवी से कुछ

ऊँचे पर चला करता था, पृथिवी पर चलने लग गया था। युधिष्ठिर के लिये यह प्रसिद्ध है कि इससे पहिले उन्होंने कभी असत्य नहीं कहा था और उसकी सत्यता के प्रताप से ऐसा था कि जिस रथ पर वह बैठता था, वह रथ पृथिवी से कई हाथ ऊपर हवा में चला करता था। परन्तु जब उन्होंने असत्य कहा तो तुरन्त उनका रथ पृथिवी पर गिर पड़ा और सभ्य साधारण मनुष्यों में तथा उनमें कोई भेद न रहा। ऊपर लिखे लेख से यह प्रगट है कि द्रोण अश्वत्थामा की मृत्यु का समाचार सुनने पर युद्ध करता रहा। वस हम उन ग्रन्थकर्ताओं से सहमत हैं जिनकी सम्मति में यह कहानी पीछे की मिलावट और घटना के विरुद्ध प्रतीत होती है। द्रोण के देहान्त के वाद का भाग सवका सव गप्प मालूम होता है। कवि को अपनी वात निभाने के लिये पांण्डव कैम्प में झगड़ा डलवाने की आवश्यकता प्रतीत हुई।

अर्जुन सात्यकि और युधिष्ठिर की इस वेइमानी पर लानत मलामत करते हैं और भीम और धृष्टद्यम्न उसकी तरफदारी करते हैं। इत्यादि।

तीसवां अध्याय

महाभारत के युद्ध का तीसरा दृश्य कर्ण और अर्जुन का सामना।

युद्ध तो भीष्म और द्रोण के मृत्यु के पश्चात् से ही समाप्त हो गया था परन्तु तो भी दुर्योधन को कर्ण की बाणविद्या और उसकी शस्त्र विद्या पर इतना विश्वास था कि अभी तक सफलता का टिमटिमाता हुआ दीपक कभी २ उसके आंखों के सामने झलक दिखा जाता था। कर्ण ने यह शपथ खाई थी कि वह अर्जुन को मारेगा या स्वयम् युद्ध में उसके हाथ से मारा जायगा।

द्रोण के मरने पर दुर्योधन ने कर्ण को अपनी सेना का नायक बनाया। कर्ण ने भी युद्ध में ऐसा कौशल दिखलाया कि देवता भी उसका सिक्का मान गये। कई अवसरों पर उसने युधिष्ठिर को युद्ध में नीचा दिखाया और पांडव सेना को बहुत हानि पहुँचाई। पहले कृष्ण अर्जुन को इसके सामने युद्ध में आने से रोकते रहे। जब कर्ण पांडवसेना के विख्यात योद्धाओं से लड़ता लड़ता थक गया और पांडव कैम्प में और कोई अन्य वीर उसके सामने लड़ने वाला न रहा तो कृष्ण ने अर्जुन को कर्ण के सामने किया। कर्ण और अर्जुन का युद्ध क्या था मानों भूचाल था। दोनों वीरों ने तीरों की बौछार से युद्धस्थल धुंआधार कर दिया और शस्त्र

विद्या के ऐसे कौशल दिखलाये कि पांच हजार वर्ष व्यतीत होने पर भी अभी तक अर्जुन और कर्ण का नाम सर्वसाधारण के सामने है। इस युद्ध में कृष्ण पर भी बाणों और अन्य शस्त्रों की बहुत मार रही। परन्तु वह अपने समय का एक ही पुरुष था। खूब होशियारी से अपने आपको बचाता रहा और अर्जुन को लड़ाई के लिये उत्तम से उत्तम स्थान पर लेजा कर खड़ा करता रहा। एक समय कर्ण के रथ का पहिया कीचड़ में फँस गया। कर्ण स्वयं पहिये को निकालने के लिये रथ से उतरा और उसने युद्ध धर्म के नाम पर अर्जुन से अपील की कि जब तक मैं फिर रथ पर न बैठ जाऊँ, युद्ध रुका रहे।

उस समय कृष्ण ने यद्यपि संकेत से अर्जुन को रोक दिया परन्तु बड़े जोर से कर्ण को इस बात पर धिक्कारा कि अब अपनी जान के लिये तो धर्म याद आ गया, उस दिन धर्म कहाँ भूल गया था, जब तेरी उपस्थिति में द्रौपदी को राज सभा में बेइज्जत किया गया था, जब तुम सात आदमियों ने इकट्ठे होकर बेचारे अभिमन्यु को मारा था, जब तेरी सम्मति से दुर्योधन ने पांडवों के महल में आग लगा दी थी, इत्यादि इत्यादि। कर्ण इस धिक्कार का क्या उत्तर देता? गाड़ी का पहिया निकाल कर फिर लड़ने लगा और अन्त में अर्जुन के हाथ से मारा गया। कर्ण के मरते ही कौरवों की सेना ने भागना आरम्भ किया और दुर्योधन के शिविर में

गाड़ी का पहिया निकालकर फिर लड़ने लगा और अन्त में अर्जुन के हाथ से मारा गया। कर्ण के मरते ही कौरवों की सेना ने भागना आरम्भ किया और दुर्योधन के शिविर में दुःख और शोक छा गया।

दुःख और शोक छा गया। हा! लालच और क्रोध ने दुर्योधन की आँखों पर ऐसा परदा डाल दिया कि इतनी मार काट पर भी उसका चित्त नरम न हुआ अब तक उसके दिल से राज्य की अभिलाषा न गई।

एकतीसवां अध्याय।

अन्तिम दृश्य व समाप्ति।

दूसरे दिन मद्रदेश का राजा शल्य सेनापति वन कर युद्ध में आया परन्तु थोड़ी देर में ही घायल होकर गिर पड़ा। राजा के मरते ही सेना तितिर बितिर हो गई।

दुर्योधन भाग गया और एक वन में जाकर छिप रहा, परन्तु मृत्यु कब अवसर देती थी। पांडव पीछा करते हुए वन में पहुँचे और उन्होंने दुर्योधन के स्थान का पता लगा लिया। युधिष्ठिर ने जोर से पुकार कर दुर्योधन को कहा कि हे दुर्योधन! स्त्रियों की तरह छिप कर अपने वंश को क्यों कलंकित करता है। बाहर आ, युद्ध कर, यदि तू हममें से एक को भी लड़ाई में मार डाले तो हम सब राजपाट तुझे सौंप कर जंगल को चले जावेंगे।

युधिष्ठिर की इन बातों पर दुर्योधन के चित्त में फिर आशा की चिनगारी चमक उठी और उसने कहा कि "मैं

राज्य * के वास्ते तो अब लड़ना नहीं चाहता परन्तु अपने साथियों की मृत्यु का बदला लेने की अग्नि मेरे हृदय में भड़क रही है। राज तो मैंने तुझको दे दिया। जा अब इस वीरान जंगल पर तू राज्य कर। ऐसा राज्य दुर्योधन के काम का नहीं।" युधिष्ठिर ने फिर कहा कि "हे दुर्योधन! दान की तरह तुझसे राज्य लेना स्वीकार नहीं है। अब मैदान में आकर युद्ध कर। यदि तू हममें से किसी को मार ले तो राज तेरा हुआ, और हम सब भाई वन को चले जावेंगे।" दुर्योधन ने कहा, अच्छा! मुझे युद्ध स्वीकार है परन्तु गदा युद्ध करने की जिसमें सामर्थ हो हव मेरे सामने आवे। हे युधिष्ठिर तेरी और अर्जुन ऐसी छोटी मुर्दा जानों से क्या लड़ूं! भीम मेरे टक्कर का है उससे लड़ूंगा। सुतरां भीम और दुर्योधन मस्त हाथियों की तरह एक दूसरे के साथ भिड़ गये। अन्तमें भीम ने अवसर पातेही दुर्योधन की जांघ पर ऐसी गदा जमाई कि वह घायल होकर पृथिवी पर गिर पड़ा। उसके गिरते ही भीमसेन ने उसके सिर पर एक लात मारी। युधिष्ठिर और कृष्ण ने इसको ऐसा करने से रोका क्योंकि आर्य पुरुषो में परास्त हुए वैरी का अपमान करना बहुत बुरा समझा जाता है। दुर्योधने की इस हार से महाभारत के युद्ध का अन्त होगया। पांडव जीत करके अपने शिविर में वापस आये और अपनी जीत के हर्ष में नाचरंग करने लगे।

यद्यपि उन प्राणियों की हानि से जो इस युद्ध में हुई थी

यह नाच रंग बहुत फीका था और पुत्रों, भाइयों, संबन्धियों और मित्रोंकी लाशें रणभूमि में पड़ी हुई नाच रंग के उत्सवों को दुःखमय बना रही थीं परन्तु तौभी यह जीत थी जिससे पांडव प्रसन्न थे कि दुष्ट की समाप्त हुई, शत्रु मारे गये, सत्य की जय हुई, दुर्योधन और उसके भाइयों का बढ़बढ़कर बोलना व अत्याचार उनके सामने आये और द्रौपदीके अपमान का बदला भी खूब निकला। सुतरां इस आनन्द में पाचों पांडव उस दिन शिविर से बाहर रहे और रात को भी शिविर में नहीं आये। इधर तो विजय के आनन्द में खुले जंगल की वायु का आनन्द ले रहे थे और उधर मृत्यु देवता अपनी घात में लगे हुये थे।

जब पांडव दुर्योधन को रंगभूमि में छोड़कर वापस चले गये तो उसकी सेनाके बचे हुए तीन सेनापति यानी अश्वत्थामा (द्रोणपुत्र) कृपाचार्य और कृतवर्मा उसके पास आये। उसको इस बुरी अवस्था में देखकर रोने लगे। या तो एक समय वह था कि दुर्योधन आर्यावर्त के सब से बड़े राज्य का मालिक था, असंख्य सेना का नायक था, भव्य और सुन्दर महलों में निवास करता था, उत्तम से उत्तम और कोमल से कोमल सेजों पर सोता था, सैकड़ों और सहस्रों मनुष्य आज्ञा के पालन के लिये हर समय प्रस्तुत रहते थे, आनन्द भोग में निमग्न रहता था और राज्य और सम्पत्ति के नशे में ऐसा चूर था कि बुरे भले, न्याय, अन्याय, धर्म अधर्म में

विचार नहीं कर सकता था। आज वह दिन था कि राजपुत्र दुर्योधन धूलि में पड़ा सिसकता है। इधर उधर चारों ओर लाशों के ढेर थे। जो पुकार पुकार उसकी नालायकी उसके घमंड और अन्याय पर धिक्कारते थे। अभी थोड़े ही दिन हुये थे कि उसने एक बड़े समूह की सेना के साथ बड़े धूमधाम व प्रचंड उत्साह से थानेश्वर के मैदान में डेरा डाला था और उसको कभी स्वप्न में भी यह ध्यान न था कि इन अगणित मनुष्यों के इकट्ठे होने का कदाचित यही फल हो जो आज उसके नेत्रों के सामने घूम रहा है। भाई, मित्र, सम्बन्धी सब जो थे आज चारों ओर खूनी वस्त्र पहने हुए मिट्टी में पड़े हुए थे और पक्षी उड़ उड़ कर आते और उनके शरीर के मांस को नोच २ कर ले जाते थे। इन सब का प्रिय सर्दार दुर्योधन स्वयं भी शत्रु के हाथ से परास्त होकर जीने से निराश होकर साथियों के साथ प्रेम का दम भरता हुआ भूमि पर पड़ा था। परमात्मा ने उसको इसलिये अब तक जीता रक्खा था कि वह अपनी मूर्खता का परिमाण अच्छी तरह से देख समझ और अनुभव कर अपना प्राण छोड़े। हा! वह कैसा भयानक और शिक्षाप्रद दृश्य था। कौरव वंश का अधिपति, इन्द्रप्रस्थ के राजा का पुत्र और उसकी यह अवस्था, ऐसे अवसर पर तो शत्रु भी रो देता है। अश्वत्थामा और कृपाचर्य इत्यादि को तो रोना ही था। रोने धोने के पश्चात् अश्वत्थामा ने दुर्योधन पर प्रकट किया

कि बदला लेने की आग उसके हृदय में वेग से जल रही है और उसने दुर्योधन से बदला लेने की आज्ञा मांगी। दुर्योधन ने कृपाचार्य इत्यादि की ओर लक्ष्य करके उस समय अश्वत्थामा को अपनी सेना का सेनाध्यक्ष निश्चित किया और उसको युद्ध जारी रखने की आज्ञा दी।

कौरव वंश की दुर्गति की अभी समाप्ति नहीं हुई थी। द्रोण के वीरपुत्र के चित्त में बदले की ज्वाला प्रदीप्त हो रही थी। उसने यह निश्चय कर लिया था कि चाहे धर्म से या अधर्म से बदला अवश्य लूँगा।

कौरव सेना के ये तीनों बचे हुए वीर आपस में विचार करने लगे कि किस प्रकार से इस अभिलाषा को पूरा किया जावे। कृपाचार्य ने तो धर्म्म की लड़ाई लड़ने की सलाह दी परन्तु अश्वत्थामा ने रात्रि को धोखे से युद्ध करने का विचार प्रगट किया। कितना ही कृपाचार्य ने समझाया कि ऐसा करना घोर पाप है। ऐसे महापाप के कार्य्य से तेरी आत्मा घोर नरक में पड़ेगी जिससे छुटकारा पाना कठिन होगा। जीवन की अन्त अवस्था में इस प्रकार के भीरुपन का कार्य वीरता तथा प्रतिष्ठा पर बट्टा लगावेगा। सारी आयु की कीर्ति यश, प्रसिद्धि पर पानी फिर जायगा। ब्राह्मण सन्तान तथा अस्त्र विद्या में निपुण होकर तेरे लिये यह योग्य नहीं है, कि तू इस प्रकार के पाप से अपने पवित्र जीवन पर धब्बा

लगावे। कृपाचार्य ने पाप से बचने का उपदेश किया परन्तु अश्वत्थामा पर कुछ भी असर नहीं हुआ। कृपाचार्य की धार्मिक वक्तृता की हर बात का अश्वत्थमा के चित्त पर ऐसाही असर होता था जैसे जलती हुई आग में घी की आहुती देने से होता है। क्रोध में अपने आपे से बाहर हो गया। अश्वत्थामा बदले की आग में भस्म हुआ चुपके से रात को पाण्डवों के कैम्प में घुस गया। सबसे पहले तो सीधा पंचाल के राजा धृष्टद्युम्न के डेरे की ओर गया जिसने उसके बापको मारा था, और उसके रक्तमें हाथ रंग कर फिर छोटे बड़े पर हाथ साफ करने लगा, यहाँ तक कि जो सामने आय चाहे सिपाही या राजपुत्र वृद्ध या युवक, वह उस भयङ्कर रात्रि में द्रोणपुत्र के हाथ सीधा मृत्यु के मुँह में गया। अश्वत्थामा ने खूब दिल खोल कर क़तले आम किया और जब सबके सब पांडव राजपुत्रों को मार चुका तो चुपके से खेमे के बाहर हो गया और सीधा उस स्थान पर गया जहाँ दुर्योधन पड़ा था। दुर्योधन अभी तक सिसकता था कि अश्वस्थामा पहुँच गया। प्रथम तो दुर्योधन की अवस्था देखकर दुःख के सागर में डूब गया और उसके पास बैठ कर खून के आँसू बहाये। फिर अन्त में रोते रोते दुर्योधन को उस बदले का हाल सुनाया जिसे वह अभी पूरा करके आया था। दुर्योधन ने जब सुना कि पांडवों के पुत्र और पांचाल के सब राजपुत्र मारे गये तो संतोष भरी सांस

ली और खूब किया, खूब किया, कहते हुये उसने प्राण छोड़ दिये। महाभारत के युद्धका अन्तिम दृश्य हो चुका। थानेश्वर के मैदान में आर्यों की इस घर की लड़ाई ने आर्यों की सभ्यता, उनका मान, उनकी बुज़ुर्गी और उनकी बड़ाई को धूल में मिला दिया। युद्ध के आरम्भ होने से २० दिन के अन्दर अन्दर भूमि के बड़े बड़े योद्धा, बहादुर और वीर सिपाही,युद्ध विद्या में निपुण, वीरता और युद्ध की योग्यता को प्रगट करते हुये अपने अपने पंचतत्व के शरीर को मिलाते हुये स्वर्ग में चले गये और संसार को पता भी न लगा कि वे कहाँ गये और क्या हुये।

बत्तीसवां अध्याय।

युधिष्ठिर की राजगद्दी।

युद्ध के समाप्त होते ही पांडवों ने कृष्ण को हस्तिनापुर विदा किया जिसमें वह वहां जाकर युद्ध की पूरी अवस्था से धृतराष्ट्र को सूचित कर दें क्योंकि यह कठिन कार्य किसी साधारण पुरुष के करने का न था। कृष्ण हस्तिनापुर पहुँचे। धृतराष्ट्र और उनकी धर्मपत्नी गान्धारी दुःख में रोती पीटती थीं। कृष्ण ने इधर उधर की बातें मिलाकर इनको ठंढा किया और संतोष दिलाया। अन्त में गान्धारी ने अपने

मृत पुत्रों के दर्शन की अभिलाषा प्रगट की और राजा रानियों के सहित रणभूमि की तरफ चले। वहां पहुँच कर जो दृश्य रानियां महारानियों ने देखा वह असह्य था। रानिया देखती और रोती थीं। तमाम प्यारी सूरतें मिट्टी में लिपटी हुई एक दूसरे के ऊपर पड़ी हुई थीं। बहुतेरों को तो जानवरों ने पहचानने के योग्य ही नहीं रक्खा था। परन्तु बहुतेरे अभी पहचाने जासकते थे। अपने अपने सम्बन्धियों को देखकर स्त्रियां रोती थीं। गांधारी अपने बेटों को देखकर रोती थी और कुन्ती अपने पोतों के लिये रोती थी। सुतराम् सारे वंश में कोई स्त्री ऐसी नहीं थी जिसके लिये इस युद्ध में सिर पीटने और चिल्लाने के लिये सामग्री न थी। गांधारी के विषय में यह प्रसिद्ध था कि वह बड़ी समझदार बुद्धिमती और धर्मात्मा स्त्री थी। इसके सम्बन्ध में जो कहावतें महाभारत में है उनमें इसकी धैर्यता बुद्धिमत्ता और गम्भीरता के पूरे प्रमाण मिलते हैं, परन्तु कौन माता है जो अपने समस्त वंश को इस तरह अपने नेत्रों के सामने खून में लपटा हुआ देखकर अपने धैर्य को स्थिर रख सके। इसलिये आश्चर्य इसमें क्या हो सकता है कि कुरुक्षेत्र की भूमि में अपने पुत्रों के मृतक शरीरों को देखकर उसने कृष्ण को शाप दिया हो और उसके बरबादी और खूंरेज़ीका जिम्मेदार उन्हें ठहराया हो। अन्त में कृष्णके द्वारा चाचा और भतीजों में मिलाप हो गया। भतीजों ने बड़ो

नम्रता से चाचा और चाची के चरणों पर सिर रख दिये। युधिष्ठिर पर तो इतना दुःख छाया हुआ था कि उसने राज्य करने से इन्कार कर दिया। यहां तक कि कितना ही उसके भाई समझाते थे परन्तु वह नहीं मानता था। यहां तक कि स्वयं धृतराष्ट्र और गान्धारी ने भी युधिष्ठिर को बहुत कुछ समझाया परन्तु उसने अपने मन्तव्य पर दृढ़ता प्रगट की और यही कहते थे कि तमाम भाई बन्धुओं और बड़ों के रक्त में हाथ रङ्ग कर अब क्या राज करने में मुझे सुख हो सकता है? मेरे लिये अब यही शेष है कि तप करके अपने पापों का प्रायश्चित करूं और बाकी जीवन परमात्मा की याद में अर्पण करके अपनी आत्मा को दुःख व क्लेश से बचाऊँ। अन्त में जब सब कहचुके और कुछ असर न हुआ तो फिर कृष्ण ने कुछ व्यंग सुनाये। कभी नर्मी और कभी गर्मी से काम लेते हुये उसने अन्त में क्षात्रधर्म के नाम पर युधिष्ठिर से अपील की और उसको वश में किया। कृष्ण का सारा जीवन यह बताता है हि कि यह उसका ज़बरदस्त और उपयुक्त हथियार था, जो कभी चूकता न था। अपने समय की फिलासफी और वर्ण धर्म के विषय में वह ऐसे निपुण थे कि उनकी व्यवस्था कभी ख़ाली न जाती थी। वैराग्य फिलासफी को वह ऐसा दिखलाते थे कि उनके सामने झूठ त्याग के विचार भागते ही दिखाई देते थे। वैदिक धर्म के पृथक २ भावों को वह ऐसा मिलातेथे कि

एक श्रेणीवद्ध प्रमाणिक दृश्य तैयार कर देते थे। प्राचीन शास्त्रों, ऋषियों व मुनियों की मर्यादा में ऐसे निपुण थे कि जहां उन्होंने प्रमाण देने आरम्भ किये वहाँ सिवाय मानने के और कोई चारा वाकी न रहता था। सुतराम् इस अवसर पर भी कृष्णका उपदेश काम कर गया और युधिष्ठिर ने राजपाट छोड़ कर त्यागी वनने के विचार को चित्तसे दूर कर दिया। अन्त में रोते धोते सम्वन्धियों ने भाई भतीजों, निकटवर्ती प्यारों के मृतक संस्कार किये और फिर हस्तिना पुर को रवाना हुए। हस्तिनापुर में पहुँच कर युधिष्ठिर को गद्दी पर वैठाया गया। युधिष्ठिर गद्दी तो पर वैठ गया परन्तु उदास रहने लगा। फिर कृष्ण ने उसकोअश्वमेध यज्ञ करने के लिये तैयार किया और अश्वमेधयज्ञ की तैयारियों में पांडवों को लगाकर स्वयं मातृभूमि द्वारिका को चले गये।

नोट—युधिष्ठिर के राज सिंहासन पर वैठने के वाद और कृष्ण के द्वारिका जाने से पहिले महाभारत में एक और घटना का उल्लेख है जिसकी सत्यता में सन्देह है। यह कथा है कि जब युधिष्ठिर राजगद्दी पर वैठे तो भीष्म पितामह भी जीवित थे। यह मालूम नहीं कि वे कुरुक्षेत्र से दिल्ली आगये थे या कि वहां ही किसी स्थान पर पड़े हुये थे परन्तु कथा इस प्रकार है कि युधिष्ठिर की राजगद्दी के पश्चात् कृष्ण युधिष्ठिर और सारे पांडवों को महाराज भीष्मके पास लेगये

और इनकी प्रार्थना पर महाराज भीष्म ने युधिष्ठिर को वह उपदेश दिया जो महाभारत के शान्ति और अनुशासन पर्व में लिखा है। यह उपदेश इतना लम्बा और पेचीदा है और ऐसे ऐसे कठिन विषय इसमें भरे हुये हैं कि इस बात के मानने में संकोच होता है कि मरने के समय इस प्रकार के उपदेश महात्मा-भीष्म ने दिये हों। तो भी किसी ऐसे महान् पुरुष से मृत्यु के समय उपदेश लेना ऐसी साधारण बात है कि इस घटना का सच्चा होना असम्भव नहीं। यदि ऐसा हुआ भी हो तो भी महाराज भीष्म के असल उपदेश पर बाद में इतनी टिप्पणियां चढ़ीं और इतनी मिलावट हुई कि अब यह निर्णय करना असम्भव है कि इसमें से कितना उपदेश महाराज भीष्म का है और कितना पीछे के मिलाने वालों के विचार का अंश है।

---

२३ वां अध्याय।

महाराज श्रीकृष्ण के जीवन का अन्तिम भाग।

महाभारत युद्ध के पश्चात् एक बार महाराज कृष्ण फिर हस्तिनापुर में अश्वमेध के अवसर पर आये जिसकी तैयारियां महाभारत की लड़ाई के समाप्त होते ही आरम्भ हो

गई थीं। इस अवसर पर इनका आना एक ऐसी घटना के साथ सम्बन्ध रखता है जिसकी आश्चर्यजनक कथा में से सत्य का निकालना कठिन है। कथा इस प्रकार है कि जिस दिन महाराज कृष्ण हस्तिनापुर में आये उस दिन रानी उत्तरा को एक लड़का उत्पन्न हुआ जो मरा हुआ था, उत्तरा महाराजा विराट की लड़की और अर्जुन के पुत्र अभिमन्युकी स्त्री थी। अभिमन्यु के मृत्यु के समय वह गर्भवती थी और चूंकि युद्ध के समाप्त होने पर द्रौपदी की सारी सन्तान को अश्वत्थामा ने बदले की आग में जलकर नाशकर दिया था, इस कारण आगे आने वाले वंश का भरोसा उत्तरा के बच्चे पर था। जिस समय उत्तरा को पुत्र उत्पन्न हुआ और वह मरा हुआ, तो सब आशायें मिट्टीमें मिल गईं और चारों ओर से रोने पीटने की आवाज़ सुनाई देने लगी। संयोग से महाराज कृष्ण भी उसी समय नगर में आये और रोने पीटने का कोलाहल सुनकर सीधे महल को गये। जब स्त्रियों को पता लगा कि कृष्णजी आ गये तो उन्होंने उनको घेर लिया और बच्चे को उनके सामने धर कर रोने लगीं। कृष्णने बच्चे को देखते ही कहा कि इसको मैं जिला दूंगा। सुतरां बच्चे की ओर देखकर कहने लगे कि 'हे बालक मैं अपने जीवन में कभी झूठ नहीं बोला, न कभी युद्ध से भागा, बस मेरे यदि इन पुण्यों में कुछ शक्ति है तो तू जी उठ' इत्यादि। बच्चा हिलने लगा और धीरे धीरे

बिल्कुल अच्छा हो गया। इस बालक का नाम परीक्षित था जो बाद में पांडवोंके राज्य का मालिक हुआ। अश्वमेध यज्ञ कुशल से समाप्त हुआ और कृष्ण महाराज फिर वापस अपने नगर को चले गये।

इस युद्धके समाप्त होने पर, वह ३६ वर्ष तक श्रीकृष्ण निर्विघ्नता पूर्वक द्वारिकाजीमें रहे परन्तु इस समयमें उनकी जाति यादव वंशियों में घमण्ड, राग, द्वेष मदिरा पान इत्यादि का अभ्यास इतना बढ़ा गया कि श्रीकृष्णजी के अधिकार के बाहर यादव वंशी हो गये। खुल्लम खुल्ला आपस में लड़ाइयाँ होने लगीं इन लड़ाई झगड़ों में सब यादव बरबाद हो गये, यहाँ तक कि राजवंश में से सिर्फ चार आदमी बाकी बचे अर्थात् श्री कृष्ण बलराम, दारुक और सात्यकि।

बलराम ने इस अपार दुःख से दुःखी होकर समुद्र के किनारे आकर प्राण त्याग किये और श्रीकृष्ण महराज अपने सारथि दारुक को अर्जुन की तरफ भेज कर आप वनको चले गये और तप करने लगे। जब दारुक ने अर्जुन के पास जाकर उनसे सब समाचार कहा तो अर्जुन तुरन्त द्वारिका को चले आये और कृष्णजी के पोते वज्रनाभ को स्त्रियों सहित हस्तिनापुर को लिवा ले गये और कृष्ण जी के वपौती इलाके का राज्य वज्रनाभ के नाम कर दिया।

श्रीकृष्ण की मृत्यु के विषय में कहावत है कि वह योग समाधिमें बैठे हुये थे कि एक शिकारीका तीर पैरमें आलगा।

जब शिकारी पास आया तो उसे मालूम हुआ कि उसने भूल से एक मनुष्य को अपनी तीर से घायल कर दिया है और इस भूल पर वह बहुत पश्चात्ताप करने लगा, परन्तु कृष्ण महराज ने उसको धैर्य दिया। यहां तक तो एक प्रकार संभव घटनाका वर्णन है परन्तु आगे इसी कथा का अन्त इस प्रकार होगया है कि उस शिकारी वधिक के देखते २ श्रीकृष्ण महाराज आकाशमें चढ़ गये जहां पर सब देवताओंने मिलकर इनका बड़े आव भगत से आगत स्वागत किया और इनके आगमनसे प्रसन्न होकर उन्होंने बड़ा आमोद-प्रमोद मनाया।

---

३४ वाँ अध्याय।

क्या कृष्ण महराज परमेश्वर के अवतार थे ?

भूमिका में हमने इस प्रश्न का उत्तर अस्वीकार सूचक देकर यह प्रण किया था कि हम जीवन चरित्रको वर्णन करके इस विषय पर भी कुछ लिखेंगे। अतएव कृष्णजी जीवन के चरित्र का वर्णन समाप्त करके अब हम अपने प्रण को पूरा करते है।

---

* ईसामसीह के विषय में भी ऐसी दन्त कथा प्रसिद्ध है कि वह अपनी मौत से तीसरे रोज जिन्दा होकर फिर आसमान पर चढ़ गये। यदि बुद्धिमान् ईसाई ईसामसीह के विषय की उक्त घटना पर विश्वास कर सकते हैं तो उन्हें इस पौराणिक वर्णन की घटना पर विश्वास करने में क्या सदेह हो सकता है।

श्री कृष्ण की मृत्यु के विषय में कहावत है कि वह योग समाधि में बैठे हुये थे कि एक शिकारी का तीर पैरमें आलगा।

क्या परमेश्वर मनुष्य शरीर धारण करता है!

परमेश्वर को मानने वाले सब आस्तिक लोग उसको सर्व व्यापक सर्व शक्तिमान्, अजन्मा, अमर, अनादि, अनन्त आदि गुणों से संबोधित करते हैं। फिर इस अवस्था में यह बात किस तरह ठीक हो सकती है कि उस सर्व शक्तिमान् परमेश्वर को अपने सेवकों के उपदेश तथा मार्ग प्रदर्शन हेतु नर देह धारण करने की आवश्यकता पड़े, मनुष्य देह में आने से तो वह स्वयं बंधनमें पड़ जायगा और तब वह सर्वव्यापी और सर्वज्ञ नहीं रह सकता।

क्या ईश्वर का अवतार मानने वाले हमको यह बतला सकते हैं कि जिस समय श्रीकृष्ण महराज के शरीर में परमात्माने अवतार लिया था, उस समय सारे संसारका शासन कौन करता था, जब श्रीकृष्ण कौरवों से लड़ते थे, शिशुपाल से झगड़ने थे, जरासन्ध से भागते फिरते थे, उस समय संसार का प्रबन्ध किसके हाथ में था और किस तरह चल रहा था? तात्पर्य यह है कि बुद्धि तो इस बात को कदापि स्वीकार नहीं कर सकती कि इस सृष्टि का स्वामी और बनाने वाला परमात्मा कभी नरदेह में आता है। उसका तो यही गुण है कि वह संसार के सारे प्रपंचों से परे है। ये शरीर तो उसके बनाये हुये हैं। मनुष्य जिसके कार्य कौशल को स्वयं नहीं समझ सकता उसके विषय में यह उक्ति गढ़

लेना कि वह परमेश्वर ही इस भद्दे निकम्मे बलहीन और बंधन शरीर में आता है ताकि हमें अपने उदाहरणों से बतला सके कि किस प्रकार से जीवन व्यतीत करना चाहिये, अनुचित है। उस परमात्मा के विषय में ऐसा सोचना वास्तवमें उसके ईश्वरत्व को अस्वीकार करना है। मनुष्य को ईश्वर का पद देना या ईश्वर को गिरा कर मनुष्य के पद पर पहुँचा देना बड़ा भारी अपराध है। और हमें खेद है कि हमारी जाति के लोग इस बुनियाद पर इतना भरोसा रखते हैं और बिना अवतारों के मानने के धर्म शिक्षा का होना भी विचारमें नहीं ला सकते। यद्यपि यह विषय बहुत आवश्यक और मनो रंजक है और वादानुवाद करने को भी जी चाहता है, परन्तु लेख के बढ़ जाने का विचार रोकता है, दूसरे इस विषय पर वादानुवाद करना इस पुस्तक के उद्देश्य से बाहर है, अस्तु केवल इतना कह कर सन्तोष करते हैं कि वेदों और उपनिषदों में परमात्मा को "अज" [अजन्मा] अमर, अविनाशी अकाय इत्यादि कहा है। यदि हम मान लें कि परमात्मा स्वयं भी देह धारण करता है तो उपर्युक्त सभी गुण व्यर्थ हो जाते हैं।

अवतारों से अभिप्राय महापुरुषों से है।

निस्सन्देह अवतारों से अभिप्राय यदि ऐसे महापुरुषों से है जिनकी शिक्षा-दीक्षासे एवं जिनकी जीवन प्रणालीसे दूसरे मनुष्य अपने जीवन को उत्तम बना सकते हैं और इस संसार रूपी समुद्र में से तैर कर पार हो जाते हैं, तो कोई हानि नहीं इस बात को कौन हटा सकता है कि संसार में समय समय पर ऐसे लोगों की अत्यन्त आवश्यकता पड़ती है और ऐसे लोग समय समय पर जन्म भी लेते हैं जिनकी शिक्षा दीक्षा आदेश और उपदेशों से तथा जिनके जीवन की पवित्रता से दूसरे लोग लाभ उठाते हैं और जीवन के इस तूफान से भरे समुद्रमें भूलों भटकों और भवर में पड़ी हुई किश्तियोंके लिये मल्लाह का काम करते हैं और बहुत से ;निराश, हतोत्साह अशान्त और व्याकुल आत्माओं को शान्ति देते हैं। ऐसे लोग संसार की प्रत्येक जाति में उत्पन्न होते हैं और वह उन मुक्त आत्माओंकी श्रेणि में से आते हैं जिनको अपनी उच्च आत्मिक शक्तिसे दूसरे मनुष्यों के मुकाबिले में परमात्मा की निकटता प्राप्त होती है, यह ईश्वरीय शक्ति कितनी ही अधिक क्यों न हो. फिर भी ईश्वर ईश्वर ही है मनुष्य मनुष्य ही है, मनुष्य कभी ईश्वर नहीं हो सकता। और न आत्मा परमात्मा के पद को प्राप्त हो सकता है।

हमारा विश्वास है कि यह सब पूर्ण पुरुष ईश्वर के उस

नियम को फैलाने, समझाने व प्रचार करने के लिये जन्म लेते हैं जिसे ईश्वर ने सृष्टि के आदि में अपने जनों के कल्याण के लिये अपना ज्ञान दिया था और जिसको संस्कृत भाषा में वेद कहते हैं, अतः यदि कृष्ण महराज को इस सिद्धान्त से अवतार कहा जाय तो कोई हानि नहीं।

क्या कृष्णजी ने स्वयं कभी परमेश्वर के अवतार होने का दावा किया ?

श्रीकृष्णजी की जीवन की जो घटनायें हमने पहले पृष्ठों में वर्णन की है उनसे यही प्रमाणित होता है कि कृष्णजी ने स्वयं कभी अवतार होने का दावा नहीं किया। भगवद्गीता के अतिरिक्त महाभारत के और किसी हिस्से में ऐसे दावे का प्रमाण नहीं मिलता। भगवद्गीता श्रीकृष्णजी की बनाई नहीं है इसलिये भगवद्गीता का प्रमाण इस विषय को पूर्ण रूप से पुष्ट नहीं कर सकता, परन्तु यदि आप प्रश्न करें कि भगवद्गीता के बनाने वालेने क्यों ऐसी युक्ति बाँधी जिससे यह परिणाम निकले कि कृष्ण महाराज अपने आपको अवतार समझते थे ! तो उसका उत्तर यह है कि अपने कथनको विशेष माननीय और प्रामाणिक बनाने के लिये उसने ऐसा किया। भगवद्गीता का वह भाग जिसमें कृष्णजी अपनेको परमात्मा या परमात्मा का अवतार मानकर उपदेश करते हैं, वह प्रगट करता है कि गीता स्वयं एक प्राचीन पुस्तक नहीं

है क्योंकि वैदिक साहित्य में जिसमें ब्राह्मण उपनिषद और सूत्रादि शामिल हैं, इस प्रकार के उदाहरण नहीं हैं जिसमें उपदेश करने वाले को ऐसा पद दिया गया हो। जहां तक हमने छान-बीन करके मालूम किया है उपनिषदों में केवल एक ऋषि के वचनोंमें इस तरह वर्णन पाया जाता है और वह भी ऐसा स्पष्ट बहुतायत से नहीं जैसा कि भगवद्गीता में। भगवद्गीता का क्रम प्रगट करता है कि भिन्न २ समय के पंडितों की रचना से यह पुस्तक खाली नहीं है। चूंकि हम गीता की उर्दू टीका प्रकाशित करने की इच्छा रखते हैं इसलिये उस पुस्तक में इस विषय पर अधिक विस्तार से बहस करेंगे। यह निश्चित है कि गीता कृष्णजी की बनाई हुई नहीं है, बस गीता के प्रमाण पर कोई मनुष्य नहीं कह सकता कि कृष्ण महाराज स्वयं अवतार होने के दावेदार थे।

क्या उनके समकालीन लोग उन्हें ईश्वर का अवतार समझते थे।

युधिष्ठिर, भीष्म, अर्जुन, द्रोण, दुर्योधन जरासन्ध और अन्य कृष्ण के समकालीन महाराजों का व्यवहार भी यही प्रकट करता है कि उनमें से कोई भी महाराज कृष्ण को परमेश्वर का अवतार नहीं समझते थे। यह लोग कृष्ण महाराज को केवल मनुष्य समझ कर उनसे वैसा ही बर्ताव करते रहे, यदि युधिष्ठिर कृष्ण को परमेश्वर का अवतार मानते होते

तो उनको जरासंध के मुक़ाबिले में भेजने से कदापि संकोच न करते। यद्यपि महाभारत का रचयिता स्पष्ट लिखता है कि महाराज युधिष्ठिर ने कृष्णजी की प्रार्थना को बड़े संकोच से स्वीकार किया। जरासंध और शिशुपाल आदि कृष्णजी को परमेश्वर का अवतार समझते होते तो वे वैर कदापि न करते। भीष्म और द्रोण भी कभी उनके सामने लड़ने को न खड़े होते। आश्चर्य तो यह है कि गीता का उपदेश सुनने के बाद भी अर्जुन पूरे दिल से भीष्म और द्रोण के विरुद्ध नहीं लड़ा, यहाँ तक कि श्रीकृष्णजी को विराट रूप धारण करके अर्जुन को उभारने की आवश्यकता पड़ी। यदि वर्तमान प्रस्तुत महाभारत को सही मान लिया जाय तो उसके अनुसार अर्जुन ने कृष्ण और भीम के इस सलाह को भी स्वीकार नहीं किया कि युधिष्ठिर द्रोण को हतोत्साह करने के लिये यह प्रसिद्ध करें कि अश्वत्थामा मर गया। परन्तु अर्जुन ने इस प्रकार की धोखेबाजी पर बहुत घृणा प्रगट की थी, तात्पर्य यह कि उन घटनाओं से यही प्रमाणित होता है कि कृष्ण महाराज के समकालीन सखा लोग भी उनको परमेश्वर का अवतार नहीं समझते थे।

क्या कृष्ण महाराज धर्म-सुधारक थे !

यही नहीं हमको तो यह भी निश्चय नहीं होता कि धर्म उपदेश या धर्म प्रचार करना कभी श्रीकृष्ण महाराज ने

अपना उद्देश्य बनाया हो। प्रथम तो उनका राजवंश में जन्म लेना ही यह प्रकाशित करता है कि ये धर्म उपदेशक या धर्मप्रचारक कदापि न थे। यह ठीक है कि उस समय राजऋषि का पद बहुत प्रतिष्ठित समझा जाता था और राजऋषि भी आचार्य्य होते थे तो भी ब्रह्मऋषिकी पदवी सर्व श्रेष्ठ थी। जैसा कि विश्वामित्र और वशिष्ट के उपाख्यानों से विदित होता है। दूसरी कोई कहावत या पुराण हमको यह नहीं बताते कि अर्जुन या युधिष्ठिर को उपदेश करने के सिवाय उन्होंने कभी सर्व साधारण में धर्म प्रचार की चेष्टा की हो। असल बात तो यह है कि धर्म प्रचार उनका लक्ष्य ही न था। वह जन्म से और स्वभाव से पूरे क्षत्रिय थे, इसलिये यथा आवश्यक उन्होंने अपने क्षत्रिय भाइयों पर अपने धार्मिक विचार प्रगट किये। समय समय पर युधिष्ठिर और अर्जुन के हतोत्साह होने से कृष्ण महाराज से आत्मधर्मकी व्याख्या कराई गई और इस अवस्थामें धर्मके विषय में उन्होंने जो कुछ कहा वह सब लोकहित साधन के लिये कहा। इसके अतिरिक्त और कभी भी न तो उन्होंने धर्म का उपदेश दिया और न धर्म प्रचार करने की चेष्टा की, न उन्होंने धर्म विषय पर कोई ग्रन्थ लिखा, न कभी शास्त्रार्थ किया जैसा कि उपनिषदों में जनक महाराज के नाम से प्रसिद्ध है। कृष्ण महाराज ने अपने सखाओं को जो कुछ धर्म उपदेश किया वह समयानुसार आवश्यक जानकर

किया। इसलिये हमारा विचार है कि गीता का सब उप-देश उनके सिर मढ़ना उचित नहीं है। भला लड़ाई के समय में ऐसी लम्बी, युक्तिपूर्ण सूक्ष्म, फ़िलासफ़ी (वेदान्त) छांटने का कौनसा अवसर था कि अर्जुन को लड़ाई के लिये उत्साहित किया जाय और यह मतलब उतने में ही पूरा हो जाता है कि जितना कि दूसरे अध्याय में लिखा है।

बस इससे अधिक जो है वह पीछे के पंडितों की मिला-वट है। गीता के १८ अध्याय के लेख को देखने से मालूम हो जावेगा कि कई एक विचारों को प्रत्येक अध्याय में दोह-राया गया है। कृष्णजी के उपदेश का वह भाग जिसके द्वारा अर्जुन को लड़ने के लिये उत्साहित किया गया था सम्भवतः उन सब अध्यायों में उन्हीं शब्दों में मौजूद हैं यद्यपि हर एक अध्यायों का वर्णन अलग अलग है। अस्तु हमारी राय में भगवद्गीता में कृष्ण महाराज का उपदेश केवल इतना ही है जितना कि सब अध्यायों में पाया जाता है और शेष उक्तियां दूसरे विद्वानों द्वारा बढ़ाई गई हैं। इस विवाद से यह भी परिणाम निकलता है कि गीता एक ही लेखक की लिखी हुई नहीं है और न वह वेदव्यासजी कृति हो सकती है जो वेदांत दर्शन के बनाने वाले माने जाते हैं। यह कदापि संभव नहीं है कि व्यास जैसा दर्शनका ज्ञाता पुरुष एक ही विचारको बार बार दुहराता जितनी बार गीता में दोहराया गया है। दर्शनकारों की श्रेष्ठता यही है कि उन्होंने बड़ी से बड़ी और

कठिन से कठिन युक्तियों को सरल और संक्षिप्त शब्दों में वर्णबद्ध कर दिया, यानी बड़े २ मोतियों को बारीक धागे में पिरो कर रख दिया। परन्तु गीता का क्रम और गीता की लेख प्रणाली और काव्यश्रेणी बिलकुल इसके विरुद्ध है। कोई कोई योरोपियन विद्वान तो इससे यह परिणाम निकालते हैं कि गीता दार्शनिक समय से पहले की बनी हुई है यानी उस समय की है जिस समय दर्शनों की भांति क्रमबद्धता और वैज्ञानिक युक्तियां आर्यों में जारी नहीं हुई थीं। पर मेरी समझ में यह विचार ठीक नहीं है। क्योंकि गीता के लेख से यह प्रमाणित करने की चेष्टा की गई है है कि समस्त दर्शनों का मर्माशय मनुष्य को एक ही मतलब पर पहुँचाता है। गीता से हमको वह शिक्षा मिलती है कि ज्ञान से कर्म से, ध्यान से, भक्ति से और योग से किस तरह मुक्ति मिलती है। गीता में भिन्न २ साधनों के परस्पर सम्बन्ध प्रगट करके उनका अन्तिम परिणाम ही बतलाया गया है कि ईश्वर की प्राप्ति कैसे हो सकती है।

मेरे इस वाद विवाद से आप यह परिणाम न निकाल लें कि मैं अपनी सम्मति के वेग में गीता का छिद्रान्वेषण करता हूँ। हा ! हा !! मैं तो अपने को इन विद्वानों के चरणरज के तुल्य भी नहीं समझता जिन्होंने गीता बनाई, मैं तो शायद कई जन्मों में उनकी युक्तियों के मर्म को नहीं समझ सकता मैं उनकी विद्वत्ता और ज्ञान के सम्मुख

प्रसन्नता पूर्वक सिर झुकाता हूँ। परन्तु फिर भी यह कहने से नहीं रुक सकता कि गीता मुझे एकही विद्वान् की कृति नहीं मालूम होती। गीता रचने वालों का मतलब दर्शन शास्त्र की रचना से न थी वरन् मनुष्य मात्र के नित्यप्रति के व्यवहारों के लिये ऐसे उपदेश संग्रह करने का था जिसमें दर्शनों का निचोड़ इस तरह से आजावे कि उसका समझना कठिन न हो। निदान इस निचोड़ का उन्होंने जिस उत्तमता से संग्रह किया उससे उनकी अद्वितीय बुद्धिमत्ता का परिचय मिलता है।

यदि ग्लेडस्टान और ठिण्डल वकीलों जैसे विद्वान् अपने धर्मग्रन्थ इंजील को ईश्वरीय वचन और मसीह को ईश्वर का पुत्र बल्कि स्वयं उसको ईश्वर मान सकते हैं तो इसमें क्या आश्चर्य है कि गीता के भिन्न २ लेखकों में से किसी २ ने कृष्ण महाराज को अवतार की पदवी दी, चाहे वह इस अभिप्राय से हो कि जो कुछ वह उपदेश करना चाहते थे उसका आदर बढ़ जावे और वह सर्वथा प्रमाणिक बचन माना जाय और चाहे वह वास्तव में कृष्ण महाराज को अवतार ही मानते थे। क्या यह आश्चर्य नहीं है कि गीता के अतिरिक्त और किसी प्राचीन पुस्तक या आर्षग्रन्थ में न तो साधारणतः अवतारों का वर्णन है और न कृष्ण महाराज के अततार होने का, क्योंकि पुराणों के विषय में तो हम भूमिका में प्रमाणित कर चुके हैं कि वह वर्तमान समय के

कुछ ही पहले के बने हुये हैं। इस लिये केवल उनके आधार पर नहीं कहा जा सकता कि प्राचीन आर्य लोग परमेश्वर को अवतार मानते थे या कृष्ण महाराज को ऐसा मानते थे।

—※—

३५ वाँ अध्याय।

कृष्णइज़्म अर्थात् कृष्ण महाराज की शिक्षा।

यह शब्द उन अंग्रेज़ी पढ़े लिखे हिन्दुओं का गढ़ा है जो अंग्रेज़ी शिक्षा पाकर भी पौराणिक हिन्दूमत के उस भाग को मानते हैं जिसको हिन्दुओं की बोल चाल में वैष्णव धर्म कहा जाता है। शायद सारे संस्कृत साहित्य में कोई शब्द ऐसा न मिलेगा जो ईसाई मत और मुहम्मदी मत और बौद्ध धर्म की तरह श्रीकृष्ण के नाम के साथ किसी मत या धर्म का सम्बन्ध सूचित करता हो। अंग्रेज़ी जानने वाले कृष्ण भक्तों ने साहित्य की इस कमी को पूरा करने की कोशिश में 'कृष्णाइज़्म' कह कर पुकारते हैं। परन्तु संस्कृत साहित्य के साधारण अध्ययन से तो यही ज्ञात होता है कि श्रीकृष्ण ने किसी मत की नींव डालने का साहस नहीं किया और न उन्होंने किसी ऐसे धर्म की शिक्षा दी है जो उचित रीति से उनके ही नाम से उत्पन्न प्रसिद्ध हो। बुद्धदेव, हज़रत मुहम्मद और महात्मा

बुद्ध इन तीनों महापुरुषों ने एक नवीन धर्म की नींव डाली और इसलिये उनके मत या धर्म उनके नामसे प्रसिद्ध हो रहे हैं। यद्यपि अर्वाचीन समय के बहुतेरे हिन्दू सम्प्रदाय भी इसी प्रकार किसी किसी महापुरुषों के नाम पर प्रसिद्ध हैं परन्तु प्राचीन संस्कृत साहित्य में इस तरह का कोई प्रमाण नहीं है। और कृष्ण के समय के साहित्य में तो इस प्रकार का नाम निशान ही नहीं है। प्राचीन हिन्दू मत में यही तो एक बड़ी विलक्षणता है कि उसकी नींव किसी मनुष्य की शिक्षा दीक्षा के आधार पर नहीं डाली गयी है।

यदि सच पूछो तो प्राचीन हिन्दू साहित्य संसार में धार्मिक तत्व का आत्मा स्वरूप है, यह साहित्य इस प्रकार के अमूल्य धार्मिक तत्वों से परिपूर्ण है, कि इसके समान उच्च विचार दुनियां के और किसी साहित्य में दिखाई नहीं देते और इसपर भी तुर्रा यह कि इन विचारों के प्रगट करने वाले महापुरुषों ने अपने नाम का कोई भी चिन्ह नहीं छोड़ा जिससे आप यह निश्चित कर सकें कि यह विचार और यह शिक्षा अमुक महापुरुषों में से किसी ने नवीन शिक्षा देने की चेष्टा नहीं की किन्तु सब के सब अपने आपको वेदोक्त ब्रह्मविद्या का अनुयायी बतलाते रहे। किसी ने नाम मात्र भी ऐसा साहस नहीं किया कि यह विचार मेरे हैं और मैं इनको फैलाने के लिये संसार में आया हूं। मेरे पहले यह विचार किसी के ध्यान में न आये थे या मुझे

विशेष रूप से यह ज्ञान स्वयं प्राप्त हुआ है। कभी किसी ने कोई नवीन मत प्रचार करने का विचार नहीं प्रगट किया। उपनिषदों व ब्राह्मणों का समस्त क्रम हमारे इस कथन का साक्षी है। उपनिषदों को अद्वितीय धार्मिक शिक्षा के तत्वों से यह कदापि लक्ष्य में नहीं आता कि इस शिक्षा का आचार्य्य कौन था और इन अमूल्य उक्तियों के लिये वे किस महापुरुष के चिर-बाधित ऋणी हैं। कहीं कहीं इतिहास इत्यादि में ऋषियों मुनियों वा आचार्यों के नाम आते हैं परन्तु उनके वर्णन में क्रम से यह भी मालूम होता है कि एक ही नाम के बहुत से ऋषि हो चुके हैं—जैसे कि आज हमारे लिये यह निश्चित करना असंभव है कि वर्तमान मनुस्मृति कौन से मनु महाराज की रचना है। प्राचीन आर्य्य लोग परमेश्वर को ही आदि गुरु और सच्चा उपदेशक मानते थे और इसलिये उन्होंने कभी इस बात की चेष्टा नहीं की कि वे अपने नाम से कोई धर्म प्रचलित करें। उनके लेखों से टपकता है कि इस प्रकार की कार्यवाही को वे अधर्म और पाप समझते थे। धर्म चर्चा तथा धार्मिक विचार और वादानुवाद करना तो वे उचित समझते थे परन्तु अपने नाम से किसी नवीन धर्म का प्रचार करना या कोई नवीन शिक्षा देना उनके विचार में सर्वथा अनुचित था।

प्राचीन हिन्दुओं के सब आचार्य ऋषि या मुनि जो कुछ शिक्षा देते थे उसको अपने पूर्व पुरुषों, वेद या शास्त्रों के

नाम पर करते थे, अपनी तरफ से कोई नवीन शिक्षा देने का साहस उन्होंने कदापि नहीं किया। बस वर्तमान समय में हमारी तरफ से यह प्रयत्न हुआ कि हम उनमें किसी एक को चुनकर उसी के नाम से किसी मत को जारी कर दें। यह साक्षात् उनके महत्व को कम करना है। इस पर भी तुर्रा यह कि हमारी यह कार्यवाही एक ऐसे वीर क्षत्रिय राजपुत्र के साथ सम्बन्ध रक्खे जिसने कभी भी धर्म प्रचार की चेष्टा नहीं की। हम पिछले अध्याय में कह चुके हैं कि इस बात का कोई प्रमाण नहीं कि कभी कृष्ण महाराज ने सर्व साधारण को धार्मिक शिक्षा देने की चेष्टा की हो। तब कृष्ण महाराज को किसी धर्म का व्यवस्थापक मानना व्यर्थ है। हम बतला चुके हैं कि भगवद्गीता की सब युक्तियों को कृष्ण महाराज की शिक्षा समझना उचित नहीं परन्तु विचार के लिये ऐसा मान भी लिया जावे तो भी परिणाम तो यही निकलता है कि उन्होंने अर्जुन को युद्ध में प्रवृत्त करने के लिये वह उपदेश किया जो गीता में है। यदि उसी उपदेश के कारण कृष्ण महाराज एक धर्म विशेष के व्यवस्थापक माने जा सकते हैं तो क्या कारण है कि भीष्म महाराज को भी वह पदवी न दी जावे। जिनके उपदेश कृष्ण महाराज के उपदेशों से गूढ़ता, विद्वत्ता व सत्यता व तत्वपूर्णता में किसी प्रकार कम नहीं हैं? क्या कोई हमको बतला सकता है कि भागवद्गीता में कौनसी ऐसी शिक्षा

है जो उससे पहले के बने हुए उपनिषदों और ब्राह्मणों में उपस्थित नहीं है या जो वेदों में भी पाई नहीं जाती हो? तब यह कौनसी शिक्षा है जिसे हम कृष्ण जन्म के नाम से प्रसिद्ध करें सिवाय इसके हम उन खुराफातों को कृष्णइज़्म कहें जो श्रीमद्भागवत या ब्रह्मवैवर्त आदि पुराणों में भरी हुई हैं और जिससे कृष्ण महाराज का पवित्र जीवन कलंकित किया जाता है। लेकिन श्री मद्भागवत की शिक्षा को कृष्ण इज़्म के नाम से सम्बोधन करने पर तो कृष्ण महाराज का कुछ यश न होगा। पर हमारे विचार में तो श्रीमद्भागवत की शिक्षाओं को कृष्ण महाराज के सर मढ़ना सर्वथा अनुचित है क्योंकि प्राचीन ग्रन्थों से यह कदापि प्रमाणित नहीं होता कि कृष्ण महाराज ने कभी ऐसी शिक्षा दी हो जैसी कि श्रीमद्भागवत में पाई जाती है।

स्पष्ट तो यह है हमारे विचार में कृष्ण महाराज ने कोई ऐसा मत नहीं चलाया जिसको हम उनके नाम से प्रसिद्ध करें और इसलिये कृष्णइज़्म शब्द का प्रयोग ही अशुद्ध और अनुचित है अथवा यदि कृष्णइज़्म से उन्हीं उपदेशों से अभिप्राय है जो कृष्ण महाराज ने अर्जुन तथा अपने दूसरे सम्बन्धियों को समय समय पर दिये और जिनमें प्राचीन वेद ग्रन्थों की निष्काम फिलासफी पर ज़ोर दिया गया है तो कुछ हानि है क्योंकि कृष्ण नाम किसी विशेष धर्म का हानि नहीं है क्योंकि कृष्ण नाम किसी विशेष धर्म का नहीं

है जिसे कृष्ण महाराज ने चलाया हो परन्तु इसमें कोई सन्देह नहीं कि जिस कदर प्रभावोत्पादक उपदेश कृष्ण महाराज के वाक्य में मिलता है वैसा और किसी ऋषिमुनि के उपदेश में नहीं मिलता। भगवद्गीता के पृथक पृथक अध्याय में यद्यपि भिन्न भिन्न विषयों का वर्णन है परन्तु सबका सारांश एक मात्र निष्काम कर्म की शिक्षा है। महाभारत में भी कृष्ण महाराज के भिन्न २ वाक्यों में निष्काम धर्म सबसे प्रधान है उनकी प्रत्येक बात का मर्माशय यही है। भिन्न २ रीतियों से भिन्न २ प्रणाली में धर्म के भिन्न २ अङ्गों की व्याख्या करते हुए प्रायः प्रत्येक युक्ति का अन्त निष्काम धर्म की प्रधानता पर होता है। भगवद्गीता के अक्षर २ में निष्काम धर्म का राग अलापा गया है, केवल उनके वचनों में परञ्च उनके कर्म और उनके व्यवहार में भी इस शिक्षा का असर दिखाई देता है, जिससे हम यह कह सकते हैं कि झूठे त्याग और वैराग्य का खण्डन करते हुये निष्काम धर्म की प्रधानता को फैलाना और निष्काम फिलासफी की व्याख्या करना यही खास तौर पर कृष्ण महाराज के जीवन का उद्देश्य था और यही हमको उनके वचनों में जगह जगह भरा हुआ दिखाई देता हैं। जहां कहीं कभी जब उनको धार्मिक व्यवस्था देने की आवश्यकता पड़ी तो उन्होंने इसे सिद्धान्त बनाकर उसीके अनुसार अपना न्याय किया। इस शिक्षा का अनुकरण करना ही उन्हों ने मनुष्य

मात्र के जीवन का उद्देश ठहराया और इसी पर कार्य करने के लिये वह उन सब लोगों की प्रेरणा करते थे जिनका कि कि किसी न किसी प्रकार का उनसे सम्बन्ध रहा। मित्रों की संगति में सम्बन्धी व रिश्तेदारों के व्यहारों में अपने सेवकों तथा भक्तजनों के प्रश्नों के उत्तर में, राजसभाओं में तथा अन्याय धार्मिक कार्य्य के समयों और शत्रुओं से युद्ध के समय। तात्पर्य यह कि जीवन की घटनाओं के प्रत्येक समय पर और हर बात पर उन्होंने इसी शिक्षा को अपना प्रधान लक्ष्य नियत कर लिया था और अंत में भी मृत्यु समय जिस वधिक के बाण से वे घायल हुये उसे भी इसी निष्काम धर्म्म का उपदेश करते हुये स्वर्ग को पधारे।

पाठको! अब हम आपको संक्षेप से यह बतलाना चाहते हैं कि कृष्ण महाराज की सम्पूर्ण शिक्षा का सारांश हमको भगवद्गीता के दूसरे अध्याय तथा महाभारत के सम्मिलित श्लोकों में प्राप्त होते हैं। कृष्ण महाराज की शिक्षा के अनुसार मनुष्य जीवन का मुख्य उद्देश्य भागवद्गीता अध्याय दूसरे में किया गया है।

रागद्वेषवियुक्तैस्तु विषयानिन्द्रियैश्चरन् ।
आत्मवश्यैर्विधेयात्मा प्रसादमधिगच्छति ॥६४॥
प्रसादे सर्वदुःखानां हानिरस्योपजायते ।
प्रसन्नचेतसो ह्याशु बुद्धिः पर्यवतिष्ठते ॥ ६५ ॥

अर्थ—जो मनुष्य इन्द्रियों को वश में करके राग द्वेष

रहित हो इन्द्रियों के विषय में आचरण करता है और इस लिये शुद्ध अन्तःकरण रखता है वही प्रसाद अर्थात् आनन्द को प्राप्त हो सकता है ॥ ६४ ॥

अर्थ—इसी आनंद में सब दुःखों का नाश हो जाता है अर्थात् सब दुःख दूर हो जाते हैं अस्तु स्थिर बुद्धि वही मनुष्य है जिसका मन आनन्द से परिपूर्ण है ॥ ६५ ॥

प्रश्न—स्थिर बुद्धि होने का क्या फल है।

उत्तर—परम पद की प्राप्ति अर्थात् मुक्ति।

कर्मजं बुद्धियुक्ताहि फलं त्यक्त्वा मनीषिणः।
जन्मबन्धविनिर्मुक्ताः पदं गच्छन्त्यनामयम् ॥ ५१ ॥

अर्थ—मुनि लोग बुद्धि योग को प्राप्त करके कर्मों के फलों को यहाँ ही त्याग देते हैं और जन्म के बंधनों से मुक्त होकर उस पदको प्राप्त करते हैं जिसमें कोई व्याधि नहीं अर्थात् अमृतमय मोक्ष को प्राप्त करते हैं ॥५१॥

नोट—(१) इन्द्रियों के विषय में आचरण करने से तात्पर्य यह है कि इन्द्रियों से वह काम लेता है जिस काम के करने के लिये प्रकृति ने उनको बनाया है जैसे आंख से देखना कान से सुनना नाक से सूंघना इत्यादि २।

इसलिये कृष्ण महाराज का वचन है कि—

योगस्थ कुरु कर्म्माणि संगं त्यक्त्वा धनंजय।
सिद्ध्यसिद्ध्योः समोभूत्वा समत्वंयोग उच्यते ॥४८॥

अर्थ—हे धनञ्जय! (अर्जुन) ईश्वरीय इच्छा में योग

करता हुआ तू राग को त्याग कर सिद्धि और असिद्धि को एकसा जानकर तू कर्मों को कर क्योंकि इसी समता का नाम योग है ॥४८॥

> कर्मण्येवाधिकारस्ते मा फलेषु कदाचन ।
>
> मा कर्मफलहेतुर्भूर्मा ते संगोऽस्त्वकर्मणि ॥४७॥

अर्थ—न तुझे कर्मों से मतलब है न उनके फलों से अस्तु कर्मों के फलको अपना उद्देश्य मत बना और न अकर्म अवस्था से दिल लगा (अर्थात् न दिल में यही ठान ले कि कर्म नहीं करना चाहिये) हे अर्जुन सुख दुःख हानि लाभ और हार जीत को एकसा समझ कर लड़ाई के लिये कमर बांध क्योंकि इसी से तू पाप से बच सकता है ॥४७॥

> सुख दुःखे सम कृत्वा लाभालाभौ जयाजयौ ।
>
> ततो युद्धाय युज्यस्व नैवं पापमवाप्स्यसि ॥३८॥

तीसरे अध्याय के ८ वें श्लोक में फिर यही बात दोहरायी गयी है ।

> नियतं कुरु कर्म त्वं कर्मज्यायो ह्यकर्मणः ।
>
> शरीरयात्रापि च ते न प्रसिद्ध्येदकर्मणः ॥ ८ ॥

अर्थ—अस्तु तू सत्य कर्म कर क्योंकि कर्म करना अकर्म से कहीं उत्तम है बिना कर्म किये तो शरीर यात्रा भी नहीं हो सकती ॥ ८ ॥

श्लोक १५ में बतलाते हैं कि यह कर्म किस तरह जाना जाता है ।

कर्मब्रह्मोद्भवं विद्धि ब्रह्माक्षरसमुद्भवम् ।
तस्मात्सर्वगतं ब्रह्म नित्यं यज्ञे प्रतिष्ठितम् ॥१५॥

अर्थ—कर्म वेद से जाना जाता है और वेद उस अनादि परमेश्वर के बनाये हुए हैं ॥ १५ ॥

मयि सर्वाणि कर्माणि संन्यस्याध्यात्मचेतसा ।
निराशीर्निर्ममो भूत्वा युध्यस्व विगतज्वरः ॥३०॥

अर्थ—समस्त कर्मों को परमात्मा के अधीन करके और इसी पर अपने सब विचारों को निर्भर रखते हुए आशा और आत्माभिमान को छोड़ कर और इस विचार के संताप से मुक्ति पाकर तू युद्ध करने पर कटिबद्ध हो। चौथे अध्याय में भी इसी तरह कर्म और अकर्म उचित और अनुचित कर्मों की फलासफी वर्णन की है।

पाँचवें अध्याय के श्लोक में फिर यही उपदेश आता है कि—

ब्रह्मण्याधाय कर्माणि संगं त्यक्त्वा करोति यः ।
लिप्यते न स पापेन पद्मपत्रमिवाम्भसि ॥ १० ॥

अर्थ—जो सब कर्मों को ब्रह्मपरायण करके बिना मोह के कर्म करता है वह पाप में नहीं फंसता जैसा कि कमलके पत्तों पर पानी का कोई चिन्ह नहीं होता।

कायेन मनसा बुद्ध्या केवलैरिन्द्रियैरपि ।
योगिनः कर्म कुर्वन्ति संगंत्यक्त्वात्मशुद्धये ॥ ११ ॥

अर्थ—मोह को छोड़ कर शरीर से, मन से, बुद्धि से और

इन्द्रियों से भी योगी अपनी आत्म शुद्धि के लिये कर्म करते छठवें अध्याय के पहले श्लोक में तो बिलकुल साफ तौर पर लिख दिया है कि—

अनाश्रितः कर्म फलं कार्य्यं कर्म करोति यः ।

स सन्यासी च योगी च न निरग्निर्न चाक्रियः ॥१२॥

अर्थ—सन्यासी और योगी वही है जो कर्मों के फल के परवाह न करता हुआ कर्म को कर्त्तव्य समझ कर करता है न कि वह जो कभी आग नहीं जलाता और कुछ कर्म नहीं करता श्लोक। १५ में फिर कहा है कि—

नात्यश्नवस्तु योगऽस्वि न चैकांवमनश्नवः ।

नचातिस्वप्नशोलस्य जाग्रतो वैव चार्जुन ॥ १६ ॥

अर्थ—हे अर्जुन योग उसके लिये नहीं है जो अधिक खाता है या जो बहुत ही कम खाता है और न उसके वास्ते है जो बहुत सोता है या बहुत जागता है।

युक्ताहार विहारस्य युक्त चेष्टस्य कर्मसु ।

युक्तस्वप्नावबोधस्य योगो भवति दुःखहा ॥ १७ ॥

अर्थ—बल्कि दुख नाश कर देने वाला योग उसके लिये है जो नियम से खाता है नियमसे सोता है और जागता है और नियम से सब काम करता है।

नवें अध्याय के २७ वें श्लोक में फिर लिखा है—

मत्करोपियदश्नासि यज्जुहोपि ददासि यत् ।

यत्तपस्यसि कौन्तेय तत्कुरुष्व मदर्पणम् ॥ २० ॥

अर्थ—सब कर्मों को ईश्वर परायण करने का उपदेश किया है। हे कुन्तीपुत्र जो कुछ तू करे, जो कुछ तू खाये, जो कुछ तू भेंट करे, जो कुछ तू दान करे, अथवा जो तू तप करे सब कुछ मेरे अर्पण कर।

सोलहवें अध्याय में फिर इसी मज़मून को और भी स्पष्ट कर दिया हैं।

> यः शास्त्रविधिमुत्सृज्य वर्तते कामकारतः।
> न सिद्धिमवाप्नोति न सुखं न परां गतिम् ॥ २३ ॥

अर्थ—जो पुरुष शास्त्रों की आज्ञा उल्लंघन कर अपनी इच्छानुसार आचरण करता है उसको सिद्धि की प्राप्ति होती है न सुख न सच्चा मार्ग मिलता है।

> तस्माच्छास्त्रं प्रमाणंते कार्याकार्यव्यवस्थितौ।
> ज्ञात्वा शास्त्र विधानोक्त कर्म कर्तुमिहार्हसि ॥ २४ ॥

अर्थ—इसलिये उचित है कि शास्त्रों के प्रमाण से यह निश्चय किया जावे कि क्या करना चाहिये और क्या नहीं करना चाहिये। शास्त्र विधि को जान कर ही इस संसार में कर्म करना चाहिये।

अध्याय १८ और १८ में कर्मकाण्ड की फिलासफी को और अधिक विस्तारसे वर्णन किया है। तात्पर्य्य यह कि इस विषय में सारी गीता का तत्व यही है जो निम्न लिखित प्रमाणों में पाया जाता है और जब हम यह विचार करते हैं कि इन सब उपदेशों से असल मतलब भी यही था कि अर्जुन

को लड़ाई पर कटिबद्ध किया जावे तो हमारा यह विचार अन्तिम सीमा पर पहुँच जाता है कि वास्तव में यही वह उपदेश है जो कृष्ण महाराज ने कुरुक्षेत्र के मैदान में अर्जुनको दिया। सम्भव है कि इसकी व्याख्यामें धर्म के अन्यान्य अंग भी किसी प्रकार वर्णन किये गये हों परन्तु यह विचारमें नहीं आ सकता कि गीता की सारी फिलासफी की उस समय शिक्षा दी गई हो।

महाभारत में भी जहाँ २ कृष्णजी को वार्तालाप करने का अवसर मिला है वहां भी उन्होंने इस रीतिसे अपनी युक्तियों का वर्णन किया है। महाभारतका युद्ध समाप्त होनेके पश्चात् जब युधिष्ठिर ने राजपाट छोड़कर जंगल जाने की इच्छा की तो फिर कृष्ण महाराज उसी उपदेश से युधिष्ठिर को प्रवृत्ति मार्ग पर लाये, यहाँ तक कि उन्हें अश्वमेघ यज्ञ करने को उत्साहित किया। युधिष्ठिर को समझाते हुए कृष्ण जी ने कहा—हे युधिष्ठिर यद्यपि तुमने बाहरी शत्रुओं को मार लिया है परन्तु अब समय आ गया कि तुम उस लड़ाई के लिये तैयार हो जाओ जो प्रत्येक पुरुष को अकेले ही लड़ना पड़ता है। अर्थात् अपने मन से इस अपार और अथाह मन महिमा पाने के लिये कर्म और ध्यान के हथियार बर्तने पड़ेंगे क्योंकि इस लड़ाई में लोहे के हथियार काम न देंगे। यह लड़ाई तो अकेले ही लड़नी पड़ेगी और इसमें यदि तुम उत्तीर्ण न हुए तो तुम्हारा बुरा हाल होगा।

फिर आगे कहते हैं कि—

राजपाट इत्यादि बाह्य पदार्थों के त्याग से मुक्ति न होगी परन्तु उन चीजोंके छोड़नेसे जो तुमको शरीरके साथ बांधती हैं। वह पुण्य और सुख हमारे शत्रुओं के ही भाग्य में रहे जो उन लोगों को मिलता है। यद्यपि पदार्थों का त्याग तो करते हैं परन्तु भीतरी इच्छाओं और निर्बलताओं में फँस रहते हैं। असल मृत्यु इसी का नाम है कि मनुष्य दुनियावी पदार्थों में लिप्त हुआ मेरी और तेरी की पहिचान में ही गुथा रहे। पुरुष दुनियाँ की क्या परवाह करता है जो सब पृथ्वी का चक्रवर्ती राज्य रखता हुआ भी उसके मन में मोह नहीं है और न इसके भोग में ही मोहित होता है परन्तु वह पुरुष जो दुनियाँ को त्याग कर जंगल में साधु वेष बन कर जंगली कंद मूल का भोजन करता हुआ फिर भी दुनियावी पदार्थों की प्राप्ति की इच्छा रखता और इनकी ओर दिल लगाता है तो वह मानो मृत्यु को हर वक्त अपने मुंह में ही लिये फिरता है। इसलिये तुमको उचित नहीं कि अपने कर्तव्य को पूर्ण रीति से काबू किये बिना त्याग का विचार बांधो, क्योंकि असल त्याग इसी में है कि मनुष्य का मन इसके वश में हो और अपनी सब इच्छाओं पर उसका पूर्ण अधिकार हो। ऐसा पुरुष संसार में रहता हुआ और राज्य करता हुआ भी पूरा त्यागी और अपने दिल का बादशाह है।

वाह! क्या शब्द हैं। शब्द हैं या मोती हैं। जिनके रूप

रंग और जिनकी चमक दमक के सामने अच्छी से अच्छी और तीव्र से तीव्र दृष्टि वाली आंख नहीं ठहर सकती। नहीं नहीं मोती नहीं! मोती तो मिट्टी है। उनसे न तो भूखे की भूख मिट सकती है न प्यासे की प्यास बुझ सकती है। न शोकाकुलका शोक दूर हो सकता है और न उदासकी उदासी कम हो सकती है। बहुमूल्य से बहुमूल्य मोती रखते हुये भी आदमी दुःख दर्द और क्लेश से छुट्टी नहीं पाता। महमूद ग़ज़नवी के पास क्या मोतीयों की कमी थी, रूसके ज़ार के पास क्या मोती कम हैं। लेकिन क्या कोई कह सकता है कि मोतियोंके कारण महमूदको सुख मिला या ज़ार इन मोतियों के कारण सुखी था। सच तो यह है कि यदि तमाम दुनियां की दौलत, सोना चांदी, हीरा, मोती जवाहिरात आदि इकट्ठे कर लिये जावें तब भी इनका मूल्य इन शब्दों और इन विचारों के मूल्य से कहीं कम है। यह वह अमृत है जिसकी तलाश में मोतियों वाला सिकन्दर आज़म मर गया। यह वह संजीवनी बूटी है जिसको पाने के लिये दुनियां के बड़े से बड़े बादशाह तड़पते हुये मर गये। यह वह अमृत है जिसको पान करके मनुष्य मरने जीने के दुःख से छूट जाता है और जिसको प्राप्त करके मोती मिट्टी दीखने पड़ते हैं। यह वह नुस्खा है जिससे दुःख बीमारी की बीमारी, बेचैनी और अशान्त आत्मा की व्याकुलता और अशान्ति इस तरह भाग जाती है, जैसे मनुष्य की आहट पाकर जंगली हिरन भाग जाता है।

यही वह फिलासफी (ज्ञान) है जो मनुष्य के लिये इस दुःख सागर संसार को शान्ति सरोवर और सुख का धाम बना देती है जो इसको सब बंधनों से छुड़ाकर केवल एक प्रभु के कमल चरण को प्राप्त कराती है जहां पहुँच कर जीवात्मा आनन्द ही आनन्द में विश्राम करता है।

पाठक ! क्या आप समझे ? यह वह शिक्षा है जो हमको बताती है कि कर्त्तव्य, कर्त्तव्य, के ही लिये करना चाहिये। यह वह शीशा है जो हमको धर्म का सच्चा स्वरूप दिखाता है और समझाता है कि धर्म करने के वास्ते और कोई ग़रज़ न होनी चाहिये। इसके अतिरिक्त वह धर्म है या ईश्वराज्ञा है या उस परमात्मा का नियम है जिसके नियमों में सर्वशक्तिमान् होने पर भी तमाम आत्माओंको पूर्ण स्वतन्त्रता प्राप्त है।

हे आर्य सन्तान ! क्या आप इस गम्भीर युक्ति को अनुभव कर सकते हैं ? क्या दासत्व की दृढ़ जंजीरों ने, क्या पेट की चिन्ता ने, क्या प्रतिष्ठा के झूठे विचार ने, क्या लक्षशून्य वैराग्य और झूठे त्यागके धोखा देनेवाली फिलासफी ने, क्या जीविका की चिन्ता में दत्तचित्त हुये, सिर्फ रोटी और रुपयों को ही ईश्वर बताने वाली शिक्षा ने, क्या किंचिन्मात्र द्रव्य के बदले में प्राप्त की हुई विद्याने, क्या मिथ्या विश्वासने, आपके मन और बुद्धि को इस योग्य छोड़ा है कि आप इस परम सत्य को सारे संसार की फिलासफी के जौहर को, इस असल तत्त्व को समझ कर अपने जीवन का तावीज़ बना

१७

सकें? यदि श्रीकृष्ण महाराज फिर जन्म लेवें और अपनी मीठी व सुरीली वंसीसे उस आनन्दमय रागको फिर अलापें और सब आर्य्य सन्तान को बतलावें कि वह धर्मपथ से च्युत होकर जहाँ जा पहुँची है, यदि बूढ़ी भारत जननी दस पुत्र इस तरह के उत्पन्न करे जो धर्मके इस मान चित्र को सामने रख कर धर्म की सीढ़ी पर चढ़ने का प्रयत्न करें और इसी सीढ़ी पर चढ़ने के धुन में न अमीरी की परवाह न गरीबी की, न मित्रकी परवाह करें न शत्रु की, न जिन्दगीकी परवाह करें और न मौत की, उनका विश्वास ऐसा दृढ़ हो, उनकी बुद्धि ऐसी प्रबल हो कि वे जिस चीजको अपना धर्म समझ लें फिर उसी के हो रहें। न सुख दुःख की परवाह करें, न आराम कष्टकी, न दुःख और सुखका ख्याल करें, न सफलता और असफलता का विचार करें।

क्या वास्तवमें इसी प्रकार के मनुष्योंका अभाव नहीं है? जिसके कारण सारा देश दुःखी है और नित्य नई आपत्तियों और क्लेशों का सामना है। सारे देश में देश भक्ति, जाति प्रेम और धर्म प्रचारका हल्ला मचा हुआ है तो भी सारे देश में एक आदमी भी ऐसा दिखाई नहीं पड़ता जिसने देश भक्ति को, जाति प्रेम को और धर्म प्रचार को अपना मुख्य कर्तव्य बनाया हो किन्तु क्या सम्भव था कि इतने हल्ला गुल्ला होने पर भी धर्म की व्याख्या इस देश में एक पुत्र भी उत्पन्न न होने और देश का दुःख निवारण न होता?

यह ठीक है कि धर्म की चर्चा तो बहुत कुछ है। वाद विवाद भी बहुत होता है। व्याख्यान और उपदेश भी बहुत होते हैं, चंदे भी खूब दिये जाते हैं। किन्तु कमी है तो यह है कि धर्म परायण जीवन नहीं है और धर्म परायण हुये बिना धर्म पास नहीं फटकता। धर्म तो कभी उन लोगों के पास भी नहीं जाता जो धर्म को अपना जीवन नहीं बनाते, धर्म ऐसा ईर्षा करने वाला है कि वह अपने सामने दूसरे को देख भी नहीं सकता वह तो अपने भक्त को अपना ही मतवाला बनाना चाहता है, उसको न खाने से रोकता है, न पीने से, न भोगने से न द्रव्य संचय करने से, न संतान पैदा करने से न स्त्री रखने से, वह सिर्फ यह चाहता है कि जो कुछ करो मेरे लिये करो मेरे नाम पर करो, मेरी खातिर करो, अपने भक्त से यह नहीं चाहता, कि उसका भक्त किसी से प्रेम न करे, वह देश की सेवा न करे, वह जाति की सेवा न करे, वह लोगोंकी सहायता न करे, वह तो कहता है चाहे जितना प्रेम करो परन्तु जिस चीज़ से प्रेम करो इसलिये करो कि तुम्हारा वह प्रेम मेरे नाम पर हो, मेरे खातिर हो।

धर्म अपने साम्राज्य में किसीको साझीदार नहीं बनाता और न अपने राज्य में किसी दूसरे को अपने बराबर का आसन देता है। तात्पर्य्य यह है कि वह स्वयं सर्व शक्तिमान होना चाहता है। किसी का संग उसे किसी प्रकार स्वीकार

नहीं और न उसको यह सहन है कि उसके भक्त को उसकी आज्ञा पालन में जरा भी संकोच हो। अस्तु धार्मिक वही हो सकता है जो धर्म की आज्ञा पालन में न सिरकी न पैर की, न तन की, और न धन की वरबादी करे या श्रीकृष्णमहाराज की आज्ञानुसार जो खाता है तो इसलिये कि उसकी आज्ञा है, पीता है तो इसलिये उसकी आज्ञा है, दान देता है तो इसलिये कि उसकी इच्छा है, यज्ञ करता है इसलिये कि इसमें उसी की प्रसन्नता है ऐसा पुरुष धर्म परायण हो सकता है और ऐसा पुरुष ही दूसरों को धर्म परायण होने की शिक्षा दे सकता है। खेद है कि इस देश में न अब धर्म है और न कोई धर्म परायण है और इसी वास्ते यह अभागा देश और इस देश के रहने वाले तरह तरह की आपत्तियों में फँसते हैं। प्रत्येक मनुष्य अपनी इच्छानुसार मनमाना धर्म का स्वरूप बना लेता है और उस अपनी बनाई हुई तसवीर को पूजा से मुक्ति पाने की इच्छा करता है। केवल इतना ही नहीं करता, औरोंको भी उस प्रतिमा की ओर आकर्षित करता है और यही पुकारता है कि "मेरे कथन पर जो संदेह करे वह काफिर है।" परन्तु यदि प्राचीन समय के धर्म परायण लोगों की साक्षी देखें तो धर्म वेदों से मिलता है। वेद इस समय बहुत कठिन है क्योंकि इनके अर्थ का द्वार बंद हैं और इस महान-पवित्र विषय में बुद्धिहीन तथा संकीर्ण हृदय वाले मनुष्य की पहुँच ही नहीं है। हम लोग तो उस

महान किवाड़ की कुण्डी भी नहीं खोल सकते फिर इसमें बैठकर उसका रस आस्वादान करना बहुत दूर है।

प्रश्न—तो क्या हमारा रोग असाध्य है और इसकी कोई औषधि ही नहीं ?

उत्तर—इसके अतिरिक्त और कोई औषधि नहीं कि हम धर्म के अङ्गों के तत्व का खोज करें जो कि धर्म के पार्श्ववर्ती हैं।

प्रश्न—वह क्या है ?

उत्तर—देखो भगवद्गीता अध्याय १६ के श्लोक १, २, ३

(१) अभय (सिवाय परमेश्वर के और किसी से न डरना) (२) मन की शुद्धि (३) बुद्धि योग में स्थिरता (४) दान (५) दम (यानी अपनी इन्द्रियों को वश में करना (६) यज्ञ (धार्मिक कर्म) (७) स्वाध्याय (शास्त्रों का पठन पाठन) [८] तप [९] अहिंसा [धर्म के विरुद्ध किसी को हानि न पहुंचाना]। [१०] सत्य [११] क्रोध दमन [१२] त्याग [१३] शान्ति वीरता [१५] दृढ़ता [१६] क्षमा।

हमारा यह कर्तव्य होना चाहिये कि उस दरबार में जाने के लिये इन धर्म के निकटवर्ती लोगों से सहायता पाने की प्रार्थना करें और उचित मार्ग से उनकी प्रसन्नता प्राप्त करके उनके पूरे कृपा पात्र बनें।

धर्म हेतु धर्म करना हर एक जीवात्माकी उन्नतिकी सीढ़ी है। इस लक्षको प्राप्त करने के बहुत से रास्ते तय करने

आवश्यक है। इन रास्तों में से किसी एक रास्ता को अपने जीवन का उद्देश्य बनाना ही प्रत्येक पुरुषका कर्तव्य है। यह कर्तव्य है। इस कर्तव्यको जिसने समझ लिया मानो कि वह सीधे रास्ते पर पड़ गया फिर उसको उचित है, कि वह अपनी प्रकृति की सारी शक्ति रास्ते के पार करने में खर्च करे और किसी दुसरे विचार को अपने रास्ते में बाधक न होने दे।

यूरोप का एक राजनैतिक महापुरुष लिखता है कि निष्फलता, हतोत्साह, और निराशा और इसी तरह की दूसरी आपत्तियाँ ने एक समय मुझे ऐसा घबरा दिया कि मेरे मन में यह संदेह पैदा हो गया कि मैं गलती पर हूँ और मैंने स्वेच्छा व स्वबुद्धि ही से यह कार्य आरम्भ किया हैं जिसके परिणाम में सैकड़ों जीवों के रक्तपाव का अपराधी बना। अस्तु इस विचार ने मुझे ऐसा घेरा कि मैं पागलों का सा काम करने लगा। जीवन कष्टमय हो गया। कई वार आत्महत्या की इच्छा की। रातें बेचैनी में बीतने लगीं यहां तक कि एक दिन प्रातःकाल सूर्य की रोशनी के साथ ही ज्ञान की प्रभा भी दृष्टिगोचर हुई। सोचते सोचते मैंने यह निश्चय किया कि मैंने जो काम आरम्भ किया है वह तो आत्मश्लाघा या स्वार्थबुद्धि का परिणाम नहीं है परन्तु यह दशा जो मैंने अपने ऊपर मान रक्खी है यह मेरी स्वबुद्धि का परिणाम है। मुझे क्या अधिकार है कि मैं कर्तव्य पालन में फेयल

हतोत्साह और निराशा के सामने आने के कारण से यह फल निकालूँ कि मैं गलत रास्ते पर हूँ। अस्तु मैंने अपनी परीक्षा करना आरम्भ किया और सोचने लगा कि मैंने मनुष्य जीवन को क्या समझा है। समस्त ज्ञान विज्ञान इसी पर निर्भर है कि मनुष्य जीवन का उद्देश्य क्या है?

भारतवर्ष के प्राचीन धर्म में ध्यान को ही जीवन में उद्देश्य माना है जिसका फल यह हुआ कि हिन्दु मात्र ऐसे सोये कि फर किसी काम के योग्य न रहे और आर्य संतान् अपने ध्यान में लीन हो गई।

दुसरी तरफ ईसाई मत ने जीवन को प्रायश्चित समझा और यह निश्चय किया कि संसार के सब दुःख और चिंताओं को संतोष तथा प्रसन्नता से सहन करना चाहिये। और उनसे बचने का उद्योग नहीं करना चाहिये। उन्होंने इस विचार से संसार को दुःखमय माना है। इसके नियमानुसार मुक्ति इसी से मिल सकती है कि सारे संसार की चीजों को तुच्छ दृष्टि से देखें और उनकी कुछ परवाह न करे।

अठारहवीं सदी की मटीरियल [प्राकृतिक] फिलासिफी ने जीवन को सुख और आनन्द का स्थान मान लिया है जिसका परिणाम यह हुआ कि भिन्न २ स्वरूपों में मनुष्यों में स्वार्थ बुद्धि का विचार इतना बलवान हो गया कि नियमों की परवाह ही न रही। प्रत्येक पुरुष अपने ही लाभ और हानि के ध्यान में निमग्न है।

सिद्धान्त और सच्चाई के लिये बलिदान करने का विचार इतना कमजोर हो गया कि लोग थोड़ा तकलीफ या थोड़ी सी असफलता से अपने सिद्धान्तों को पैरों तले कुचल डालते हैं और अपनी इच्छा को बदल कर उस काम को छोड़ देते हैं जिसको उन्होंने किसी उद्देश्यपालन के लिये आरम्भ किया था।

मैंने सोचा कि यद्यपि मुझको जीवन की इस फिलासफी से नफ़रत है और मेरा दिल उन विचारों का शिकार हो रही है।

मैं जिन्दगी के उद्देश्य को अपनी जिन्दगी के आराम और कष्ट से सिद्धि व असिद्धि से लोगों की प्रीति व अप्रीति से योग और वियोग के विचारों से जाँचता हूँ।

खेद है कि मैं अपने इस अमल में इस विश्वास को जवाब दे बैठा कि मनुष्य शरीर क्षणिक है और भिन्न २ जीवनों में इस प्रकार उन्नति करता है जैसे कि कोई आदमी इस विश्वास से एक बहुत ऊँचे पहाड़ पर चढ़ता जावे कि ऊपर ईश्वर बैठा है और वहाँ पहुँचने पर उसके दर्शन मिलेंगे। आत्मा के भिन्न २ जीवन तो वास्तव में एक ही लड़ी के दाने हैं जिनमें आत्मा शनैः २ प्रकाश पाता हुआ उन्नति करता है।

प्रत्येक जीवन का एक न एक लक्ष्य होता है अन्यथा जीवन का अर्थ ही क्या होगा। इसके अतिरिक्त जो लोग

जीवन शब्द का दूसरा अर्थ लगाते हैं वह गलत रास्ते पर हैं। वह जीवन ही क्या जिसका कोई लक्ष्य या उद्देश्य न हो। अतएव जीवन का एक मुख्य उद्देश्य नियत करके फिर वह लिखता है कि इस प्रधान लक्ष्य के अन्तर्गत प्रत्येक जीवन की कोई वासना होती है जो इसकी विशेष अवस्था पर निर्भर होती है। परन्तु जिसका स्वभाव भी उसी लक्ष की प्राप्ति है जो प्रत्येक जीवात्मा का अतिम लक्ष्य है। कुछ मनुष्यों के जीवन का अभिप्राय यह होगा कि वह अपने निकटस्थ के लोगों के आचार व व्यवहार को सुधारें यानी अपनी जाति की शिक्षा को सुधारें।

जो लोग इनसे भी अधिक उन्नति शील हैं वे अपनी जाति में जातीयता के विचार को फैलाने की चेष्टा करें या धार्मिक या राजनैतिक उन्नति का बीड़ा उठावें। येन केन प्रकारेण यह बात निर्विवाद सिद्ध है कि जीवन एक मिशन है और (कर्त्तव्य) या उसके धर्म उसके लिये अच्छे से अच्छा नियम है। प्रत्येक पुरुष की उन्नति इस पर निर्भर है कि वह अपने जीवन का उद्देश्य निश्चय कर उसके अनुसार ही अपना कर्तव्य पालन करे क्योंकि इसको पालन करने या न करने पर ही यह बात भी निर्भर होगी कि इस जीवन के अन्त होने पर फिर उसको किस प्रकार का जीवन मिले। क्योंकि प्रत्येक पुरुष को स्वयं अधिकार है कि वह अपने कर्मों द्वारा अपने भाग्य का निर्णय करे। हममें से

प्रत्येक पुरुषका यही कर्तव्य है कि अपनी आत्मा को साफ और पवित्र बना कर उसी को अपना ध्यान मन्दिर बनावें। स्वार्थपन से उसे खाली करके बहुत गम्भीर विचार से अपने जीवन का उद्देश्य नियत करें। और अपनी अवस्था के अनुभव से यह भी निश्चय करें कि उसके देश में या उसकी जाति में किसी बात की विशेष आवश्यकता को वह अपनी अवस्था व योग्यता के अनुसार किस तरह पूरा कर सकता है। बस इस तरह से अपना उद्देश्य बना कर फिर उसको पूर्ण करने में लग जावे और जन्म भर उस काम से न हटे चाहे दुःख हो या सुख, कामयाबी हो या नाकामयाबी, मदद मिले या न मिले।

यदि इस यूरोपियन महापुरुष के हाथ में गीता होती तो वह आर्यों के धर्म के विषय में न तो गलत विचार ही निश्चय करता और न खुद उसको जीवन के सदाचार फिलासफ़ी नियत करने में इतनी दिक्कत होती जितनी कि हुई। उसके जन्म के सहस्त्रों वर्ष पूर्व एक आर्य्य महापुरुष ने ज्यों की त्यों यही शिक्षा दी थी जिसका प्रकाश इस पर हुआ। उसके लिये तो यह प्रकाश निरा अचानक और बेजोड़ था। परन्तु प्राचीन आर्य साहित्य में यह शिक्षा का एक क्रम था और यही वैदिक धर्म का बुनियादी पत्थर है। यही महापुरुष अपने इस लेख में एक यूरोपियन कविता का हवाला देता है, जिसका अर्थ यह है।

"फौलाद" हमारी आँखों के सामने डरावनी सूरत में चमकता है और हर रास्ते में कदम २ पर आपत्ति हमारी बाट देखती है मगर तो भी लार्ड कहता है बढ़े चलो ! बढ़े चलो ! दम न लो। हम पूछते हैं कि हुजूर यह तो बतावें कि हम किधर जा रहे हैं ? जवाब मिलता है कि अब लोगों को मरना तो है ही (फिर डरना क्या) आगे बढ़ो और मरो। अब लोगों को दुःख तो उठाना ही है (फिर डरना क्या) आगे बढ़ो और दुःख उठाओ।

पाठको आपने भागवद्गीता और महाभारत को पढ़ा और सुना होगा, क्या यही उपदेश महाराज कृष्ण का नहीं है कि हे अर्जुन, तुम याद रक्खो शरीरधारी मनुष्य मात्र को मरना तो अवश्य ही है फिर मरने और मारने से क्या डरना उठो और युद्ध करो, न मरने से डरो और न मारने से जो तुम्हारा धर्म है उसका पालन करो।

सच तो यह है कि सच्चा धार्मिक वही पुरुष हो सकता है जो इस तरह अपने धर्म के लिए न मरने से डरे और न मारने से। जिसकी दृष्टि में इस धर्म के सामने सांसारिक सब बातें तुच्छ हैं।

हे मेरे स्वजातीय भाइयो अपने हृदय पर हाथ रख कर सोचो कि इस नियम के अनुसार हमारी जाति में कितने धर्मात्मा है और कितने धर्मात्मा बनने के इच्छुक हैं।

क्या आजकल हमारा और हमारे जाति का आराम ही

धर्म नहीं है ? हममें से कितने लोग हैं जो अपने कर्तव्य और अपने धर्म के हेतु सब तरह के झंझट और दुःख उठाने के लिए तैयार हैं। क्या सैकड़ों और हजारों नहीं लाखों हिन्दू हर साल पैसों, रुपयों, औरतों, उहदों, इत्यादि नाचीज़ द्रव्य के लिए अपना धर्म बेच नहीं देते ? क्या हममें से कोई भी ईमानदारी से यह कह सकता है कि मैं अपने धर्म की खातिर हर तरह का दुःख उठाने को तैयार हूँ। हा अफसोस ! इस देश में न धर्म रहा न धार्मिक। केवल ज़बानी जमा खर्ची रह गई—हमारा धर्म हमारी देशभक्ति, हमारा स्वजातीय प्रेम, हमारा उपकारी जीवन केवल खाली लिफाफे की तरह है। अन्दर न उद्देश्य के नोट हैं न सच्ची इच्छाओं की चिट्ठियां, सम्भव है कोई महान पुरुष अपनी जीवनचर्या से हमें धर्म का सच्चा लक्ष्य बतला दे और उस भूली हुई जाति को हाथ पकड़ कर सीधे रास्ते पर लगा दे।

समाप्त

त्रिवेणी पुस्तक माला की प्रकाशित पुस्तकें

१—अजेयतारा।

मराठी साहित्य के प्रसिद्ध लेखक रा० रा० हरिनारायण आपटे के ऐतिहासिक उपन्यास के 'अजिंक्यतारा' नामक पुस्तक का हिन्दी अनुवाद है। पुस्तक इतनी मनोरंजक है कि ज्यों २ पढ़ते जाइयेगा त्यों २ आपकी उत्सुकता बढ़ती जायगी। पुस्तक अत्यन्त ही रहस्य पूर्ण तथा रोचक है। बिना समाप्त किये चैन नहीं मिलेगा ३५२ पृष्ठ की सचित्र पुस्तक का मूल्य १।) रु०

२—विश्रामबाग।

यूरोप के विख्यात लेखक मि० रिनाल्ड्स के "मेमिडल्टन" नामक पुस्तक का हिंदी अनुवाद है। रेनाल्डसके उपन्यास कितने रोचक होते हैं यह पाठकों को भली प्रकार विदित है। सामाजिक जीवन का वर्णन इतना भावपूर्ण

चित्रित किया गया है कि एक बार हाथ में लेकर समाप्त ही करना पड़ता है। ४०४ पृष्ठ की सचित्र पुस्तक की कीमत १॥) रुपया मात्र।

३—सप्तसोपान।

राजपूताने के वीर राजपूतों के सम्बन्ध की सात गल्पें हैं जिन्हें पढ़ते ही रगों में खून जोश मारने लागता है। हिन्दी के प्रसिद्ध विद्वान लाला भगवानदीनजी ने इस पुस्तक को नवयुवकों के लिये अत्यंतोपयोगी लिखा है। एकबार अवश्य स्वयं तथा अपने बालक बालिकाओं को पढ़ावें। कीमत ।=) आना।

महाराणा प्रताप

[illegible]